U0743777

天津口述历史丛书

XINGYI JISHI QISHINIAN WUXIANZHONG ZISHU

行医济世七十年

——吴咸中自述

吴咸中 口述
【美】吴尚为 吴尚纯 整理
天津市口述史研究会 编

天津出版传媒集团
天津人民出版社

图书在版编目(CIP)数据

行医济世七十年 : 吴咸中自述 / 吴咸中口述 ;
(美)吴尚为, 吴尚纯整理 ; 天津市口述史研究会编. --
天津 : 天津人民出版社, 2020.8
(天津口述历史丛书)
ISBN 978-7-201-16227-0

Ⅰ. ①行… Ⅱ. ①吴… ②吴… ③吴… ④天… Ⅲ.
①吴咸中-自传 Ⅳ. ①K826.2

中国版本图书馆 CIP 数据核字(2020)第 121873 号

行医济世七十年——吴咸中自述
XINGYIJISHI QISHINIAN——WUXIANZHONG ZISHU

出　　版	天津人民出版社	
出 版 人	刘　庆	
地　　址	天津市和平区西康路 35 号康岳大厦	
邮政编码	300051	
邮购电话	(022)23332469	
网　　址	http://www.tjrmcbs.com	
电子信箱	reader@tjrmcbs.com	

责任编辑	岳　勇
装帧设计	明轩文化·邵亚萍 TEL:23674746

印　　刷	河北鹏润印刷有限公司
经　　销	新华书店
开　　本	710 毫米×1000 毫米　1/16
印　　张	24
插　　页	10
字　　数	300 千字
版次印次	2020 年 8 月第 1 版　2020 年 8 月第 1 次印刷
定　　价	118.00 元

版权所有　侵权必究
图书如出现印装质量问题,请致电联系调换(022-23332469)

编 委 会

主　　编:方兆麟

副 主 编:朱广丽

编　　委:王兴民　吴尚为　吴尚纯

　　　　　马　薇　刘红艳　高　颖

4
—
5
—
6

4.1980 年，大哥吴执中（右）、二哥吴英恺（中）和吴咸中（左）三兄弟合影

5.吴咸中与二哥吴英恺合影

6.吴咸中夫妇在美国留影

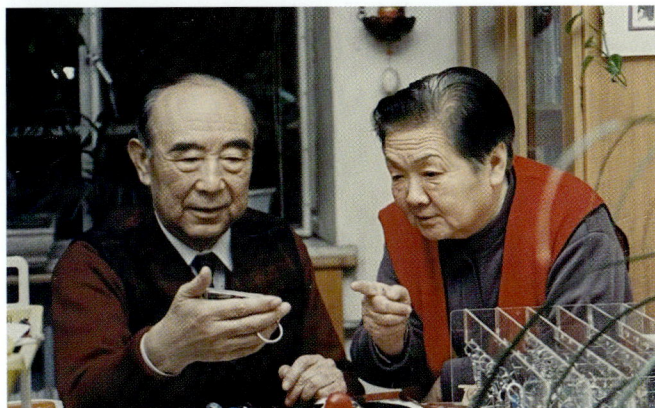

7. 吴咸中夫妇与长子吴尚为一家在美国合影

8. 吴咸中与老伴张丽蓉在欣赏自己收藏的精美钥匙链

9.2013 年 11 月，吴咸中与来访的好友、中国科学院院士、中国肝胆外科创始人吴孟超亲切交谈

10.吴咸中（中）与天津中医药大学校长张伯礼院士（右）、河北医科大学肾病专家李恩教授（左）一起切磋中西医结合治疗问题

11.吴咸中与郝希山院士在交谈

序 一

陈可冀

　　我与吴院士同为中国第一代中西医结合工作者，单从共同倡导建立中国中西医结合研究会算起，也已有40余年的合作历史，称得上是事业上的挚友、学术上的知音和长寿路上的旅伴。近闻吴咸中院士的回忆录《行医济世七十年——吴咸中自述》行将付梓，甚为欣喜，应老友之约为之作序，慨然应允，欣然命笔。

　　吴院士是一位医疗、科研、教学和管理复合型高级专家，原卫生部领导称赞他为"中西医结合的实干家""全国中西医结合事业的旗手"，确实是实至名归。他对中西医结合的认识有很多卓有远见的独到见解，并能将这些见解融入实践中，推动着这个事业的不断发展，这是也他能在这个领域取得很高成就的重要原因。2018年，我有幸与吴咸中、沈自尹一起被中国中西医结合学会授予中西医结合事业领军人物"终身成就奖"，共同分享这个令人难忘的时刻，这既是对我们数十年来为中西医结合事业发展所做不懈努力的最高褒奖，也是我们人生旅途中一段珍贵的记忆。

　　中西医结合从本质上说是学术创新问题，吴院士最杰出的学术贡献可以概括为：①创立并不断完善了中西医结合急腹症的新体系，这个体系在20世纪80年代初被世界卫生组织评定为世界医学领先项目；②在重症胰腺炎、重症胆管炎和外科疾病引起的多脏器功能不全综合征的临床疗效和疗愈机理的研究上不断取得新突破，体现出中西医结合的独特优势；③在全国首倡"以法为突破口，抓法求理"的中医理论研究，在这个创新理论指导下产生的通里攻下法从理论到实践都取得了丰硕成果，并被全国培养中医及中西医结合研究生的规范化教材《中医各家学说》列为攻邪派中医学术代表人物；④建立了中西医结合临床应用国家级重点学科，成为国内中西医结合领域的示范学科之一。这些学术贡献的取得，是吴院士长期坚持理论联系实际，从实践中来到实践中去的指导思想，并在实践中不断创新，使中西医结合从理论研究到实际应用水平不断提高升华。他在回顾取得这些成就的经验时曾反复强调："我之所以几十年来一直坚持中西医结合方向，靠的是党性，靠的是四种精神，即爱国主义精神、科学创新精神、奉献精神和集体主义精神。"这些高度概括的话语饱含了吴院士殚精竭虑的研究与辛劳的汗水。

为伟人大家出传记，世皆常见，而以本人口述又公开发行者，确属稀者为贵，值得期待。吴老今年寿高九五，脑力之好，故事之多，魄力之大，令人钦羡！相信吴老的传奇人生能通过这部口述自传让世人受到激励，得到启迪。因为这就像亲自听一位德高望重、功勋卓著的成功老者面授机宜一样，娓娓道来，既无虚玄，更无渲染。

信马由缰地写了这些文字，也不免勾起我对平生奋斗足迹的丝丝回忆。相同的时代，相同的道路，相同的光环，相同的祈盼，我已年届九秩，还需要再等多久才能发表我的自传呢？见贤思齐，人之常情，我何异哉！

是为序。

2020 年 4 月于北京

（作者：中国科学院院士、"国医大师"、中国中西医结合学会名誉会长）

序 二

邢元敏

吴咸中院士是我一直崇敬的长者，他不仅医德高尚、医术高超，而且为人心胸坦荡、高风亮节，令人发自内心地产生敬意。我与吴老交往已有 30 多年，他既像是温文尔雅的长辈，又像是诲人不倦的严师，由于工作的关系，我与吴老成了忘年之交。年轻时我就熟知吴老的大名，他用中西医结合的方法治疗急腹症和为周恩来总理会诊的故事，以及他的兄长、姐姐都是我国著名的医学专家，这些都令我对他有一种神秘的敬仰之感。我调到市教卫系统工作后，与吴老有了更多的接触机会，他那渊博的学识、儒雅的风范、亦庄亦谐的谈吐，尤其他在实行院长负责制试点工作中的卓越表现，让我看到了一位复合型高级专家的风采，甚至有叹为观止的感觉。这是我对吴老怀有深厚而朴素情感的基础。

我们党历来有要求干部与知识分子交朋友的优良传统。在市教卫系统工作期间，由于与知识分子，特别是德高望重的高级知识分子接触多了，我就经常思考一个问题，对吴老这样一位为天津医学界和教育界做出卓越贡献、享受国家最高学术荣誉的人物，我们应该向他学习什么?又能为他做些什么呢?

吴老是一位在学术方面有极高造诣的专家，同时也是新中国成立后较早加入中国共产党的高级知识分子，可以说是一位"又红又专"的人才。对这样的人才各级领导不但要高度关心和爱护，更应该成为他们的知心朋友，了解他们的所思所想，及时解决他们在工作、生活中遇到的各种问题和困难，这是我作为市委教卫工委书记应该重点关注的事情，如果做不到这一点就是我们工作的失职。记得1994年吴老卸任天津医学院名誉院长后，在南开医院把全部精力投入到高层次中西医结合研究和国家重点学科建设方面，我们在工作上不仅保持着直接联系，电话、信件更是来往不断。我每次登门拜访吴老，他总会告诉我一些好消息，如医院评上"三甲"、某科研项目得奖、某领导来访，等等，那种喜悦之情令人难忘，那种敬业精神使人感动。吴老的境界非常高，在交往中听他谈的除了工作就是事业，从未听他谈及个人事情。吴老荣任中国工程院院士后，有一年春节我陪同市领导到他家慰问，由于房子比较小，人稍多一点就坐不下了，有些同志只能倚墙而立，情形有些尴尬。看到这种情况，我心中顿生愧疚之意，感觉我们对这位德高望重、为中西医结合发展做出突出贡献的老专家关心得还很不够。于是萌生了为吴老改善住房条件的想法，没想到吴老夫妇竟婉言谢绝，并说这个困难自己可以克服，绝不给组织上添麻烦。后经过再三劝说，吴老才勉强接受了为他调换住房的建议，从鞍山西道的蛇形楼搬到了水上公园西畔的水蓝花园，使住房条件有所改善。

　　2003年非典疫情刚过，我作为市委副书记，按照市委工作部署带队到南开医院做关于将中西医结合事业做强做大的调研，吴老非常高兴，并给予大力支持，他亲自撰写了《关于振兴天津市中西医结合事业的建议书》。当时吴老很希望借城市建设综合改造的机会，将南开医院建成一个独立的、新型的、融临床与科研于一体的现代化综合性中西医结合医院，并对此充满了希望和信心。当时天津市卫生局也正在进行全市卫生资源的调整工作，其中有拟将南开医院与天津中医药研究院合并的计划，希望通过合并既能发挥南开医院的技术优势，又可解资源短缺的燃眉之急。但这个方案显然与吴老的预期大相径庭。我恰巧从简报中看到相关的信息，知道吴老为中西医结合事业奉献了毕生精力，视事业如同自己的生命，因而意识到事情的重要性，当即邀请分管副市长、市卫生局主要领导会商，分析形势，权衡利弊，评价各种方案的可行性，最终决定以吴老提供的各地中西医结合医院的建设经验为基础，制定南开医院独立发展的综合方案。多年来医务界流行着一种说法："西医看上海，中医看北京，中西医结合看天津。"这句话形象地概括了三地医疗资源和各自的优势。从长远发展看，发挥优势、扬长避短是医疗资源配置的上策。因此充分尊重专家意见、科学决策在解决南开医院建设中遇到的问题时起到了决定性作用。当我们现在看到一座新型的现代化综合性南开医院矗立在天津交通干线长江道旁时，不仅会为这个富有特色的地标性建筑感到欣喜，更为它在天津公共卫生事业和救死扶伤中所发挥的重要作用而自豪。我作为当年建设这座医院的主要参与者之一，心中的喜悦与骄傲也不禁油然而生。

最近得知在天津市口述史研究会的协助下，吴老的口述自传《行医济世七十年——吴咸中自述》已杀青，不久将要出版，我感到非常值得庆贺。因为已年届九五高龄的吴老，不仅是德高望重的医学大家，他的人品、情操和思想境界等也都是很值得人们学习的。我相信，人们在看了吴老口述的自传后，一定会从他生动朴实的讲述中受到一些启迪，并会为他敬业奋斗的精神所感染。

天津市口述史研究会是我任市政协主席时曾大力支持的一个学术性群团组织，当时归属政协领导，多年来这个研究会默默无闻地为天津做了大量的存史工作，出版了很多生动、有价值的口述史料，记得前两年还出版了一本《世纪回眸　石毓澍自传》，年逾百岁的石毓澍也是天津德高望重的心内科医学专家,我与他也有忘年之交,并应邀为其写了序言。现在他生活在澳大利亚,他与吴老一样,都非常乐观豁达。这都是我们天津的宝贝!我衷心地祝福两位老人家健康长寿!

在吴老的自传著作出版之前,应他老人家之邀写几句心中的感言,勉以为序吧。

2020 年 4 月于天津

(作者:天津市政协第十二届委员会原主席、党组书记)

序 三

郝希山

己亥年秋,我的挚友吴咸中院士的长子吴尚为教授会同南开医院原党委书记朱广丽,前来介绍编著吴老口述自传的计划,并约我在此书完成后写篇序言。近闻《行医济世七十年——吴咸中自述》行将出版,于是怀着对恩师的敬仰和感激之情写了一篇短文,权作该书序言,并期待本书尽快出版,得以早日拜读。

我虽不是吴老的入室弟子,但在我的成长历程中一直受到吴老的指引和奖掖。上大学时,吴老即是授业恩师;我当肿瘤科大夫时,吴老是我最为崇拜的外科前辈之一;我当肿瘤医院院长时,吴老已被誉为全国中西医结合事业的旗手,享誉世界;我被任命为天津医科大学校长时,是从吴老手中接下他任院长和名誉院长时创下的发展基业的,学校能成功申报国家"211 工程"项目,也是凭借当年吴老创建的唯一国家级重点学科——中西医结合临床学科;我申报中国工程院院士时,吴老更是极力提携,作为推荐人,从指导申报材料的填写,到评审会议上的隆重介绍,都倾心而为,不遗余力;就连天津医学会会长的职位我也是从吴老的手中接过来的。如果说我一直是站在巨人肩膀上前行的话,这一点也不过分。

我是天津医学院自 1951 年建院以来众多毕业生中第一个成功申报院士的，这是一种特殊的荣耀，更是一种特殊的责任。在出席我当选院士的座谈会上，吴老按照事先认真准备的发言稿郑重地做了发言。就吴老的资格和威望，以及他临场发挥的水平，他完全可以不用讲稿也会获得满场的喝彩，但他没有这样做。吴老简述了我的学术成就，并对我提出了两点希望：第一要谦虚谨慎，脑子里总要有几个尖子人物的形象，知道能人之上有能人，要学习与提高创新能力，从领导体制、运行机制上创新，为年轻人发展提供更好的条件；第二要再立新功，作为院士，责任将越来越大，担子也很重，承担学校、学科和研究所的工作任务，要处理好各方面的关系，因为大家会按院士的高标准要求你，要多接触些院士，目的就是看看人家在想什么，在做什么，同时也让对方了解我们。吴老的这些话语重心长，字字珠玑，我一直牢记在心并指导行动。这些年来，无论是担任天津医科大学校长，还是担任国际抗癌学会等学术组织的领导职务，都不忘恩师教诲，不辱恩师使命，不负恩师重托。

吴老一直重视学科建设和人才培养，前几年我曾得到吴老编写的一本书《吴咸中论科技人才的培养》，其中既有吴老个人成长经验的科学总结，也有充满哲理和人文精神的论述，读后深受启发。吴老 2010 年为南京中医药大学"国医大师手书碑"的题词尤其发人深省，堪为座右之铭，常诵永记。题词写道："古今圣贤，莫不以立德立功立言为本，于医尤然。非盛德不可操此仁术，非明哲不能通其至理，非精诚难成苍生大医。务有精敏之思、果敢之勇、圆融之智、坚持之守，始可承国粹、创新知、起沉疴、济斯民。余致力于中西医结合五十余载，谨遵此旨，深有所感，特书之与同道后学共勉。"我相信，这是吴老毕生经验的结晶，也一定能从吴老的这部口述自传中得到具体而生动的印证。

吴老一生奋斗不止，笔耕不辍，学为人师，行为世范，事业学术双丰收，道德、技术、寿命三高峰，令我们这些后学晚辈高山仰止，景行行止。

虽然我已退休，但看到已进入期颐之年的吴老仍在勤奋地笔耕不辍，更激励我们加鞭奋蹄，尽力再创佳绩，奉献社会。

祝愿吴老健康长寿！

2020年4月于天津

（作者：中国工程院院士、天津医科大学原校长）

目录

第一章

家世与故乡

祖父母

1925 年 10 月 15 日,农历乙丑年八月二十八日,我出生在辽宁省新民县①一个满族家庭。无法追溯久远的家族史,只知道我家祖籍是新民县潘家岗子②,祖父是个秀才,曾进京赶考,但没获得功名,只能在村里教私塾维持生计。祖父的名字用的满族姓名还是汉族姓名,我已记不起来了,好像是用满姓温车贺。祖母的名讳我不知道,她在我记事前就故去了,没给我留下任何印象。他们生下三女一男,父亲是家中独子,上面有两个姐姐,即我的大姑和二姑,一个妹妹,即我的老姑。祖父教书,祖母务农,祖父故去后,全部生活重担便落在祖母肩上,那时父亲尚年幼。后来大姑嫁到沈阳,二姑和老姑分别嫁到新民的不同村镇,祖母便与父亲一起生活,直至寿终。与我同辈的,有几位吴姓中的叔伯兄弟,是我父亲堂兄弟的儿女,攀不上"亲叔伯",但未出"五服",有的到 20 世纪末仍有来往。家族中以某一个

---

① 今新民市,距离沈阳市中心 60 千米。
② 今沈阳新民市柳河沟镇潘家岗子村。

字区别辈分不应是满族的习俗,看来我祖父的前辈们就已经被深深地汉化了。

曾听父亲及叔伯们讲起,在私塾中教书的塾师多是饱经"十年寒窗苦"但没能走上仕途的读书人,有些是应试落第的文童,甚至秀才,祖父属于后者。那时的东北,塾师的经济收入并不是很高,他们的"束脩"(报酬)在物价稳定时收银两或"大洋",不稳定时则以"粮柴"结算。例如,一馆为三个月的"冬学",每位学童给塾师的"束脩"是"百柴斗米",即一百捆秫秸、一斗米,外加一点点"灯油费"。但私塾中的学生多则为3~5名,所以塾师的收入并不高,据说仅为长工报酬的一倍半或两倍,他们的生活状况可想而知。难怪那时有俚谚云:"教书十年不富,不教当日贫穷","家有二斗粮,不当孩子王",这是对绝大多数塾师生活处境的真实写照。不过塾师们很受学生和家长的尊敬,大事小情都要请塾师赴宴,婚丧嫁娶要塾师代写"喜对"或"挽联",有的还为有钱人家当"账房先生",以此补贴一些生活费用。父亲出生在这样一个清贫的读书人之家,加上幼年丧父,因此自幼就养成了吃苦耐劳、勤奋自立的性格。父亲的性格也影响了我们这一代。

父亲和母亲

父亲名吴志昌,号士荣,生于1886年,继承祖父衣钵,先在乡下私塾读了些书。但由于家境贫寒,后来不得不采取上学—工作—再上学—再工作的方式,兼顾养家和求学。父亲先在新民县念初级师范学校,毕业后教了一段小学,以维持生活并积攒学费;然后到省城沈阳就读高级师范学校,再回到新民县教授中学。由于父亲教书认真负责,待人谦和礼貌,处世公正无私,在民国十年(1921)担任了新民县"劝学所"所长,后更名为"教育公所",是县政府管理教育的行政机构,相当于现在的教育局。到民国十五年(1926),父亲经友人介绍,转入"官银号"(即官办银行)工作,从普通职员"司库"干起,逐渐成为分行经理,一直干到退休。

父亲 17 岁时,与比他年长 4 岁的母亲结婚。母亲姓佟,是新民县城人,出身没落的满族家庭,她的父亲也是教书先生,但母亲过门时并没有文化,也没有正式名字,父亲为她起了"学名"叫佟志新。婚后,母亲在父亲的鼓励和帮助下,从识字、记账开始学习文化,后来竟然可以读懂一些"唱本"甚至小说,摘掉了文盲的帽子,足见父亲的开明。更值得称道的是,母亲性情温和,待人宽厚,勤劳节俭,宽待亲戚,是一位难得的贤妻良母。

哥哥和姐姐

长兄吴执中,1906 年生于新民县潘家岗子,成年后学习医学,曾经留学英国和苏联,他毕生从事医学教育和职业病学事业,1980 年病故于北京。

次兄吴英恺(原名吴择中),1910 年生于新民县潘家岗子。吴英恺的名字是在新民县读高二时,为跳级考盛京医科大学而"冒用"毕业班一位因故不能参加考试的学长名字,考取后就沿用了这一名字。二哥曾留学美国,专攻心胸外科,贡献斐然,2003 年卒于北京。

在两位兄长之后,母亲又生过一男二女,由于在潘家岗子乡下医疗卫生条件差,土法接生,都因患"脐带风"在出生后 10 天内便夭折。

1920 年,母亲在新民县又生了姐姐吴振中,她于湘雅医学院毕业后从事眼科事业,2011 年卒于长沙。

1921 年,三兄吴维中生于新民县,曾留学日本攻读化学,后成为林业和土壤学专家,1989 年病故于天津。

崇文重教的故乡

新民县(现为新民市)地处辽河平原中部,辽河及其支流柳河均在新民境内流过,地广土沃,物产丰盛,既有渔获之利,又有舟楫之便,但也经常受水患之苦。新民扼水路交通要冲,居攻防重地,它东连沈阳市,西与黑山县接壤,北靠彰武县、法库县,西北一角与阜新县毗连,因而在设治所后的较短时间内很快就发展成为东北重镇之一。至民国初年,已经是一个交通、文化和经济等各方面都较为发达的地区,也是兵家必争之地。

新民之名源于清初的新民屯,据《满洲地名考》记载,此地原居民很少,明崇祯十四年(1641)和清顺治八年(1651)相继从山东、河北两次移拨大批灾民来东北垦荒,户籍显著增加。清乾隆初年招了许多新的移民来此地进行开垦,遂成村落,俗称新民屯,地名由此而来。嘉庆十八年(1813),设新民厅(治所在新民屯);光绪二十八年(1902),改新民厅为新民府,在行政级别上高于县;民国二年(1913),撤销新民府建立新民县,属奉天省辽沈道;民国十八年(1929),奉天省改称辽宁省,新民属辽宁省。1958年,新民县划归沈阳市;1993年,经国务院批准,新民县撤县设市(县级市),仍属沈阳市。新民以汉族人最多,满、蒙古、回、锡伯、朝鲜族人口也比较多,也有彝、壮、苗和维吾尔等共18个少数民族,是一个多元而包容的地区。

其实,对于幼年时新民县的家,我并没有印象,从父母和哥哥姐姐那里得知,他们的早年生活是清贫、艰难的。但我比哥哥姐姐们都幸运,大约在我两三岁时,父亲被友人推荐给新民同乡、时任东三省"官银号"总办的彭贤①,遂转入银行工作,不再教书了,从而提高了收入,生活得以改善,所以我童年的生活衣食无忧。听父母讲,父亲工作的"官银号"是哈尔滨分号,第一份工作是"司库",或许因为是刚刚入行的小职员,不能带家眷,家人仍留在新民县,父亲只有在过年时才能回家。大约两年后,父亲在"官银号"站住了脚、升了职,转到了沈阳分号工作,家人才搬到沈阳。就我童年模糊的记忆而言,那时父亲工作,哥哥、姐姐们上学,常在身边

---

① 彭贤(1884—1959),字相亭,辽宁新民人,幼年丧父,家境清贫,在新民县信和粮店当学徒。传说其父彭万荣曾对张作霖有救命之恩,张发迹后将彭贤带到沈阳,任军需官,并在张作霖私人的三畲栈担任监理,其理财能力极受张作霖信任,遂任命他为东三省官银号总办。九一八事变后,伪满成立"中央银行",任命彭为总裁,彭拒绝上任。1949年后迁居北京,1959年因病逝世。

陪伴照料我的只有母亲,以及我喜爱的儿童车。

新民令人引以为豪的,是新民县有"开东北教育之先"的说法,这种说法我虽没有考证过,但根据父兄求学、教书和立业的经历,以及我成长过程中的所见所闻、耳濡目染,追寻新民在教育方面的发展轨迹,感觉新民人在尊崇儒学、重视教育方面确实做出了很多努力。在科举制度废除以前,从乾隆到同治末年新民共出了进士、贡生、举人25名;而在光绪一朝的33年间,考取进士、贡生、举人者32名。与内地相比,新民设治较晚,光绪十三年(1887)才设科举考场,虽然"文运晚开",但在科举中不俗的成绩足以说明新民人不仅重视读书,更善于读书。

父亲和长兄都受教于新民的师范学校,故新民与"师范"在我幼小的心灵中就留下深刻的烙印。新民的师范教育始于光绪三十二年(1906),是继1905年盛京将军赵尔巽在沈阳设立"师范传习所"之后,在新民、辽阳、凤城设立的"简易师范科",即"新民公学堂"①。首届招生34名,次年增设"简易师范科"班(学制一年)和"师范传习"班(学制半年),办学的目的主要是为废止科举后创办新学校培养师资。民国四年(1915)"新民公学堂"更名为"新民县立师范学校",改招五年制本科师范班,培养高级师范人才。在20世纪初,学制五年的本科高级师范院校在全国范围内并不多见,加之自"新民公学堂"开办起,该校的毕业生每年均在100名左右,为新民乃至东北输送了大量中小学教师,这与"新民县开东北教育之先"的说法应该有密切的关联。另外,"新民公学堂"从光绪三十四年(1908)开始,设置普通初级中学班,于民国十二年(1923)将"新民县立师范学校"改为"新民县立师范、初级中学校",简称"师中校",计有五年制本科师范两班,讲习科一班,初中一班,学生总数140余名。由一位校长管理,

---

① 新民公学堂:即1906年在新民等地设立的"简易师范科"。1915年新民公学堂更名为新民县立师范学校,1923年更名为新民县立师范初级中学校,1938年改建为奉天省立新民第一国民高等学校(农科)。

同一批教师授课，也统一安排课程。这种"杀鸡用牛刀"的教学模式使该校的中学生享受了高水平的师资和教学，保证了上乘的教学质量，该校在东北范围内颇具名气。

"多元化办学"也是新民教育的特点。从光绪二十四年（1898）英国基督教会的文会书院①在新民建立"蒙学堂"开始，到民国十二年（1923）共建立了 13 所学校，其中两所在新民城区，其余均在县内的乡镇，而县街上的"文会中学"规模大、水平高，在那个时代是不多见的。新民也开创了鼓励女性上学的风气之先，光绪三十二年（1906）英国基督教会开办"崇实女子小学堂"，几乎同时官办的"县公署西女子学校"成立，民国六年（1917）在后者基础上成立"新民县立女子师范讲习所"，女子小学改为女师附小，仍体现"师范"与普通学校一体的风格。当然，新民私人办的学校也很多，主要是乡镇中的小学。早在 1906 年，新民府街有学堂 9 所，四乡小学堂 84 所，新民县境内已经建成中小学堂 93 所，在那个时代一个县拥有这么多学校是不多见的，表明政府和社会对教育的重视程度。归结有以下几方面的因素：首先，民国初年的日俄战争，新民深受其害，使人们从切肤之痛中觉醒，认识到振兴实业、开发教育为当务之急，如管凤和②在 1909 年任新民知府伊始就表示："东三省两雄角逐之场，卧榻之侧有人酣睡，切肤之痛，悬于心目，此教育之所宜亟也。"充满忧患意识。其次，历任府县知事和教育行政部门对教育极为重视，那时的职能部门先为"劝学

---

① 文会书院是英国基督教长老会于 1876 年年初在华设立的教育机构，又名文会馆，在不同时期和省市开办文会学院、文会大学、文会高中、文会中学等。

② 管凤和，字洛声、洛笙，生于清朝同治六年（1867），江苏武进人，原住上海，民国建立后定居天津。1902 年曾在袁世凯的北洋常备军中任文案的职位。后于 1905 年出任奉天海城县知县。为了改变当地落后的面貌，他大力推行新政，建立了全县第一个卫生机构"卫生施医所"，后又建立了海城师范学堂，还创办了白话报纸以及兴办实业等，因为业绩卓著，升任奉天新城府知府。1909 年由他主持编纂了《新民府志》。1914 年来天津后担任了直隶第一中学监督；1919 年又参与创办了"北戴河海滨公益会"，积极开发北戴河，编写了《北戴河海滨志略》，填补了北戴河无志的空白，后来又创办了"开源垦殖公司"并担任经理。

所"，后称"教育公所"，负责统筹和管理全县的教育工作；县警察局设有"学警"，配合"劝学员"督促学生和家长接受"新学"，县府还多次颁布条例对阻碍子女入学的家长予以处罚，在 20 世纪初既已显示出"义务教育"的端倪。

社会力量支持对新民的教育也功不可没，仅举几个例子：其一，民国初年，地方士绅李士林和梁国胜分别捐地 4 亩和 10 亩建立校舍；民国元年(1912)，统领张作霖捐房产，约合白银 3000 两，给新民办学堂。其二，民间集资也是办学的一种方式，如民国四年(1915)，新民平安堡 83 户集资，多的 1000 余元，少的 5 元，筹得 4000 余元，建成校舍，余下部分仍足够数年的办学经费。其三，民国十年(1921)，东三省"官银号"总办彭贤捐款 15000 元，创办相亭学校；民国十八年(1928)，少帅张学良个人出巨资，在十家子村建立新民小学。

总之，得天独厚的地缘、好学的民风、家国破碎的忧患意识、东北人重教轻财的性格，以及教育工作者的责任与担当，成就了"新民县开东北教育之先"的美誉，生于这片教书育人的沃土，是我的荣幸。

第二章

兴城的童年生活

迁居兴城

1931 年九一八事变之后，日本帝国主义为维持其对中国东三省的统治，开始逐步在各级政府和重要机构安插管理人员，以达到监视和控制的目的。银行属于较早被控制的行业，"官银号"被伪满政府改为"满洲国中央银行"，并在一些县市增设了经营网点。父亲在银行业已经工作数年，积累了一定的经验，具备了独当一面的能力，被派到兴城建立"兴城县中央银行"，并担任该行的经理。因此，我们全家随父亲的工作变动搬到兴城居住。那时，大哥和二哥在盛京医科大学读书，每隔一段时间便回家小聚；姐姐和三哥在兴城读中学和小学，住在家里。不久，他们都去沈阳的寄宿学校上中学，家里只有我一个孩子了。除了父亲和母亲，还有一位从在新民时就跟随我家多年的保姆，为我们打理家务，我们称呼她老张太太。

兴城县地处辽宁省西南、辽东湾西岸，居"辽西走廊"中部，东南部濒临渤海，东北倚热河丘陵，辽圣宗统和八年（990）设县，遂始有兴城之名。古城始建于明宣德三年（1428），赐名为宁远卫城；清代重修，改称宁远州城。民国二年（1913）改为宁远县；次年，因与山西、湖南、甘肃、新疆等省的宁远县重名，重新使用辽代兴城县名称。因此，兴城虽然只是一个县城，但较一般县城的历史文化积淀更深厚。由于地理位置重要，兴城历来是兵家必争之地，也是一个有故事的古城。

父亲吴士荣在银行工作时留影

例如，明朝抗清大将袁崇焕在这里一战成名；清太祖努尔哈赤在这里被红夷大炮击中落马，不久即撒手人寰，兴城成为他人生最后的战场。

我家搬到兴城后，我开始上小学，直至初中一年级离开，在那里几乎度过了我的全部童年。因此给我留下了深刻的印象和美好的记忆。

兴城老城基本是正方形，城墙完整，城的四面正中皆有城门，门外有半圆形的瓮城；东西南北四个城门分别名为：春和、延辉、永宁和威远，分别由东西向和南北向两条街道相连接，连接春和、永宁两门的东西向街道为横街，人们俗称其为"前街"；连接延辉、威远两门的南北向街道为纵街，两条街道在城中心的钟鼓楼处相交汇。多数商家开在前街，是当时城中最热闹的街道。父亲工作的兴城县"中央银行"就坐落在前街东端。那时城中没有楼房，钟鼓楼是城中最高的建筑，每日鸣钟报时，站在上面可以一览城中景色，我们这些孩童非常喜欢登楼玩耍，很多场景仍历历在目。在20世纪30年代时城中人口并不很多，估计不会超过两万，没有繁华、拥挤的感觉。此时，在南门外已经聚集了不少商家，以后逐渐发展成为兴城的"新城区"。由于海滨位于县城东南，相邻的绥中、大名屯也都在南面,往返这些邻近的市县都要从南门出入,故在四座城门中南门最为繁忙。兴城除了盛产海产品外,还有美丽的海滩,温泉资源也很丰富,故旅游、疗养业较为发达,城外有不少温泉旅店,包括专门为日本军人和伤兵服务的疗养院。

在兴城的家

我们在兴城的家,与郚家花园①为邻。郚家花园位于兴城老城区的近东南角,是一座很大的宅院,印象十分深刻。郚家花园的主人是东北军的一位将军,大家都叫他"郚师长"②,据说因为他曾是东北军名将郭松龄的部下,由于颇具才干,为人正直,也受到张大帅(张作霖)和张少帅(张学良)的赏识,官拜中将师长和参谋长。1925年,郭松龄发动兵变"倒戈反奉",作为郭的部下,郚师长被裹挟其中,事后虽被宽大处理,但难以像过去那样炙手可热,只得急流勇退,解甲归田,回到兴城故乡做寓公了。

郚家花园正门开在一排房子的中间,这些房间是管家、佣人和护院等住的;大门两侧有大小两对石狮子拱卫,大门上开有小门,人员来往走小门,车辆进出开大门。大门的正对面有一道由精美浮雕组成的八字形照壁,照壁中央是一个大"福"字,下面是盛开的桃花,两边是两只精美的凤凰;两侧照壁中东面的是满架葡萄,代表子孙繁盛;西面的是满架葫芦,代表福禄万代,也同样精美。

---

① 郚家花园,也称郚家住宅、郚家大院,位于兴城古城内东南隅,始建于1926年,占地面积5000平方米,建筑面积575平方米,共有房屋18间,分住宅与花园两部分,具有典型近代东北地区上等官绅宅院的建筑风格。

② 郚汝廉(1883—1961),字浚泉,兴城西关人。少年时饱读诗书,后从军报国,毕业于保定陆军速成学堂,曾参加讨伐张勋复辟。1924年加入奉军,在张学良麾下任中将师长和参谋长,日本占领东北时期拒绝出任伪满锦州省省长,保持了民族气节,新中国成立后被聘为辽宁省人民政府参事。

辽宁兴城郜家大院大门前的影壁

　　从正门进去,沿宽阔的主道可以看到内墙和二道门,正对二道门的是一排 5 间正房,两侧各有 3 间厢房(东北人习惯称为"下屋"),这些建筑组成了郜家花园的主院落。对于我这个小孩子来说,所有的房屋都是"高屋大顶",非常震撼!正房名曰"立本堂",门两侧有一副对联:"功名待寄居宇境,忧乐长存报国心",表明主人的心志。主院落的东面是花园区,取名"么园",建有围墙与主院落相隔;花园内部同样很有气魄,花草、树木、凉亭,特别是假山,感觉比外边的城墙还高。主院落和花园区都是青砖铺路,平坦干净。花园中整整一面墙壁被刷成白色,主人请来文人墨客在上面题诗作画。那时年幼不懂欣赏,更没有留意那些墨宝出自何人之手,但仍清楚地记得其中一首七律:"百战归来惜此身,栽花培柳度光阴。自从髀肉重生后,不做封侯梦里人。"花园中建有一座凉亭,主人为其取名为"知止亭"。现在回味起来,可以体会出郜家花园的主人在经历了枪林弹雨、宦海沉浮、浴火重生之后,惜生命、知进退的心境。

　　大约在我们搬来两三年后,花园又进行了一次整修,分出花草区和蔬菜区,还加盖了花房和鸟笼,天气凉了,主人就将不耐寒的植物和鸟儿移入花房。记得他家的花鸟多是从北京买来的,我在那里第一次见到了"虎皮鹦鹉",并从那时起喜欢上了这些小动物。

比邻花园的南端,建有一座相对独立的小院,取名"又一村"。内有坐北朝南的三间正房和与之垂直的两间厢房,小院对外出入的门向西而开,对着照壁的侧面。在与花园区相隔的墙上,开有进出花园区的门。据说,郜师长年幼时就失去父母,由姐姐将他抚养成人,又一村是为他姐姐安度晚年所建,但不知为何她没有来住,一直空闲着。于是父亲将又一村租了下来,我们在这里安了家。至今我仍然清楚地记得,父亲和母亲住在正房东屋,前后两壁都开有不小的窗户,通过它们可以看到花园中的景色。正房西屋,分成南北两部分,南半部分是厨房和储物间;北半部分是卧室,一铺大炕占去大半个卧室,平时我和老张太太住,哥哥姐姐们回来都睡在一起,并不觉得拥挤。其实,在我们搬来时,郜家花园主院落和又一村都是新的,建成后并没有人居住过,由一位姓李的管家打理。

我们来到兴城两三年后,郜师长从北京回到兴城,我们与这位房东兼邻居也逐渐熟悉起来。郜师长名为郜汝廉,身材魁梧,颇具英气,但谈吐文雅,待人和气,有儒将风采,不是张大帅那类满口"妈了巴子"的旧式东北军人,生活上也不是花天酒地、声色犬马之流,是毕业于保定陆军学校的新派军人。郜师长解甲后,是当之无愧的兴城名人、社会贤达;远离军务和政务,积极参与公益事业。例如,在县里促进旅游业发展的会议上发言:"读万卷书,不如行千里路",以鼓励青年人走出去,也吸引游客来兴城观光。据说他有三位夫人,我没有见过首位原配,也不知姓甚名谁;第二位夫人姓张,与郜师长一起从北京回到兴城,是一位较为活跃的女性,热心社会活动,是兴城"道德会"成员,义务调解邻里及家庭成员之间的矛盾和纠纷,也与郜师长一起兴办女子教育,教授缝纫、刺绣及烹饪等技能。他们夫妇育有一个女儿,与我的年龄差不多,记得有一位"专职"保姆几乎与郜小姐形影不离。张夫人的亲妹妹寒暑假都来兴城居住,当时在北京一所名牌大学读书,似乎是北京师范大学或类似的名校,是一位身材高挑、衣着时尚的知识女性,大学毕业后也嫁给了姐夫,成为郜师长的第三位夫人。尽管有些复杂,但总体来说是和睦、幸福的一家。郜师长一家人与我家相处得也很好,特别是张夫人,十分随和、外场,经常来我家串门,与母亲唠嗑聊家常;郜师长与父亲也偶有来往,谈论些他们关心的军国大事。或许是"膝下无子"的缘故,郜师长对我非常好,经常将他家的好吃食送过来让我享用。

小学生活

1931 年,我 6 周岁,到了上小学的年龄。那时我家还在沈阳,记得 8 月底开学后没有几天,就爆发了九一八事变。那天,我背着书包去上学的路上,看见一队队日本兵背着上了刺刀的步枪,在沈阳街头来来往往,与往常的气氛大不相同。因为年龄尚小不知道发生了什么,大人告诉我们:"出事了,上不了学啦,回家吧!"就这样,虽然在沈阳入学了,但没有上成

日军装甲车在九一八事变时进入沈阳城

13

学,于是到兴城后再次入学,读完了4年初小和2年高小,然后升入初中。

当时兴城县城有两所学校,都包括小学和中学部分。一家在城的东南角,与我家只隔一条街,名为"柳城两级高等学校";另一家在城的西南角,学校名字不记得了。两所学校相比,规模、名气和教学质量,前者要强得多,加上离家近,自然选择前者了。柳城两级高等学校校舍非常好,建筑讲究,教室明亮宽敞,早会的场所都是青砖铺地,晴天无灰尘,雨天不泥泞,在那个时代并不多见。用于体育课和学生们课余活动的场地也很好,更有篮球场和网球场等。后来我逐渐了解到,该校的前身是始建于清代的柳城书院①,到废除科举前曾有300余人考取贡生,北洋时期曾任国会和众议院议长的吴景濂②也出自该校。1913年更名为"宁远县立第一小学校";伪满时期将小学初级改为国民学校,小学高级改为国民优级学校,"柳城两级高等学校"或由此得名。

记得非常清楚,入学后的第一门课是《孝经》,配有一本不算厚的教科书。当然,刚刚入学没有基础,肯定是识字、讲经同时进行。随后,也教授了《论语》等更深奥难懂些的儒学经典。小学的学制分为初小和高小两个阶段,初小4年高小2年。初小期间的文化课并不多,主要课程是国文和算术,老师都是中国人,大约从三年级开始加入日语课,也有少数日本

---

① 柳城书院:兴城古名柳县,明末清初宁远州学宫设在古城的文庙内,教授儒学,也称"庙学"。乾隆五十八年(1793),一些士绅出资在古城内东南隅建学堂,最初称"文昌宫",招收年龄较大或有一定学历、阅历的学生;道光二十七年(1847),将文昌宫改为"柳城书院",成为真正的学校;民国二年(1913),宁远小学校改为"宁远县立第一小学校";伪满时期将小学初级改为国民学校,小学高级改为国民优级学校。新中国成立后改为"兴城县立第一完全小学";1962年改称"兴城南一小学",并发展成为全省重点"实验学校"。2014年迁出老城,该校址现为兴城民俗博物馆。

② 吴景濂(1873—1944),辽宁兴城人,字莲伯,吴三桂后人。清光绪三十三年(1907)京师大学堂毕业,授候补内阁中书。受聘为奉天师范学堂监督,并创办全省教育总会。次年赴日本考察教育。宣统元年(1909)任奉天咨议局议长。武昌起义爆发后,曾参与策划奉天"和平独立"未果。南京临时政府成立,任临时参议院议员。参与组织统一共和党,后任北京临时参议院议长。1912年8月国民党成立,任理事,后为总统府顾问。因反袁称帝遭通缉。1917年5月当选为众议院议长,7月南下参加护法。1922年支持曹锟贿选总统,次年闲居天津。1937年抗战爆发后拒绝与日军合作,在天津做寓公。

老师任教。高小阶段课程明显增加,加入了地理、历史、自然和体育等科目,家庭作业也多了,较初小阶段紧张不少。全日上课,上午第一堂为早自习,大约 1 小时,需要背诵的内容多在自习时完成。主要课程多安排在上午,下午一般 1~2 节课,放学较早。小学生基本都是城里的孩子,没有住校生,离家远的学生自带午餐,我家只隔一条街,中午回家吃饭。中学就有兴城乡下、甚至临县的学生了,他们可以住校。总体来说,不论小学部分还是中学部分,学生数量不多,每个年级也就 30~50 个学生。那时柳城两级高等学校属于新派学堂,教授现代知识,也摒弃了传统的封建教学方式,基本上不体罚学生了。

那个时代,孩子们三五成群凑在一起自娱自乐,是小学生课余活动的主要方式。另外,人与人之间、家庭邻里之间的交往也较热络,特别是小孩子之间,一起做功课、结伴玩耍很普遍。我家所在的又一村背靠郜家花园,有门与花园区相通,小伙伴们来我家做功课后常到花园里玩耍,有时就在知止亭中背书、做功课。郜家对我们这些孩子是很宽容的,只要不过分的喧闹一般不会下"逐客令"。踢足球也是课余主要活动之一,郜家花园正门前的空地,对我们这些小学生来讲是足够大的球场,更重要的是极为平坦,成了我们的最佳选择。然而,这引起李管家的不满,经常在我们踢得正起劲时将我们"驱离",理由是"球场"的一边是雕工精美的照壁,另一边是郜家大门的那排房间,玻璃窗、照壁上的雕刻以及瓦顶都可能被我们的球破坏,他无法向郜师长交代。可我们这些孩子就是"屡教不改",李管家一离开,我们又回来了,这样反反复复地与李管家玩"猫捉老鼠",似乎也成为我们放学后娱乐的形式之一。

兴城的东南角,地势相对低洼,不知是自然形成还是在早期建城时借势修造,全城下水汇集于此,并通过附近城墙上的一个洞排到城外,大家称其为"水帘洞"。天长日久在洞附近形成水洼,周围长出草丛,雨后水洼变大,水面上涨,漫过草丛。水帘洞附近也是我们这些孩子玩耍的场

小学时代的吴咸中

所，主要是在夏秋季节捉蟋蟀、抓青蛙，经常是有收获的。值得一提的是，就在我们居住兴城期间，政府对全城的排水系统进行了系统性改造，在各街道每隔一定距离设置了排水井，以不同级别的排水沟连接排水井，再将排水沟逐级相连，最后汇聚到"水帘洞"而出城。这次整修将所有排水沟由明渠改为地下管道，极大提高了排水效率，这使仍然是土质路面的城市市容得到改观，市民出行更加方便，特别在雨季更加显著。

"赶海"是我童年十分美好的记忆。距兴城东南面不远便是渤海，到海边玩耍也是我们喜爱的校外活动。落潮的时候，小伙伴们经常结伴到海滩上捡拾没能"随波逐流"的"海货"，收获最多的是螃蟹，也有一些贝类、小鱼和小虾，运气好了还可以捡到海参等"高档"海鲜。

在兴城，从入学到毕业，我度过了完整的小学时光，通过考试，升入本校的初中一年级。然而，入学后不到一年，父亲的工作再次变动，调到新民县"中央银行"担任经理，我们又要搬回新民县老家，故没能在柳城两级高等学校读中学，与离开沈阳到兴城的情况类似。

父亲幼年丧父，家境贫寒，很小就担负起家庭的责任；同时，继承祖父读书人的本色，笃信儒学，崇尚礼教，他本人又是教书出身，对子女的教育自然重视。我两个哥哥读书期间因家里经济拮据，父母二人省吃俭用，即便是借债也要供哥哥们上学读书。他从来不打骂子女而是循循善诱，讲道理是他擅长的教子之道。或许是这种"身教重于言教"的方式使子女更容易接受，在我的记忆中三个兄长、一个姐姐学习都非常主动，并且都在班里名列前茅。大哥博览群书，涉猎很广，除医学外，文学、哲学等也懂得很多，有"书痴"的味道。二哥聪明过人，领悟力极强，且喜欢动手，真是一读就懂一学就精。由于年龄上差距较大，我的两位长兄对我来说既有手足之情，更有师长之尊。姐姐文静而坚韧，不声不响，但总是获得好成绩。三哥年幼时相对顽皮，在呵护我的同时也一起做些"坏事"，但上中学后则变成另外一个人，学习自觉努力，成绩非常好。另外，母亲操劳家务，但仍然识字读书，摘掉了"文盲"帽子。这些都是我记事以来受到的家庭熏陶，并无长篇大论，都有实实在在的榜样。

父亲对我也鲜有训斥和说教，但会教我读一些书籍，不懂之处耐心解释。早在上小学前，就让我背诵古诗词，如《千家诗》里的不少诗词都能朗朗背出；《幼学琼林》也是我儿时熟悉的"经典"读物，父亲通过其中的故事教我做人、做事，可谓用心良苦，后来我也能够熟记一些篇章，甚至向他人讲述书中的一些故事和道理。

深刻的记忆

我的小学时代全部是在兴城度过的，虽然那时对很多事情还不能完全理解，但给我留下的记忆还是非常深刻和美好的。父亲进入银行界后收入大大提高，家庭经济条件改善，成了"殷实家庭"。所以我对兴城童年时光的记忆，完全可以用"丰衣足食"和"无忧无虑"来形容。当时在这个不算大的县城里，父亲是唯一"国有银行"的经理，也算是一路"财神"和社交圈中的"头面人物"了。因此受到各方的尊重，能住进郜家花园并与郜将军为邻，这本身已说明他当时的政治地位和经济实力了。那时经常有人来家里拜访父亲，每到年节假日，来访的人更是络绎不绝，礼品也是常有的，兴城临渤海，海鲜是最常见的礼品。但父亲是个严谨的人，"拒礼"于门外时有发生，绝非"来者不拒"。

搬到兴城不久，家里就安装了电话，虽然是工作需要，但在那个时代家庭电话还是很少见的，郜家花园虽然气派，但没有电话，李管家经常来我家借用电话。到兴城不久，父亲为三哥买了一辆自行车，是日本原装货,这对于那时的中小学生绝对是奢侈品了。三哥很是得意,周末从沈阳回来必定骑上它"招摇过市"。那时,大哥、二哥已经从医学院毕业,没有了学费负担;哥哥姐姐们时常来兴城小住,为家庭团聚增添了喜悦,全家都很快活。大约在1935年,三位哥哥和姐姐同时回到兴城,二哥带的照相机有自拍功能,我感到非常神奇!大哥、二哥西服革履,风度翩翩;姐姐齐眉短发,典型的新派女学生;我和三哥仍着长衫,我们五人站在房前,在轻松愉快的气氛中留下了一张笑容灿烂的合影。这可能是我们五人唯一的一张合影,我至今仍精心珍藏着。那天我们也与父母一起拍下了一张"全家福",二老微笑中透着慈爱和满足。这两张照片真实完美地反映了当时我们的家庭状态,堪称是"历史性"的家庭合影,弥足珍贵。

在兴城时期,家里也遇到了一件烦心事,而且是一件非常大的烦心事。1935年12月,大哥和他在盛京施医院工作的同事白希清①等多名师生被沈阳日本宪兵队以"反满抗日"罪名抓走,那时候以这样的罪名被抓进日本宪兵队是凶多吉少,能够活着出来的屈指可数。为此,父母非常着急,多方奔走托关系找熟人,花钱打点,希望能把大哥救出来。我当时年龄尚小,难以理解父母焦虑的缘由,只知道这是家中最烦心的一段时间。后来随着年龄的增长,慢慢知道了一些背景情况,对父母的心情才真正理解。其实,大哥在盛京医科大学读书时,大约在1927前后就接触了马克思主义,并加入了中国共产党,一度曾经离开盛京医大到哈尔滨去学俄语,准备到苏联留学。这段时间他与家人失去了联系,父亲几经周折才找到"失踪"了的他。或许是当时白色恐怖加剧等因素,大哥没有去成苏

---

① 白希清(1904—1997),满族,辽宁省新民县巴图营子村人。1930年毕业于奉天医科专门学校,留校任病理学助教;1933—1935年赴英国进修病理学;1935年归国,任职于奉天医科专门学校;1936年任北京协和医学院病理学助教、讲师;1942年任盛京医科大学病理学教授。1945年12月加入中国共产党,曾任沈阳市市长、东北卫生厅厅长、省军区卫生部部长。1954后,任中央卫生研究院副院长、中国医学科学院副院长、党委副书记、卫生部副部长。1978年后任中国医学科学院学术委员会副主任委员、中华医学会会长等职务。

联而回到了盛京医大继续读书。1935年大哥被捕后，最令父亲担忧的是大哥这段经历，如果大哥是共产党员而被日本人查明，"反满抗日"罪名将被坐实，这样就是神仙也救不了他了。然而大哥后来很戏剧性地被保释了！原来大哥被抓并非是日本人查出了他的身份，而是被他一位叫王斌的同事"出卖"了。王斌并不知道大哥那段"革命史"，而是因为经不起酷刑"屈打成招"，说大哥是他的"同党"，遂使大哥蒙冤入狱。后来在狱中大哥在某一场合与王斌见

珍贵的合影——从后到前依次为：吴执中、吴英恺、吴振中、吴维中、吴咸中，1935年摄于兴城家中

了面，大哥问他："我们是同事和朋友，关系一向很好，从来没有做过你'招供'的那些事，你为什么这样害我？"可能是大哥的话使王斌良心发现，他表示："吴大哥，我对不起你，他们给我用刑实在受不了，只得招供……"他们的对话被翻译或狱警听到了，加上大哥他们都坚持不"招供"，最后宪兵队只好以证据不足将大哥他们几人以"保释"名义放出，这场风波才告平息。他们出来时日本人警告他们："你们是'满洲国'的大脓包，早晚还得拿你们开刀……"为避免再遇麻烦，大哥出来后马上离开沈阳，去北平协和医院工作了。

　　大哥因"反满抗日"被抓时，我第一次看到父母如此担忧和焦虑，这

对我震动很大，也令我看到日本人野蛮的行径。这件事之后，父母也经常叮嘱我们在外边不要随便说话、不要惹日本人等，使我对日本人的反感和抵触情绪逐渐积累起来。随着年龄的增长和日本人在东北殖民统治的加剧，在兴城的最后两年，我作为一个十几岁的孩子，虽对日本侵略的认识还没有上升到"国仇家恨"的程度，但已经开始有了"亡国奴"之感。记得在钟鼓楼上观景时，看着一群群日军飞机向南方飞去时，我和同学们都很感沮丧和压抑，不知道这样的日子还要过多久！

第三章

新民的中学时代

重返新民

大约在 1938 年年底前后,父亲由兴城调到新民"中央银行"任经理,全家离开生活了 6 年多的兴城,回到我出生但毫无印象的故乡新民县。那时,大哥执中已经离开协和医院,到湖南长沙湘雅医学院任教务长,并兼任内科讲师、教授,也做医疗工作。二哥英恺在北平协和医院已经做完实习医生,正在做住院医师。姐姐振中大概是在一年多以前,在沈阳坤光中学(英国教会学校)读高中一年级时,征得父母同意,到北平在大哥和二哥照料下继续读高中,但在北平的慕贞中学(美国教会学校)仅就读半年,就因七七事变离开北平,到湖南投奔大哥,继续读高中学业。三哥维中在沈阳初中毕业后,也到北平读高中,是在一所非常好的学校,学校的名字记不清了。因此,搬回新民县住仍然是在兴城的家庭成员,有父母双亲、我及老张太太。七七事变是中华民族全民抗战的起点,在那以后,东北与内地的通信和人员往来越来越困难,一家人天各一方,很长一段时间难以相见,更有几年完全失去了哥哥和姐姐的音讯。

新民县得益于邻近沈阳,所以商业、文化和教育等都发展较好，比兴城繁荣、热闹。当时新民县"县长"仍然是中国人，是位姓丁的有学问、受尊重的绅士，县府为他配备了专用马车，很有些派头。有一位日本人安插的日籍"副县长"与他"共同治理"新民。

在父亲没到兴城工作之前，在新民住的房子是从"老张家"（后来成为我的岳丈家）租的，我因那时年幼没有任何印象。这次全家从兴城搬回新民，则住进了自家买的房子，那是父亲在兴城时委托老张家在新民县城里买的两座院子，在老爷庙头公发胡同10号。这两座院子买到手后，父亲将它们合二为一，成为前、后两院，把旧屋拆掉后各盖了一套新房子，每套都是宽敞明亮、"一明四暗"的5间正房，并各有3间下屋。后院较大，我家自己住，前院的房子租给别人居住。

"老张家"与我祖父同辈，他是一位铁匠，祖上是河北省人，"闯关东"来到东北，在新民安家落户。到20世纪30年代，张家已经成为新民县城中较大的商户，字号是"永庆铧炉"，铸造铧犁，锻打锄头、镰刀等农用器具，是新民最具规模的一家铁匠铺；同时，也设有门店，销售煤炭、水缸、厨具和餐具等家用商品。每到冬季，"永庆铧炉"要为来年铸造铧犁和制备不同的农具，其炼铁炉一"开火"工匠们便忙忙碌碌起来，炉火通明，打铁之声不绝于耳，非常热闹，在当时也是新民一景。"老张家"与我父亲是同辈的长子，是他家产业的"大掌柜"，还是新民县商会的会长，也是新民的头面人物。"老张家"的门店大家习惯上称为"柜上"，白天人来人往，生意兴隆；晚上也不冷清，左邻右舍、朋友熟人聚在一起，唠嗑聊天，是新民工商界的主要社交场所，父亲常去"柜上"小坐。

母亲一家祖居新民，但我对外祖父和外祖母没有印象，只知道母亲也出自读书人的家庭，由于重男轻女的旧思想，才没有给她读书的机会。在我的记忆中，佟家比吴家境遇好些，特别是母亲的大哥，也就是我的大舅，是个有学问的人，似乎做过不小的官，本人很有派头，家里摆设也阔气。其他的舅舅没有留下很好的印象，更有"游手好闲"者。佟姓亲戚中还有几位抽大烟的"瘾君子"，足见佟家曾经富有过，但自我记事时，家道已经败落了。母亲识字后，还曾写纸条批评和勉励她不成器的弟弟和子侄，但不知是否有效。与我同辈中有一位表哥，名叫佟连芳，年龄比二哥稍长，在佟家他那一辈也排行老二，我称他二哥，读过财会类的专业学校，在那时也算"高学历"，毕业后在营口的航运公司工作，是客轮上的乘警，他和二哥英恺从小就要好，是走动较多的表亲。他还有一位哥哥，似乎不大"着调"，可能是不大喜欢母亲对他的劝诫，不常到我家来，没有留下什么印象。

走动较多的亲戚就是我的姑姑。大姑嫁到新民县的某个乡镇，只记得她较早"守寡"，有一个女儿，乳名"小英子"，曾患天花，或许是住得较远，走动不多。二姑家在新民县城内，大概是在20世纪30年代，她居住的那个区域流行霍乱，她一家老少14口仅幸存3口，其中有二姑和她的小儿子及一个孙子，那小孩子命大，已经被放在抛尸的马车上，被细心人发现仍在喘气，被留了下来，捡回一条命。二姑后来的生活凄惨、孤独，父亲在公发胡同的另一端买了一套院落，专供二姑一家居住，并经常给予周济。老姑嫁到新民县苏家屯，在辽河岸边，土地肥沃，家有两套牲口的胶轮大车，是个殷实之家。苏家是一个大家庭，老姑父是苏家的小儿子，他的二哥在家里主事。老姑育有两女一子，大女儿小娥子，二女儿小环，小儿子身体瘦弱，很可能患有痨病。老姑父也去世较早，父亲对老姑非常呵护，她每年都来新民家里走亲戚，有时要住月余。我到天津之后，小环也曾来津小住，还买了一辆自行车带回东北。父亲和母亲都是宽厚、慷慨的人，对亲友的困难有求必应，我也非常习惯这种充满关爱和人情味的家庭生活。

父亲也有一些稍远些的亲戚，多为堂兄弟或姐妹，是否有留在祖籍潘家岗子的就没有印象了，多分散在新民县的不同村镇或其他地区。有一位父亲的堂叔，我叫他"五爷"，一家人住在柳河附近的"坝墙子"，我暑假曾到他家住过几日，那里是沙土地，较为贫瘠，又时有水患，经济实力不如老姑的苏家，没有胶轮大车，仅有毛驴帮着干活，但生活还过得去，也就是中农水平吧。五爷患有哮喘病，冬天不能出来活动，仍能记起他喘息和咳痰的声音，活得不轻松。他有三个儿子，长子读书后离开新民去外地发展，我没有见过他。次子有泥瓦匠手艺，也读了些书，后来在父亲帮助下在新民县政府谋得一份管理基建的差事，算是"公务员"，端上了"铁饭碗"；这位二叔走南闯北，是见过世面的人，又在新民县城工作，来往较多，家里的一些事情父亲多委托他帮着办。他家老三在家务农，我中学暑期去五爷家走亲戚，住了好几天，都是这位三叔带我信"驴"由缰地看"田园风光"。这是一段新奇、悠闲的经历。

买房子置地是那时东北人的传统观念，我家也不例外。父亲做教师时，生活拮据、入不敷出，只能租房子住，更谈不上置地。转入银行业后，收入增加，生活好转，开始有了些积蓄，后来也买了些土地。早期购买的土地是在柳河附近，那里是沙土地，又常闹水灾，价格较低，符合当时家中的经济实力；后来，家里的经济情况进一步好转，就在辽河附近购买了一些较好的土地。父亲置地是一种长远的积蓄，出租给他人耕种，都是由他的学生帮助打理，自己从来没有直接收过地租，没有形成直接的剥削，所以未被划入地主阶级。

那段时间，哥哥姐姐们都在内地工作或读书，家中只有我一个孩子，多少有些孤单。我从小喜欢小动物，又在部家花园见过些世面，就在公发胡同的院子里饲养了几种宠物，有兔子、小鸟和鸽子。兔子，是漂亮的长毛观赏兔；鸟儿，是观看虎皮鹦鹉的美丽，听珍珠鸟的鸣唱；鸽子，有观赏的，也有放飞的。这些宠物在那时的新民县里也算是上品了。

中学的岁月

子女的教育，在我父母心中历来是头等大事，非常重视。在兴城的后几年，父亲为我在哪里读书很纠结。那时大哥和二哥都在北平工作，生活还算稳定。姐姐和三哥都在北京读中学,学校条件都很好,两人刻苦用功,又有两位兄长照顾,也无须担心。因此是走三哥和姐姐的路,送我到内地读书,还是留在他们身边上学?父亲一直拿不定主意。父亲做事十分谨慎,经常和他的几位知己商量,两方面的意见都有,但考虑到日趋恶化的政治环境,如果把孩子都送到关内读书,"反满抗日"的帽子说不定就会落到头上。因此,最终决定还是让我留下来读书为妥。回到新民县,恰好到了我上中学的年龄,选择和报考中学也是一件重要的事情。新民在教育方面并不落后,学校不少,居民们也有求学尚文的风气,这在县级城镇并不多见。在20世纪30年代后期,新民县城内有三四所小学、两所中学。两所中学都是有历史传统的学校,一所为"奉天省立新民第一国民高等学校",属于县政府的公办学校,规模较大,条件也较好,即"师中校";另一所是"新民县文会中学",是英国基督教会开办的中学之一,整体水平也不低。通过考试,我被"师中校"录取,开始了我人生中新的一段经历。

九一八事变后伪满政府成立,日本帝国主义对东北的统治日趋深化。为了进一步推行殖民地奴化教育,加强控制学校、监视学生,除派日本人任副校长和教师进入学校外,对"师中校"的性质进行了根本性的改变。从1938年开始,首先停办了五年制师范本科,砸掉了新民教育界努力多年创出的"师范"品牌;其二是缩短学制,从过去的初、高中各3年,改为初、高中连读4年;其三是将中学的基础知识教育改为职业或技能教育,压缩课堂教授,增加所谓的"实业"教育,后者课程几乎超过30%。这种改变使新民痛失师范教育,对新民乃至东北的教师培养造成很大影响,使好端端的"师中校"几乎变成"农业职校",严重摧残了新民的教育。

1939年3月,我步入了中学时代,成为"师中校"的一名学生。学校在县城内,离家不远,走去走回,全日上课,不需要住校和带饭。对于课程设置,日本人也进行了极大调整,将民国时期的"公民课"改为"修身课",增加了"经学";将外国语的英语课时大幅度消减,将日语列为"国语",还增加了"国民道德"和"实业",以充分实现奴化中国学生的目的。课堂教学理论上占总学时的70%;所谓"实业",主要是园艺和农业,例如生物课中的植物学,讲土壤、种子、播种、施肥、田间维护,直至收割等。动物学,则讲家禽家畜的知识和饲养。为便于记忆,有时将一些内容编成"顺口溜",例如 "马牛羊猪狗猫鸡,7888781"(后边的数字是体温,7 为37℃,8 是38℃,1 是 39.1℃),至今仍然记得。记得那时每周总共有40学时,具体安排如下:"国语"9,其中日语6、满语3;实业12,实习、讲义各6;国民道德2;史地4;数学3;理科4,即化学和物理;图画1;体育2;音乐1 及语学2。在三四年级,"实业"课增加到每周21 学时,占去全部学时的一半。如此的课程设置,使得数学、物理和化学这些应该在中学期间学到的基础知识非常少。将日语定为"国语"是最赤裸裸的奴化教育,校方认为是重要的课程,口语、语法及日本文学都有,教师是日本人和朝鲜人。国民道德,是行为规范教育,也加入了日本国的礼法,有"政治课"的味道。外语课在"语学"中,主要是英语,是一位副校长教我们,但课时较民国时期少了很多。在所有的课程中,同学们比较喜欢历史和地理课,特别是地理课,教学方法灵活,一人主持说出一个地名,大家围在地图旁看谁能最先找到,然后以该地为核心向周边扩展,这样学习地理知识不觉中一二个小时就过去了,很有意思,教学效果也很好。课堂上讲的东西不多,家庭作业很少。总体来说,学生们的负担不重。然而在 4 年中,学生们却学不到真才实学,这是日本帝国主义的办学目的。

实业课大约一半的时间是下地干农活,在我们的学习中占很大比例——绝对超过 30%。学校有用于实业课的土地,主要是菜地,种植西红柿、茄子、豆角之类的东北家常菜。课堂上学到的知识要到田里实践,上课和停课随农时而定,播种季节要停课几日,收获季节也要停课几日,地里草多了还要停课除草。另外,将丰收的果实"送上"百姓的饭桌也是实业课的内容,就是让学生们自己将收获的菜蔬卖出去。因此每到收获季节,新民街上便多出一群推车叫卖的中学生,虽然菜品不错,价格也略低于市场价,但终究是供多于求,滞销是肯定的。为了让孩子们完成作业,经济条件好些的家长只能慷慨解囊买下孩子们的菜,我家就经常吃我卖的菜。

体罚学生,源于中国的私塾教育,后来也传入了"新派"学堂。在兴城上小学时,有些教师仍带着戒尺来上课,每间教室的教具中也配有戒尺,但印象中并不经常用,威慑意义多些。在新民"师中校"的前两年,仍可见到教务主任"王老歪"(患有斜颈)带着戒尺巡视,也很少用。但体罚学生还是时有发生的,也不一定要用戒尺。"师中校"有位姓高木的日本人,个子矮矮的,没有他教课的印象,文化程度不高,管理学生兼做庶务,由于个子矮,同学们背地里叫他"小高木"。刚来时他不懂汉语,为工作便利要学一些,比我高一年级的两位男生捉弄他,将"我是王八蛋"之类的骂人话作为自我介绍用语教给了他,小高木在教师办公室等场合认真地"秀"出他的学习成果,不想出了丑。小高木自然恼羞成怒,找到这两名学生,令他们在教室中对坐互扇耳光以示惩戒,直到气消为止。我也被小高木惩戒过,有一次我与其他三位男同学值日清扫校园,将落叶、废纸等归拢后扔到垃圾箱中,但没有将扫在一起的浮土当作垃圾扔掉,而是就近扫到了树坑里,被小高木看到后斥责我们"偷懒",令我们靠院墙站成一排,扇了我们四人一顿耳光。其实,扇耳光也并非日本人的专利,个别中国教师也偶尔为之。有一次,我同班的一个男生在菜地里上实业课时,吃了一个还没成熟的西红柿,被刘姓老师看到,他操着浓重的山东腔问学生:"好吃吗?"学生回答:"不好吃!""不好吃你还吃?"随之一记响亮的耳光,至今回想起来仍忍俊不禁。在中学的后两年,体罚学生被禁止了。

九一八事变后,奴化教育便是日本军国主义长期侵占和奴役中国的手段之一。由于其国力有限,派不出足够数量有水平的教师来中国,来的人也良莠不齐,做事和待人差别很大。记得在兴城的小学,也有一名日本教师,都叫他"四本君",来自日本鹿儿岛,教我们体育,对学生还算和气,与人相处也很有礼貌,常和高年级的学生一起打篮球。"师中校"的小高木则属于人矮水平低的混蛋角色,登不上大雅之堂。"师中校"的后两年,来了位日籍副校长,是科班出身的教育工作者,待人有礼貌,学问也不错,讲话有水平,也不耍横。也有些朝鲜人来教不同的课,以日语为主,他们有些人将名字改成日本式的,东北人称他们是"二鬼子"。那时东北的中学生对日本人从心里有抵触,同时也有些"势利眼",觉得四个主岛①的日本人还凑合,而对来自像鹿儿岛这样日本外岛的则低看一眼,骨子里也瞧不起给日本人办事的朝鲜人。

教我们地理课的吕老师,不仅口才好,启发式教学方法也颇受学生欢迎,他讲中国幅员之辽阔、土地之广袤、山川之秀美、物产之丰富,总是充满深厚的感情,对我们的感染力极强,绝大多数同学都喜欢他的课,敬重他的人品,也能体会到他的爱国情怀。大约在我初三的时候,吕老师突然不见了,没有人知道他去了哪里,但私下里猜测他可能是为"反满抗日"去了关里。吕老师的妻子和四岁的女儿没有走,留在新民县生活。警察局经常将吕夫人"请"去问话,要她提供吕老师的去向,没少刁难她。过了一段时间,吕夫人受不了这样的折磨,悬梁自尽了,大家非常惋惜和同情这对母女。日本人投降后,"国军"来新民接收,吕老师在"接收大员"的行列中,证实了大家的猜测,只是不知道他离开时是否告知他的夫人,如何坦然面对故去和活着的亲人?

"师中校"每个学期期末都安排学生登台演讲,培养学生们的表达能力,这一传统很有特色。也是在我初三时,高一年级的一位学生演讲令我印象深刻。这位同学叫温永江,演讲的主题是"如何做人?"题目没问题,嗅不出"反满抗日"的气味,慷慨陈词讲得很投入,但没有讲完主持人便厉声喝道:"温永江同学停止演讲",他被赶下了台。其实多数人都能听出

---

① 即本州、九州、四国、北海道四岛。

来，温同学是在"指桑骂槐"，对象是一位来自"关东州"①的刘姓老师，说他是卑鄙小人、汉奸走狗，等等。温同学被赶下台后事件并没有结束，次日警察局将他带走，恰好从我家门前路过，虽有警察"陪伴"，温同学仍然满不在乎，振振有词，表现得很不服气，很多同学和老师都为他捏把汗，担心他在里面要吃些苦头，好在校长出面担保，温同学几天后被放了出来，学校似乎并没有为难他，让他如期毕业了。

为前途而拼搏

即使在伪满时期，只要有可能，家长们就是节衣缩食也要供养子女上大学。就业、生存和养家需要知识和技能，在大学受到的教育和得到的文凭，是走向社会的敲门砖和铺路石，这一点毋庸置疑。对于中学生来说，临近后两年，报考大学和上哪所学校，是必须面对和思考的问题。由于日本人对中学教育的摧残，学生在中学期间学不到真正的知识，报考大学成为很不容易的事。因而学生对日本的奴化教育越来越不满。如果不能上大学，青年人的前途将更加悲惨。

那时伪满洲国有一支军队称为"满洲国防军"或"满洲帝国军"②，按伪满洲国的《国兵法》，凡符合条件的男青年必须服役当"国兵"；不符合条件的男青年则可能被征入"勤劳奉公队"③，俗称"国兵漏"，多是在伪满

---

① 关东州，1898 年 3 月 27 日，俄罗斯与中国清政府签订《旅大租地条约》，正式向清政府租借辽东，租期 25 年；1899 年 8 月，沙皇颁布《暂行关东州统治规则》，单方面将旅大租借地定名为"关东州"，并在旅顺口设立关东州厅。1905 年日俄战争后，日本取代俄罗斯占领这一租借地。"关东"意为位于山海关以东，与日本的关东地方无关。

② 伪满洲国军，又称"满洲国防军""满洲军""满洲帝国军"，主要任务是"维持国内治安""国境周边与河川警备"，多为关东军的后方支援部队，少部分为战斗部队。伪满洲国于 1938 年颁布《国兵法》，规定"全国"20~23 岁的男性都有服兵役 3 年的义务，每年春季征集 20 万人。

③ 勤劳奉公队俗称"国兵漏"，是由每年体检不合格的"国兵"候选人组成的半军事化组织，其中也有日本人和朝鲜人，实行 3 年劳役，属于"勤劳奉仕"；而"勤劳奉仕"是日本殖民主义者强制东北民众为其充当劳工的一种制度。后来日本在华北也将"勤劳奉仕"纳入治安强化运动的重要内容。

洲国的北部参加三年的修建军事设施和仓库等"土木工程建设"。事实上,那时绝大多数的东北人都知道,溥仪这个"皇帝"不过是日本人的玩偶,伪满洲国也不过是日本军国主义赖以统治和掠夺东北的工具,所谓"满洲国防军"不过是伪政权之下的伪军而已。所以无论是当"国兵"还是入"勤劳奉公队",都是当时东北青年不得不面对的两道鬼门关。如果在20岁以前考入大学,就可以避开征召"国兵"和入"勤劳奉公队",也就不存这两道令人烦恼的坎了。因此在伪满治下,中学毕业后上大学的重要性就不言而喻了。

1941年,三哥维中年满20周岁,到了当"国兵"的法定年龄。那时他在北京已经高中毕业,考上了北京农学院预科,也在报考日本的学校。但伪满洲国的"国法""法力无边",每年春季征兵20万,涉及面很广,按照户籍找人,三哥被找到了,让他必须回新民履行应征"国兵"的义务。这件事再一次打破了我家相对平静的生活,使全家又陷入焦虑和寝食难安之中。因为大家心里都明白,只要回来体检,被征去当"国兵"几乎可以肯定;如若回避不归,全家将受到"连坐"之灾。为这件事三哥情绪非常低落,烦躁易怒,经历了一段极为难熬的时间。父亲与他的朋友们多次商量,希望找到帮助三哥躲过此劫的办法。通过四处求人,总算找到了一位负责"国兵"体检的军医,他很同情三哥的处境,毕竟也是有爱国心的中国人,只要有可能,谁愿意看着年轻的同胞去当汉奸兵、做苦力呢!他说"不服兵役最充分的理由是体检不合格",并暗示了"自我造病"的高招。为此,在"国兵"体检前一段日子里,仍在北京的三哥开始服用一种缓泻药"大白合剂",同时减少饭量,并把自己闷在宿舍里不见阳光。招兵体检的日子临近时,父亲委托新民的那位二叔专程去北京将三哥接回,万一他"逃之夭夭",家里的麻烦就大了。三哥回来后大家发现"造病"还真见效,他形体枯槁,面如菜色,像个痨病患者,我们都很心疼他。体检之时,这位军医故作惊讶状喊道:"这样的人还能打仗?怕是连一般的活也干不了吧!"即为三哥出具了"身体不合格"的证明,躲过了"国兵"这一劫。然而,后边还有"国兵漏",如果被征上境遇更惨,那才是"出了狼窝又入虎口"。因此"国兵"体检后,三哥马上离开新民去了北京,很快就考取了去日本京都大学留学,他人生的两道鬼门关总算是躲了过去。三哥在日本学习刻苦,生活节俭,特别是日本战败前后局势混乱那段时间,经历了很多磨难,但都挺过来了,终于在新中国成立后学成回国。值得庆幸的是,二哥的中学同学遇子明,曾是东北与关内之间客运火车的列车长,后来也去日本留学,在三哥往返于关里和关外,以及以后赴日留学期间的学习和生活给予了很多帮助,是非常义气的朋友。

决战高考

我在"师中校"读书的第三个学年,也开始对自己的前途产生了忧虑,对准备考大学有了紧迫感。在学校学到的知识对于考大学来说远远不够,如果想考上大学,只能通过课外补习以弥补中学期间应学而未学的知识。课外补习至关重要,但不是件容易事。首先,需要找一位能够教授数理化知识的老师;其次是要有适用的补习教材;最后是补习班只能是暗中进行,否则可能被疑为"反满抗日聚会",所以得找一个合适的地点。"师中校"有一位孟老师,我们称他"老孟头",是一位具有爱国心的老教师,对日本人的"教学改革"极为不满,愿意为我们补习。而教材在一般书店很难买到,只能通过邮购方式获得专为考大学编写的补习教材,有例题、习题和题解等。补课地点最后选在几位县城外同学在城里租住的一个房间,那里每天都有学生出入,不易引起怀疑,是补习的好场所。补习时间差不多隔日一次,每次两三个小时,都在晚上进行。为了躲避灯火管制,补课时要用棉被遮挡住窗户,以避免被发现;为防止动静太大,孟老师讲课低声细语,同学们走动蹑手蹑脚。补习内容以物理和化学为主,日本人似乎对数学不太重视,教得和考得都不太深,补习中没必要占太大比重。孟老师倾心讲述，我们都专心致志倾听，很快感到有所收获。孟老师住在我家附近，每晚补习结束后，我负责打着灯笼送他回家，灯笼的光亮有限，在漆黑的夜里还是挺害怕的。这样寒暑不断，风雨无阻，课外补习大约持续了 2 年，大家都觉得很有长进。在临近考试的那几个月，我每晚都认真研读复习资料，反复做模拟题，往往到深夜，真是背水一战了。

父亲对医学情有独钟，认为学医"无论什么世道，都是靠本事吃饭，不用求人，还能济世救人"，他更为自己没机会学医而遗憾，所以希望子女们都能学医。两位哥哥医学院毕业后都已经事业有成，无疑是一条走得通的路。特别是二哥每每讲起协和医院总是眉飞色舞、自豪满满：医院是高楼大厦，绿瓦白栏；医生是西服革履，威风八面；找人打灯号，见面说英语，走路赛(似)小跑，做事守规矩。二哥描述的这些场景对我影响至深，常常引起遐想，期待有一天能够置身其中。因此，对我来说，报考医学院校成为当然的事。沈阳有两所医学院校——盛京医科大学和满洲医科大学，在当时的东北乃至中国都是高水平的学府，前者俗称"小河沿医学院"，属于"英美派"，我的两位兄长都毕业于该校；后者也称"南满医大"是"日德派"，在当时的东北更受追捧。两所学校我都报考了，"小河沿"考试和发榜较早，我"名落孙山"没有被录取；"南满医大"迟迟没有消息，以为没有考上，心里有些丧气。父亲没有责备我，鼓励我坚持不懈，继续努力，于是我又开始补习了。正巧父亲有几位好友都有要考大学的子女，也都想补习，于是大家搭伙从沈阳请来一位退休的刘姓女教师，她每周一乘火车来新民，每周六回沈阳，住在李二大爷家，我们四五位补习生每天早去晚归，主要是数学、物理和化学。刘老师水平很高，辅导高考经验丰富，讲得非常好。

参加了几次后，有人告诉父亲说，有人看到"南满医大"的录取公告里边有我的名字，已经考上了。听到这消息有些将信将疑，父亲和我专门去学校看榜，发现果然榜上有名，甚感意外惊喜，喜出望外。那年报考"南满医大"的人比较多,录取率是 22:1,竞争还是很激烈的。这次高考成功,使我成为"师中校"历年考取"南满医大"的两名毕业生之一,在新民县引起不小的轰动。也有人说是父亲有门路,我是靠关系被录取的,但我心里很清楚,这是"明学无门,暗投老师"的结果。后来得知,李二大爷家的补习班也很成功,几位补习生在下一年几乎都考上了"小河沿"或"南满医大",只有"老张大夫"的孙子没考上,被征了"国兵",他后来的人生十分曲折。因此,我对孟老师的帮助没齿难忘,是孟老师给我们"吃的小灶",弥补了日本奴化教育给我们造成的知识缺失,才能使我才上大学。同时,我也深深体会到,刻苦学习、坚持不懈,才是成功的法宝。1943 年春,我开始了大学生活。

第四章

在沈阳苦读医大

进入"南满医大"

1943 年春，我怀着兴奋的心情进入了坐落在沈阳的满洲医科大学（通称"南满医大"）。我们一届大约有 70 名学生，其中有 20 多名来自"南满中学堂"（简称"满中"，是"满铁"①开办的中学，与"南满医大"有血脉缘关系），该校自初中开始就是日式教学，教师也以日本人为主，是公认教学质量很好的中学；另有 10 多名来自"关东州"即旅顺和大连地区的旅顺中学，由于日俄战争后日本人就开始在那里进行殖民化统治，"九一八"后也不归伪满洲国管辖，中学教育完全日本化，教学质量比一般学校高出很多；还有 10 多名来自其他日本人办的中学。故全部 70 余名学生中，仅有一少半来自和我同样的普通中学，主要差距在日语水平方面。因此，来自"满中"和旅顺中学这类日本人所办学校的学生，报考"南满医大"只需通过考试就可以了，不需要校方推荐。但来自我这类的普通中学学生报考，需要校方

---

① 即南满洲铁道株式会社，简称"满铁"，成立于 1906 年。该公司事实上是日本在中国东北进行政治、经济、军事等方面侵略活动的指挥中心；1945 年日本投降之后停止运作，其资产大多被苏军收缴并拆运回国。

提供平时成绩和推荐信,至少要中上等的学生才有可能被推荐。另外,新生中有几位是以"特招生"方式入学的蒙古王公子弟,因日本人为了笼络统治内蒙古东部的德王,所以对蒙古贵族非常优待。这几位"小王爷"人都不坏,但文化水平很低,年龄又偏大,有位"大哥"已经40多岁了,学习很吃力。

满洲医科大学的前身是1911年日本关东都督府开始筹建的南满医学堂①,由日本人河西健次为堂长,同年10月12日开课。南满医学堂创办之初,作为南满铁路株式会社铁路医院的教育机构,主要目的是培养医学人才。该校为使中国学生也能入学学习,推举东三省总督赵尔巽担任该校的名誉总裁,赵尔巽个人捐赠5万银圆作为中国学生的奖励基金,以解决急需西医人才的问题。1922年,南满医学堂升格为满洲医科大学,学制7年,只招日本学生。1926年增设4年制医学专门部,招收中国学生,并许可中国女生入学。1931年《东北年鉴》评价:"该校环境优美,设备齐全,为东北地区规模最大,学术、医疗水平最高的医科大学,故称其为关东(东北)医科大学。"1945年日本战败前,这所学校是日本排在前五名的医科大学。在沈阳或中国东北,人们习惯上称其为"南满医大",医学圈子中对该校毕业生统称为"南满的"。

入学后我了解到,"南满医大"自建校开始,非常注重与日本内地医学院校的同步发展,特别是向一流大学看齐。具体表现在选用名校使用的教材,参考名校的教学大纲安排教学,参加日本内地重要的教学交流会议等。"南满医大"与日本本土大学的各类交流也非常活跃,常有日本本土的教授来上课、讲学和交流,"南满医大"的教授也去本土的学校进

---

① 南满医学堂,创建于1911年,坐落在南满铁路株式会社1908年创办的奉天南满铁路医院内。南满铁路株式会社总裁后藤本人是学医出身,因此对创办南满医学堂很热心。1922年该校升格为满洲医科大学,并设置7年制医学本科。1945年,满洲医科大学曾更名中长铁路医学大学、铁路医学院、国立沈阳医学院和沈阳医学院,1949年与私立盛京医科大学统一合并入中国医科大学。

修、讲学和交流;另外,日本人在我国台湾地区也开办了一所医学院,与"南满医大"也时常有不同形式的交流。在国际交流方面,"南满医大"主要是派人去德国交流和观摩,也邀请德国教授和学者来"南满医大"授课和讲座。另外,本校一些教师或医生曾在德国留学或进修,他们对自己有这样的经历很感自豪,甚至以此炫耀。总之,从"南满医大"的医疗和教学方面都能够感受到其积极进取的风气,难怪在建校仅20多年的时间里,就从名不见经传的学校成为亚洲最好的5所医学院校之一。

当时沈阳还有另外一个与"南满医大"齐名的医科大学,即盛京医科大学,该校前身是英国长老会传教士司督阁①于1892年创建的盛京医学院,它是中国东北地区的第一家医学院校,学制5年。1905年,盛京医学院在盛京将军赵尔巽支持下,每年招收中国学员进行正规培训。1907年,徐世昌任东三省总督,多次与司督阁商谈,决定在盛京施医院东侧拨地一块,每年拨银3000两,筹建奉天医科大学。1909年,司督阁又从英国募集5000英镑,补充建校资金;同时聘请英国剑桥大学毕业的亚瑟·杰克逊医学博士和利物浦大学毕业的病理学家毛乐尔医生来奉天,协助司督阁建校。1912年,奉天医科大学建成,成为东三省第一所医科大学。该校与英国爱丁堡医科大学授课课程相似,学制5年,学生毕业后授予内外科双学士学位。1917年8月,奉天医科大学更名为奉天医科专门学校。1924年,学制改为6年,招收女生,男女同班授课。1929年,学校更名为辽宁医科专门学校。1930年,学制改为7年。1933年,学校改名为盛京医科大学,学制改为4年。由于该校位于沈阳东郊的小河沿,人们习惯上称

---

① 司督阁(Dugald Christie,1855—1936),英籍苏格兰人,近代来华著名英籍医学传教士。从1882年至1923年在我国东北地区施医传教,先后创办了沈阳盛京施医院、女施医院、盛京西医学堂(盛京医科大学),是第一位将西方医学传入我国东北地区的传教士。中日甲午战争中,司督阁在营口与当地医生和学生创建了7所红十字战地医院,抢救了千余名中国伤病员;1910—1911年,沈阳流行肺鼠疫,司督阁担任沈阳抗击鼠疫总指挥,在沈阳首次建立起现代疾病防控指挥体系。曾任教会医学委员会主席(1907),也是中国博医会创建人之一。1936年司督阁在苏格兰病逝,终年81岁。

大哥吴执中(后排左二)在盛京医学院读书时与二哥吴英恺(后排右一)及同学好友白希清(前排中)等人合影

其为"小河沿医学院",在医学圈子里只要说是"小河沿的",就知道是这所学校出来的。

在中国,自1844年上海第一所教会医院创办后,传教士医生即以带徒方式解决医生后继人才的问题。但随着医学的发展和社会的需要,逐渐创办了专门的西医教育机构。由于这些医学教学机构归属不同,故划分为"英美派""法比派"和"德日派"。沈阳的"南满医大"即属于"德日派",而盛京医科大学("小河沿")则属于"英美派"。

紧张的学习

我入学时,"南满医大"在沈阳火车站附近,占地面积不小,与南满铁路医院在同一个院子里,那时铁路医院已经是"南满医大"的附属医院了。三栋主要建筑是医院的门诊部、住院部和学校的基础部。因学校基础部大楼建得稍晚一些,因此感觉仍然是很新的建筑,楼房高约四五层,在沈阳是很显眼的一座大楼。

基础部大楼十分宽敞、明亮，每层楼可容纳两个教研室，以中间的楼梯为界。学校内部的办公和教学用具也很讲究、齐全。我对解剖教研室的印象最深刻，授课、示教及学生进行尸体解剖的实验室和尸体储存室都十分规范。病理教研室的规模大，仪器设备齐全。讲"大课"都在宽敞、明亮的阶梯教室。每个教研室负责一个学科的教学，如生理、生化和解剖等教学由基础学科负责；内科、外科和妇科等教学由临床学科负责。多数情况下，每个教研室包括两个组，各由一位教授或副教授负责，并以他们的姓名命名其所领导的教研组，例如外科教研室，就是由平山和斋藤两位教授领导的两个组负责全部外科教学，分别称为"平山外科"和"斋藤外科"。如果某一年前者负责总论，后者负责各论，到下一年两组对换。使用教材是日本最好的，以解剖学为例，就是由岗岛敬志和谷口虎年两位著名教授主编的，印刷质量很高，特别是其中插图，非常清楚漂亮。同样，生化教科书也是著名教授主编的。教学包括教材、授课和示教、考试等，一律用日语。只有外语课例外，"南满医大"的外语课是德语，教师是位德国人。授课基本由副教授以上的资深教师担任，即便是高年资讲师，也很少有机会讲"大课"，这方面学校规定是很严格的。每周一早上第一项活动是全校师生都要参加的晨会，由教务长主持，他身着燕尾服，戴高高的礼帽，严肃考究，他对上一周的工作进行总结，做得好的给予肯定和表扬，对不足进行批评，也会对下一周的工作提出要求；学校较大的事情，也多在晨会上宣布。

"南满医大"设有本科和专科两部分，本科部学制为7年，其中预科2年，入学时成绩好的，即可正式开始预科的学习；成绩不佳但有潜力的学生，允许入学读一年"预备科"，预科和"预备科"中几乎全都是中国学生。在7年中，有大约1年偏重科研训练。早年，"南满医大"的本科部不招收中国学生，到我们入学时，可以有中国学生进入本科部了，但每届仅有1~2名，仍以培养日本学生为主，每届的学生也不过二三十名。专科部基本上为中国学生设置，学制4年，每届招生70~80名；也有类似预科的学习安排，主要是对入学时成绩稍差些的学生，他们有时和本科部的预科或"预备科"的学生一起上课。我体会，本、专两部在教学方面的差距，主要在于"量"而不在于"质"：授课教师都是副教授和教授，主要教材也是相同的，有些大课两个部一起上，所以差别只在于本科部可以学到更多知识，而非更深的知识。

听哥哥们讲过，学医不是件容易的事情，课程很多，理解和记忆都很重要，需要刻苦、努力才能学好。所以我在入学前有一定思想准备，认为上课注意听、下课多复习也就是了。开课后则感觉与想象得完全不同，实际上困难得多，特别是前半年，时常有坚持不了的感觉。讲课全用日语，教师们"滔滔不绝，满堂灌"，谁管你跟得上还是跟不上；经常搞突然袭击式的提问，令人反应不及；小测验、大考试没完没了，应接不暇，学生们非常紧张，真是疲于奔命！回想起来，是几方面因素造成的：其一是语言方面，尽管从小学就学日语，但教的主要是日常用语、文法或文学作品；其二是授课内容，学生们对医学很生疏，就是用母语讲也不一定听得懂；其三是教学方式，教授对大学生不会再有"循序渐进"的迁就，讲的内容你们应该听得懂、记得住。其实，还有一个重要的心理因素，就是自记事以来心中逐步积累了对日本人的抵触情绪，致使对学习缺乏积极的心态。但为了争取跟上教学节奏，在开始阶段上课注意听讲，真的是全神贯注，半年后逐渐能将大部分内容听懂了。晚上、周末和难得的假日也都成了自习时间，找合适的教科书和参考资料，提前进行预习，这对听懂和理解授课内容十分有帮助。就这样，功夫下足了，门道找对了，学习效果也越来越好；对一些教师的讲课从不接受到接受，又从接受到喜欢，最终进入了大学生的"角色"，畏难和抵触消失了，产生了学习的乐趣，"熬过"了困难的第一学年。

"南满医大"绝大多数教师是日本人，多是从本土大学高薪引进到"南满医大"的，还有些是留德的，他们的学问普遍都很好。例如，病理教研室主任稗田宪太郎教授就是一位非常有名的病理学家，课讲得也非常好。更为重要的是，他对学生不分中日，一律平等对待。他对中国学生表现出的耐心、诚恳甚至同情，对我调整好学习心态，打消抵触情绪，从而集中精力学习，起到了关键作用。后来我才知道，他是日本反战同盟的成员。日本投降后，他曾在国民党的医院中工作过一段时间，不久因看不惯日趋严重的腐败，毅然参加到东北民主联军行列，还起了中文名字"田夫"。1949 年后我在天津见过他，他先后在解放军第一军医大学、医学科学院血液病研究所工作，培养出不少病理医师。

外科授课的几位教授或副教授水平也都很高，特别是有一位在德国留过学的教授，教学效果非常好。妇产科的主讲教授令人印象深刻，讲课从不用讲义，从容踱步，侃侃而谈，十分潇洒；讲课逻辑清晰、重点突出，课后看一下笔记，大部分就都吸收了，他讲的一些内容，至今仍能记起；见习时也看过他做手术，果决、利落，非常帅气，赢得很多同学敬佩，都认为他太"帅"了。教内科和五官科的是两位副教授，都是中国人，日语和学问都不错，否则也不会让他们上讲台。当然，照本宣科、复述教科书的教授也有几位，大家不喜欢他们。教德语的老师是位很有意思的德国人，参加过第一次世界大战，因受伤还留下了残疾，是个瘸子，我们背地里叫他"德拐子"；如果学生发音或理解不正确，他就请学生到讲台前，他亲自一遍遍地教，直到学生发音或回答正确了才放学生回座位，我们戏称这是受"拐子邀请留德去了"。不过这位教师如此认真的教学态度确实不多见，给我留下很深印象。客观地讲，大多数教师都把我们当作学生，而非"满洲"学生。换句话说，他们对待教学和学生是非常职业的，没有歧视。以稗田宪太郎教授为代表的多数日本教师对学生们的态度以及他们的职业精神，对我的学习产生了积极的影响；同时也改变了我们一味仇视日本人的心态，虽然我们没有"将日本人民与日本军国主义区别对待"的觉悟，但能够体会出并非所有的日本人都是"坏蛋"。这种成熟的心态，对接下来的几年学习和生活大有益处。

　　"南满医大"教学条件非常好，教学中很注重实践性，如解剖课，有充足的尸体标本支持，学生通过自己动手解剖尸体，使学习充实而扎实。病理学的实验课也不少，每人一台显微镜，教学用的片子也十分丰富；辅导教师一般是资深讲师，带我们班的那位患有哮喘病，我们背地里叫他"大喘气"，他发给学生不同的片子，由我们自己辨认。"大喘气"在教室中走来走去，随机问学生辨认的结果，说对了，他默默离去，就算鼓励了；如果错得太离谱，可能受到他"巴嘎伊耶"（即胡说八道）的斥责，但口气并不十分粗野，学生们还能接受，他的教学效果还是很好的。

1943 年，吴咸中（三排左四）考入"南满医大"第一学期解剖课实习后与同学合影

　　学校与医院在一起，见习也方便，上基础课的同时，就开始观摩医生看门诊、查房，甚至看手术。那时候尸检非常普遍，几乎每个住院患者死亡后都要做尸检，并且是开放的，学生也可以观看，我就经常去，能够学到不少东西。负责尸检的病理医生一般是副教授，只有遇到少数复杂病

例教授才亲自出马;临床方面,通常也是由讲师介绍死者的临床诊断情况,教授、副教授不大参加。印象较深的是,病理教授主导尸检过程时,临床医师或讲师较为"客气";如果临床诊断与尸检发生不符时,病理教授往往会"发难"教训临床医生,也会以"巴嘎伊耶"类的粗口进行训斥。这类情况发生时,临床医师或讲师都是唯唯诺诺,非常诚恳地表示歉意,所以同学们似乎都有"基础教师高人一等"的感觉。

伪满统治下的学生生活

校园中设有供教师和学生使用的食堂,供应一日三餐。校园内的学生宿舍不多,仅供本科部的学生住宿,学校在校外租用了可容纳两三百人的房子,作为大部分学生的宿舍。刚入学的一段时间我住在校外宿舍区,离学校有些远,不是很方便。不久,一位同学的岳丈家在学校附近有两栋小楼,他愿意出租一栋给学生们住,我就搬了过去。这栋小楼房间比较多,我们七八个前后班的同学每人可住一间,虽然不大但有独立空间,居住和学习都很方便,价钱也公道,我一直住到离校。沈阳距离新民县60千米,火车来回也算方便,学习不紧张时甚至可以回家度个周末,顺便带些学校里吃不到的食品,既解馋又省钱。

"南满医大"的学习并不轻松,白天上课、见习,没有太多的课余时间。由于临近火车站,是个商业发达、十分热闹的地区;特别是"春日町",是日本人集聚的街道,商铺林立,绝大多数是日本人开的各类小店。偶有闲暇,便约上几位同学到春日町"一游"。虽然逛书店是每次必有的内容,但顺便买些小吃解解馋也是件愉快的事。最受同学们欢迎的小吃,是日本人推着小木车沿街叫卖的"汤面",对我们这些学生来说是吃得起的美味了。回想起来,那时同学们都十分节俭,多以小吃解馋,如汤面、煎饼、烤红薯等,如果煎饼加上一份菜或汤,就已经是"豪华大餐"了,即便是家境较好的学生也是如此,节俭是那时的普遍风气。另外,随着战争形势对日本帝国主义日趋不利,食品等物资管制越来越严苛,即便是这类低水平的"细粮",也只有在日本人的商铺才能买到,普通中国人很难得到稍好些的食物。尽管大学在伪满洲国还算是享受特殊优待的地方,但校园生活较以前也更加艰苦,学校食堂提供的伙食往往难以下咽,学生们经常吃的是发霉的小米加带皮的土豆、秫米饭、大糙子,吃上几粒黄豆就算是补充营养了,要称颂"皇恩浩荡"了。我曾做过一副对联描述学校的早餐,上联是:木质酸咸菜;下联是:带壳小米粥;横批为:保管利尿,同学们看后个个感同身受、忍俊不禁。在那样艰苦的学习和生活条件下,诙谐和调侃给饥肠辘辘的学友带来片刻轻松、抹去丝丝苦涩,也算是"别有一番滋味"吧。这令我不时记起孟老夫子的千古绝句:"天将降大任于斯人也,必先苦其心志,劳其筋骨,饿其体肤,空乏其身,行拂乱其所为,增益其所不能……"以此与同学们互勉。

入学后的第一个暑假,我还是没躲过"国兵漏"这一关,被征去"勤劳奉仕",这是大学期间最为痛苦的记忆,永远忘不掉。服劳役地点在"关东州"境内,搞不清具体是什么工程,猜测是修建军事设施或仓库之类,土方作业为主,挖土、运土、搬运砖石或其他建筑材料,都是繁重的体力劳动。早出晚归,吃得很差,最难过的是夜里,蚊虫叮咬无处躲藏,难以入睡,第二天体力不支,稍有不慎就会被训斥,这次真让我体会到什么是"苦力"了。所幸的是,这个罪仅仅受了一个假期,总算挺过来了。不过这也让我想到那些"国兵漏"和被抓的劳工,日子该有多难熬!

我入大学时,日本早已每况愈下,到了垂死挣扎的地步,只得通过高压统治苟延残喘。日伪政权对民众严密监视,封锁消息,不准聚众集会,学校中的政治空气令人窒息,从"公开渠道"很难了解到外界的真实情况。其实,这样的环境反而激发了学生们的求知欲,"不安分"的同学常在一起讨论"时政"、传播"小道儿消息",寻找和阅读"禁书"也悄悄进行,如老舍的《赵子曰》,鲁迅翻译苏联作家肖洛霍夫的《毁灭》,还有一些苏联的当代作品,我读了不少,对我的思想产生不小的影响。当然,那时看这些书是有风险的,经常要等到夜深人静时,在被窝里借助手电筒偷着看。我同班的孙学如,属于思想比较活跃的"进步青年",我们之间无话不说,很谈得来,他是这些"禁书"的主要提供者。一个周末,他邀请我一起去辽阳参加他的婚礼。在辽阳的短暂几日,他带我到"南满医大"另一位校友、也是他的表哥宋国仁家,宋比我们高一年级,成熟而健谈。那晚他家里聚了很多人,都与我们年龄相仿,学生模样,大家聊得热烈,甚至"慷慨激昂","雪国耻、图富强","反满抗日"情绪沸腾,引起了我的共鸣。随后,与大家忙了一整夜,抄写传单和小册子,内容以宣扬三民主义为主,从这些主题看,宋国仁应该是国民党地下党员。这一晚的聚会虽然"热血沸腾",但我还是有些后怕,毕竟是不折不扣的"聚众集会"和"反满抗日",都是触犯日伪"天条"的行径,若被宪兵队"拿"了去,后果不堪设想。后来听孙学如讲,那次聚会后不久,宋国仁就被日伪发现追捕了,他逃到哈尔滨躲了一阵子,还是被抓住关进了监狱。从监狱出来后他回到"南满医大"继续学业,但留级到我们这个年级。为了"反满抗日",宋确实有献身精神。不过十分荒唐的是,这次本来是有爱国性质的"聚会",后来竟成为我的"历史问题",不仅影响了我加入中国共产党的进程,而且"文革"中还成为审查重点,虽然最终结论是"历史清白",但给我造成的影响却是无法挽回的。"文革"后曾遇到老同学孙学如,还十分感慨地谈及这段经历。孙说:"我和宋国仁根本就没有打算发展你加入国民党,但见到了志向相投的学友,谈论时政、抄写传单也是恰好赶上,这一偶然的聚会你就成了国民党了,真是荒唐呀!"

第五章

从沈阳到天津

父亲的愿望

我考入大学不久，父母就为我操办了婚事，因为我已经到了"男大当婚"的年龄。在这个问题上我很能体会父母的急切心情，因为已离家多年的三个哥哥和一个姐姐一直音讯难通，婚嫁之事更无从谈及。我与张丽蓉的婚事，可以说是"传统与新潮"的结合，是双方的家长促成了我们之间的"你情我愿"。我的夫人张丽蓉，就是我前面提到的"老张家"的女儿，多年的交情，我们两家早已不是房东与房客之间的关系，吴家从在新民县安家起，我们就相处得非常好，因而成为至交，两家还认了"干亲"。我们家从兴城搬回到新民后，我与丽蓉就经常在一起玩耍，从"两小无猜"到"志趣相投"，最终走到一起已是必然。加上长辈们也一致认为应该"亲上加亲"，积极促成这桩姻缘，我们的亲事就这样定下来了。

丽蓉的爷爷去世较早，她奶奶是位干练的老太太，能干而且外场，深受邻里们尊敬。20 世纪三四十年代，丽蓉的大伯是掌管家族产业的"大掌柜"，曾任新民县商会会长，也是新民地面有"头脸"的人物。丽蓉的父亲，我的岳丈,学财会出身,刚毕业时也在"永庆铧炉"做事,后来去了银行工作。丽蓉在她家是长女,很有主见,聪慧、要强;她有4个妹妹和2个弟弟,丽蓉有大姐风范,对他们百般呵护,很受尊重。张家有些封建,不愿意供女孩子上大学,但丽蓉学习上进,在校成绩非常好,读完中学后上了沈阳同善堂助产学校,毕业后在沈阳的一家私人妇产医院工作。

1944年我与丽蓉结婚,开始了我们的共同生活。婚后,我专心读书,继续我的学业;她认真工作,时间允许的话,回新民家中相聚,日子过得还好。1945年11月23日,大女儿出生,父母很高兴,父亲为她取名尚彬,希望她"文质彬彬"。添人进口,在那种压抑的年月给吴家带来了难得的欢乐。以后我们一起同甘共苦,直至2011年丽蓉辞世,我们共同生活了76年,真正是"白头到老"了。

在我考入大学之前,父亲就从新民"中央银行"退休了,他在银行工作了近15年。父亲早年丧父,家境贫寒,靠自己不断读书、教书,再读书、再教书,一步步提升自己,靠微薄的报酬养家糊口,支持大哥和二哥读书,他和母亲精打细算,勤俭度日。转入银行界工作后,虽收入增加了,但仍不改勤俭持家的本色,不抽烟、不酗酒,生活简单。三哥曾提起,父亲作为银行经理,收入是非常不错的,他去日本留学的前几年里,父亲拿出三分之一的收入供他在日本读书和生活所需。所以直到晚年,三哥还经常提起,哥哥姐姐们都是依靠刻苦和勤俭完成的学业,只有他是靠父亲辛勤工作挣的钱才完成了学业,他是吴家最大的受益者,并为自己没能在父母有生之年尽孝而感到遗憾和惭愧。我想,父亲母亲不会有此类的想法,他们对儿女是不会计较这些的。可以肯定,父亲在银行效力这么多年,应该有一定积蓄,加上退休金,能够有一个不错的晚年。

但父亲心中始终有一个强烈的愿望,就是有钱一定要"买房置地",这样自己既能安度晚年,同时也能给子孙留下一笔靠得住的"不动产"。父亲这个愿望,也是那个时代中国人普遍的愿望和追求,这是受根深蒂固的中华传统文化影响的结果。在父亲的同代人中他是比较开明的,例如民国初年,他是新民县最早剪辫子者之一;他帮助母亲学文化、扫除文盲;支持女儿读书等,都很说明他是一个与时俱进的"新派人物"。但有了钱就要买房置地的愿望,与他的开明思想也并不矛盾,追求美好生活是人类共同的理想。因此,在他退休前后的那段时日,父亲为实现他的愿望而奔忙,先是在新民县城内买了两进院落并重建,以后成为我们定居新民的家。我理解,这其中有父亲眷恋故土,希望"落叶归根",安度晚年的心愿。另外,退休后父亲又在盘锦买了一大块土地,肯定是想留给我们这些子女作为可以"传世"的遗产。可以说父母亲为了子女的成长和未来,处心积虑,用心良苦,令我们非常感动!虽然父母的愿望未能实现,但我们几个子女以及后代们都以自己的人生业绩告慰了父母的在天之灵,回报了父母的养育之恩。

日本投降前后

1941年12月,太平洋战争爆发后,日本不断加大对中国东北的资源和财富掠夺,并进一步对生产生活物资加强严格管控,给东三省人民生活造成了极大的困难。随着战事的推进,我们在很短的时间里也与大哥、二哥、姐姐和三哥失去了联系,父母二人非常着急,担心他们的安危,想尽一切办法也杳无音信。抗战爆发初期,家里还知道大哥和姐姐南下湖南、贵州,在湘雅医学院工作和上学,但此后再没有消息。到1945年"八一五"日本投降这几年时间里,父母牵挂儿女,担惊受怕,精神上受尽了煎熬,他们天天企盼战争早日结束。为了获得时局的真实消息,父亲花了不少钱购买了一台高质量的"话匣子"(收音机),希望能够清楚地听到内地的广播,主要是为了解时政和战局变化,而非娱乐解闷。但这是很冒风险的,因为在日本人统治下这属于"偷听敌台"的重罪。而父亲每天深夜必听,然后才上床睡觉。父亲有几位和他一样关心时政的朋友,也每天收听"敌台",之后他们还在一起讨论、分析和评价,计算日本人还有多久会"寿终正寝"。尽管这是严重的"犯罪行为",但他们相信这是日本人最后的疯狂,他们挺不了多久了。

1945 年 8 月 6 日和 9 日,美国在日本的广岛和长崎分别投下两颗原子弹,给日本军国主义沉重的一击,造成日本本土严重的损失;8 月 8 日,160 万苏联红军出兵东北,对日本关东军实施毁灭性攻击。尽管东北仍号称有 75 万日本精锐关东军,但很快就溃不成军,苏军在短时间内占领东北全境。1945 年 8 月 15 日,日本天皇裕仁发表《停战诏书》,正式宣布日本无条件投降,随即伪满政府垮台,结束了在东北几十年的殖民统治。记得当日,日本人都被召集起来"聆听"天皇的"诏书",校园内外日本人哭声一片,随后,正如"天皇诏书"中所说,开始了他们"难忍者忍之,难堪者堪之"的日子;中国人则欢欣鼓舞,到处都是庆祝"光复"的人群,"南满医大"也停课了。

自 1905 年日俄战争之后,日本人逐步蚕食东北,并开始以各种名目向东三省"移民","九一八"之后则变本加厉,到 20 世纪 40 年代,除军人外,东北已经有大量日本侨民,沈阳就居住着很多日本人,"春日町"就是最主要的聚居地。那里开有大量日本人商铺,非常繁荣,日本投降后这些商铺有的停业,有的则清仓大甩卖,街头巷尾处处都有日本人的地摊,贱卖家具、衣物和各类生活用品,价格没有什么好谈的,给钱就"公道"。街上的日本人个个沮丧、恐惧和悲伤,与过去的境况有天壤之别——从"占领者"沦为"战败者",代价当然是惨痛的,但他们必须接受。

日本投降后,根据《波茨坦公告》"日本军队在完全解除武装以后,将被允许返回家乡,获得和平以及生产、生活的机会"。于是,中国政府在抗战胜利后最短时间内将缴械后的日军和日侨遣返回国,成了第一大事。在东北地区,由于大多数国民党军队仍在西南,遣返工作早期是由已经进入东北的苏军和八路军负责,美军和国民党军队后来也参与进来。日本侨民先被集中和收容在"待遣营地",一般是在原日本人的学校、机关或企业,分批用火车运到葫芦岛,再乘船回日本。印象中,那时在全中国有 300 多万日本人需要被遣送回日本,东三省占 1/3,这对战后百废待兴的中国确实不是件容易的事情,负担很重。在很短的时间内,"南满医大"很多十分熟悉的面孔不见了,包括那几位我们喜欢甚至钦佩的老师,必然是淹没在被遣返的人群中,在某待遣营地等待回家;"南满医大"仅有少数教师或医生留在中国继续工作,有的还参加了八路军,如稗田宪太郎教授后来就参加了第四野战军,后在医学科学院天津血液病研究所工作。

待遣营地由于人员聚集,条件不可能很好,为防止发生传染病,我们这些医学生应召参加了防疫工作。由传染病医生带队,定期到指定的待遣营地巡查,发现疫情尽快采取措施加以控制。有一个待遣营地就出现了霍乱,该营地的日本负责人担心报告疫情就要采取防疫措施,可能会推迟该营地的遣返日期,便抱着侥幸心理没有上报。但感染者发病了,没办法再隐瞒了,好在发现及时,立即采取措施,没有发生疫情蔓延。但我们领队的传染病医生勃然大怒,"礼貌"地请那位负责人摘掉帽子、眼睛和手表,狠狠地扇了一顿日式耳光,那个日本人一再鞠躬道歉,承认错误。回想起来,他的瞒报确实有可能造成严重后果,教训一下也不过分。

日本投降后,"南满医大"的日本教师们都被集中等待遣返,学生们忙着庆祝"光复",学校自然停课了。不久,国民政府指派了新的校领导,学生们对于复课和未来也提出了诉求。最主要的是学制,专科是为中国学生设置,仅极少数中国人可以进本科部,显而易见带有歧视色彩,学生们过去无奈,但心里都憋着一股劲。学校由中国政府管理了,同学们游行请愿,要求公平的待遇理所应当。没有遇到太大的阻力,同学们的诉求得到校方和政府的认同,取消了专科部,所有学生都改为本科生,学制改为6 年,同学们的愿望得到了满足。

日本投降、伪满洲国覆灭，"满洲医科大学"的校名当然不能继续使用了。我在校学习期间，"南满医大"几易其名：首先，由于国民政府铁道部接收"满铁"，学校被一并接收，校名更改为"中长铁路医科大学"，后又改为"铁路医学院"；而后，考虑到区铁路系统缺乏办大学的经验和能力，应将其归入国家教育体系，于是又更名为"国立沈阳医学院"，1946年改为"沈阳医学院"。学校归铁路系统的时间很短，没有正式的校徽，但戴过布制的"铁路医学院"袖标。最终沈阳医学院并入中国医科大学①，那是后来的事情了。

在短时间停课后学校复课了，较为明显的变化是同学们要求将外语由德语改为英语。学校和当局满足了同学们的要求，很快从东北大学请来英语教师授课，德语课和专业课的日语教学被停止了。其实对我们来说，英语并不是从头学，东北的英语教学有一定的基础，"九一八"之前多数学校的第一外语就是英语，往往从小学就开始，我在新民县读中学时英语课也没有被完全取消，所以是有些底子的。

至于医学课程，在"南满医大"已经学习了两年半，全部基础课在五个完整的学期中已经学完，临床课也讲了一些。复课后，我这个年级主要是继续学习临床课，由于学制改为6年，增加了内容。授课的日本教授多数回日本了，中国籍教师多数都留下来继续授课；高年资教师晋升为副教授和教授，成为教学主力，也从其他学校聘请了一些教师任教，还有从北京来的，教学质量还是得到了保障。

---

① 中国医科大学，其前身为1931年11月创建于江西瑞金的中国工农红军军医学校和中国工农红军卫生学校，该校是唯一以学校名义走完红军两万五千里长征全程并在长征中继续办学的院校，也是中国最早进行西医学学院式教育的医学高校之一。1940年在延安由毛泽东提议正式更名为中国医科大学。1948年接收原国立沈阳医学院(即原满洲医科大学)，1949年接管合并原私立辽宁医学院(1883年建立的盛京医科大学)。

光复后的新民

1945年8月8日,苏联红军出兵东北,对困兽犹斗的侵华日军给予了致命性的最后打击。苏军帮助中国人驱逐日寇,人民群众出于感激之情自发地上街夹道欢迎并慰问苏军将士。大概是由于苏军刚从硝烟弥漫的欧洲战场仓促转进中国,加之事先军队内部未做好教育工作。因此刚进入中国的苏军对东北情况并不了解,误将中国人当作了敌人,对前来欢迎的士绅们进行搜身,并将他们随身携带的怀表、手表、金银首饰、钢笔及钱包等物品全部拿走,并以"安全检查"为名将百姓家中的钟表、收音机等也全部收缴,甚至还有无故伤人等事件发生。因此苏军还没开到消息已传到了新民,大家十分紧张,女眷也都设法躲起来,丽蓉和佟家侄女就藏进家里的菜窖,直到苏军走后才敢出来。当时在县公所的二表哥佟连芳参加了接待工作,亲眼见证了苏军的违纪现象。为此,国共双方都将这些情况通报给了苏联当局,并提出强烈抗议。苏方经调查后撤换了指挥官,整饬了军纪,后来的军队状况大有改观。

新民有一条南北走向的大道穿县城而过,是一条交通要道,人来车往,平时很热闹。解放东北的苏联红军钢铁洪流过去后,随之而来的是接连不断自北向南走来的人流,各个衣衫褴褛,步履蹒跚,面黄肌瘦,目光呆滞,他们是被日本人强征去"勤劳奉仕"的幸存者,在黑龙江深山老林中修建军事要塞、战备仓库、公路和铁路,或在农田、矿山和工厂当劳工、做苦力,不知经历了多少年的困苦,他们能活下来真是万幸,现在他们终于可以回家了!

日本投降后,华北、山东和陕北的八路军率先进入东北,由于日本军国主义多年来对东北的高压统治和封锁消息,东北人对共产党知之甚少,虽然视国民党为正统,但也不十分了解。八路军较早进驻了新民县,驻扎了大约一年,县城里很多居民家里都住了八路军,我们家也不例外。

共产党组建了县政府,县里各项民生活动有序进行,治安也很好。无论是家里住的还是街上走的"八路"都很年轻,对百姓秋毫无犯,待人也礼貌、客气,几乎分不出谁是"当官"的,老百姓对"八路"很快有了好感。

不久"国军"要来了,八路军撤出新民之前,谢县长(中共党员)设宴与新民县社会贤达和士绅道别,父亲也应邀出席。谢县长致辞说:"根据国共之间的协议,我们撤出沈阳、新民等主要城镇,国民党就要来了,我不打算对他们做任何评论,以免'先入为主',但犹如此宴,筷子拿在诸位手中,请品尝一下我们和国民党的'菜'有何区别,做出你们自己的判断。"没有舌战唇枪的贬低和批判,更无长篇大论的政治说教,但平和中充满自信,意味深长。这顿饭对父亲触动很大,感慨颇深。

"国军"进驻新民也任命了县长,姓张,少将军衔,级别不低。我们家里也住了一位"国军"连长。与前面的八路军有了比较,也就有了鉴别。张县长刚来时,新官上任,慷慨陈词,"国家光复、保境安民、促进民生",听上去很有希望!但过了不久就开始抓人了,似乎有不同的理由,但逐渐看出门道,被抓者有共性,即多是新民的富户。轮到了前院的丁大爷,他是开"烧锅"卖酒的,买卖不算小,在新民县小有资产。丁大爷是山东人,耿直、倔强,仍然清楚地记得他被押走时的情景:老人家拄着拐杖,前后几位"国军"大兵簇拥,丁大爷边走边破口大骂:"我就是个开'烧锅'卖酒的,招谁惹谁了,为啥抓我?"有几分"悲壮"。过了几日,胳膊拧不过大腿,交钱后才被放出来。大家私下里说:"这不是'胡子'绑票吗!"父亲虽退休赋闲在家,但毕竟曾是银行经理,和钱打了多年交道,非常担心也被"绑票",就到表哥佟家躲了一阵子,所幸没有被"选中"。

借住在我家的"国军"连长,听口音是关里人,初到东北没有几日,就娶了对门地主家的姑娘,她也在"师中校"上学,还没毕业就成了"连长太太"。她是个"外场人",又是老街坊,常到家里来唠嗑,炫耀连长给的金银聘礼,而不太在乎连长是否已有家小。"连长太太"的娘家是住在县城里的地主,家底并不薄,能够看上连长的嫁妆,可见"国军"连长的经济实力不俗。后来不经意看到,每隔几日勤务兵就将不知从哪里搬来的"铺盖卷"送到对门"连长太太"的娘家。大家纳闷,为何三两天就要折腾行李?勤务兵骂骂咧咧道出实情,原来"铺盖卷"中都是连长捞的不义之财,那时货币贬值,钱毛得论叠、捆,甚至论麻袋,所以只能打在行李中运送,估计也有金银细软。邻里们感叹:小小连长就如此,怎么得了!后来连长开拔去了四平,就再也没有回来,前线传来消息,他被八路军的炮弹炸飞了,"连长太太"成了寡妇,整日哭哭啼啼,不久回了娘家,以悲剧告终。经历了这些,父亲感叹:"八路早晚能得天下的!"

家人的重聚

日本投降后,东北和内地逐渐恢复了联系。首先,父亲通过广播得知大哥、二哥和姐姐仍然健在的简短消息,这让父母极为高兴,真是悲喜交集。后来邮路也恢复了,我们才知道详细的情况:大哥于1937年到湖南湘雅医学院工作,姐姐也跟去了,先上高中,然后考入湘雅医学院,就要毕业了。二哥在太平洋战争爆发后,由于北京协和医院被日本人占领,他去了美国,在那里进修了两年,回国后在重庆中央医院工作。得知他们都好,父亲和母亲非常高兴,悬了多年的心总算放了下来。不久,与日本的联系也恢复了,得知三哥在日本京都大学留学,虽然经历了一些坎坷,但都挺过来了。这样,在外边的子女不但安好,而且都大有长进。留在新民的一家三代也都平安、健康,我们吴家最困难、最难熬的日子总算是过去了,十分难得。按照新民的习俗,父母郑重地"还愿",杀猪、搭棚,摆宴三日,大锅的酸菜白肉、高粱米饭,街坊四邻及毫不相干的路人都可以随意享用。由此可见父母当时的愉悦兴奋心情。

1946年,重庆中央医院搬迁至天津,二哥领衔负责天津中央医院外科的创建工作,并担任外科主任。二哥到天津后,终于能抽出时间回到新民来看望父母和我们了，这是一次难得的家庭团聚，父母和我们都很高兴。他上次探家是在 1935 年，转眼间 11 年过去了，真是时光飞逝。那时我还在兴城上小学，这次见面，已经是快要毕业的医学生了，难以想象。短暂的团聚，悲欢离合都在不言中。二哥在家住了一个多星期，便回天津了。

新民有几位开业医生，其中郎大夫是"小河沿"毕业的，西医内科；郑大夫是"南满医大"的，也是内科为主，有时也做一些简单的小手术，他还是敌伪时期常和父亲在一起"偷听敌台"、讨论时政的知己；老张大夫是位中医，较早故去，他的儿子小张大夫是"小河沿"毕业的，接替了其父亲的诊所，改为西医内科；钱大夫是眼科的，能够治疗一些慢性眼病。我们家里人有病时都是请这几位大夫诊治。二哥探家期间，父亲准备了礼品，让二哥专程登门拜访几位前辈，表示他和大哥常年离家在外期间，他们对父母双亲健康照顾有加，深表衷心感谢！二哥西装革履，风度翩翩，又是见过"洋世面"的大医院外科主任，走在新民街上非常惹眼，很受尊敬，大有"衣锦还乡"风采。我这小老弟引路兼陪同，也很是自豪。

1947 年春，我学完了沈阳医学院的全部课程，再完成一年的实习医生培训就可以从医学院毕业了。二哥得知沈阳医学院允许学生自己寻找医院实习，只要水平达到要求，外地医院也可以，于是就决定推荐我到天津中央医院做实习医生。那一年天津中央医院的医生实习是从 7 月初开始，在此之前数日我便离开新民南下天津。那时的东北，国共两军已经互有攻守，战事趋于激烈，去天津必须走的奉山线（即沈阳至山海关的铁路），沿途已时有军事行动，有时白天还在国民党军队控制之下，晚上就被游击队破坏或切断，因而路途是否畅通让我有些忧虑。幸而我赴天津时还算顺利，尽管车上很拥挤但还是平安到达天津，开始了我人生一个新的旅途。

1947 年 7 月初，我只身来到天津，开始了我的医学生涯。初到天津，充满新鲜的感觉，就城市风貌而言，与我熟悉的沈阳区别很大。天津是开放口岸,从 1860 年开始,相继有英、法、美、德、日、俄、意、奥和比 9 个国家在天津建立了租界,经过近百年的发展,都已经具有一定规模和显著的特色。而租界区的面积已经达到天津市区总面积的 80%,在当时中国是独一无二的。令我感触最深的,天津是一座充满活力、多元化和"洋气"的城市,从建筑、居民、文化、教育、医疗等各个方面都能体现出来。我到天津时,日本人已经被遣返得差不多了,街上的车辆仍有很大部分是美国的军车,"国军"后来才多起来。

1947 年,吴咸中夫妇与二哥吴英恺(后排左一)和父母在天津合影

　　1948 年夏季,整个东北大战在即,沈阳等大城市虽然仍在"国军"手中,但广大农村已被共产党控制,东北民主联军已经获得了东北战场的主动权。新民县距沈阳近在咫尺,作为兵家历来必争之地,战火随时可能燃起。此时新民县经济上稍微好些的人家已纷纷离开,市井萧条,人心惶惶。而父母、丽蓉和尚彬仍在新民家中,令我十分担忧。经过与二哥商议,决定举家乘飞机南迁天津。然而那时沈阳至天津的飞机已是一票难求,要走的人多航班少,携带的行李也有限制,加上女儿尚彬还不到 3 岁,老

的老小的小，困难可想而知。为了等飞机，全家在沈阳滞留了数日，好不容易登上了飞机，但降落时才发现不是天津而是青岛。当时在天津的二哥向院里要了一辆唯一可用的救护车前往机场迎接，但没有接到，非常担心——难道上错了飞机？后来听丽蓉说，上飞机时明明被告知是去天津的，不至于上错飞机。但那时机场已经十分混乱，谁知错在哪里？那时青岛也不太平，一家三代找了家旅店暂住，有房间但不收"钱"（金圆券），还要硬通货，母亲无奈，只得将随身携带的金戒指交了房费，非常心疼又能如何！次日，父亲给二哥拍了电报"父困于青岛，设法接应"。二哥收到电报，才得知亲人们受困，但都还平安，稍稍放下心来。二哥知道有位大哥"小河沿"的叶姓同学在青岛开业行医，便与他取得了联系。叶大哥非常热情，将一家人接到他新开的医院暂住，病房还没有病人，条件非常好，并帮助买了车票，送上火车，一家人终于辗转到达天津。

父母双亲、丽蓉和尚彬来到天津后，住在哪里是个问题。虽然医院为二哥提供的住房较宽裕，但秦振庭二嫂从美国回来后，与二哥同住在那里。为此，二哥在医院附近为父母、丽蓉和尚彬找到了一个小院落，内有两层小楼，上层出售，父母用"小宝（金元宝）"顶下来，印象中面积不大，一家5口就感到拥挤，但总算在天津安顿下来了。我周末或不值班时回家团聚，尚彬由父母帮助照顾，后来二哥调到北京后，将父母接去同住，我们只得请保姆了。

丽蓉是个闲不住的人，到天津不久她就找到了工作，是在"西开天主教堂教会育婴医院"做助产士，这家医院属于教会的一个慈善组织，就在西开教堂（即百姓们所称的"法国教堂"）旁边，离总医院也不远。医院有四五名医生和数量不多的助产士、护士，除接生外，也收治一些妇产科病人住院治疗，虽然那时规模很小，却是天津市中心妇产科医院的前身。

第六章

初到天津的生活

实习医生

我实习的天津中央医院是 1946 年从重庆北迁来的中央医院,同年 12 月正式开诊,院址前身是日本人建的"日本公立居留民团医院",位置紧邻旧日租界。1937 年,天津沦陷后租界名存实亡,日军在这里建了医院,并将其租界内最主要的街道宫岛街向西延长到这里,街名西宫岛街(后改为迪化道、鞍山道)。医院主体建筑是一幢四层平顶洋楼,在日租界一带算得上是"高楼大厦"了,但房子刚刚盖好还没有启用日本就战败投降了,在中央医院迁来之前,美军海军陆战队医院使用了一小段时间,故我开始实习时它仍是一家新医院。

我开始实习时,医院有 200 多张病床,医、护、技人员也不是很多。重庆中央医院过来的医护人员为医院初建期的主体,也集聚了一部分抗战南迁的北大医院、齐鲁医学院和从欧美留学归国的医学专家,可谓人才济济、实力雄厚,为该院的建立和发展奠定了良好的基础。首任院长是陈崇寿[1]，外科主任是二哥吴英恺[2]，内科主任是吴洁[3]；妇产科杨珂、放射科杨济、耳鼻喉科王世勋、眼科袁佳琴和护理部鲍艾靖等也是首批到达的医护骨干。稍后，内科郭仓和陈过，外科虞颂庭、妇产科俞蔼峰、儿科毕金钊和王雪庵、口腔科朱希涛、药剂科朱景森等也相继到达。虽然搬迁过来只有一年左右，但医院运行已经步入轨道，比我的预期好得多。这可能是因为重庆来的医生都是专业过硬、经验丰富和能力强的好手，加上医院硬件本身也很专业，搬进去就可以用。因此能在如此短时间内就将医院办得有声有色也就不奇怪了。

我到天津中央医院实习时，医院初建，正是需要人的时候，那一年全院的实习医生还不到 10 人，是比较少的。大约三四位来自"北医"（北京大学医学院），如王源昶等；三四位是"南京中大"（国立中央大学医学院）的，记得有卢偁章、谭郁彬等；从东北来的只我一人。后来每年来的实习生多了起来，次年和我同一年的校友李景学，"小河沿"的马腾骧、陈世峻、吴恩惠和杨天恩也来到天津中央医院实习。

医院对实习生很重视，由内科吴洁主任统一管理。刚来时陈崇寿院长将我们全体实习生"训导"了一番，主要有两点：其一，尊重护理人员，要和她们合作好，没有护理人员的协助，医疗工作是做不好的；其二，小

---

① 陈崇寿，1927 年毕业于齐鲁大学医学院，曾担任冯玉祥将军的私人保健医生，后任南京市传染病医院院长、齐鲁大学董事兼齐鲁医院院长。1937 出任南京中央大学首都伤兵医院副院长。1944 年任重庆中央医院院长、中国红十字会医院院长。1944—1950 年任天津中央医院院长。

② 吴英恺(1910—2003)，辽宁新民人，医学家、中国科学院院士（学部委员）、中国心胸外科的开创人之一。1933 年毕业于盛京医科大学（"小河沿"），在北平协和医院完成住院医师训练后留院工作，并赴美进修心胸外科。1940 年他首次成功切除食管癌，1944 年成功施行了中国第一例未闭动脉导管结扎术等；他组建的三个医院和五个外科都具有时代特色，并在医疗、预防、科研、教学和国际医学学术交流等方面做出杰出贡献，开创了中国的胸外科事业。

③ 吴洁，毕业于上海圣约翰医学院，医学博士，曾任南京中央医院医师、美国宾西法尼亚大学硕士、成都中央大学医学院教授、天津中央医院内科主任、北平医院院长。1949 年后任北京医院内科主任、北京医院副院长。

事也要注意,比如说牛,耳朵长在牛犄角前面,还是牛犄角长在耳朵前边,不一定都说得出来。这些"训导"至今仍然记忆犹新。那时分科不细,仍是"大内科"和"大外科",如二哥是外科主任,胸、腹、骨和脑外科的工作都归他一人管。到各主要科室实习按大轮转方式,我只记得第一个是耳鼻喉科,后边的科室顺序就记不清了。天津中央医院是"英美派"的,写病例用英文,查病房讲英语,我这"日德派"就有些不适应了。记得我在第一个实习的科室耳鼻喉科,第一次写病历后要签上我的名字,仅签了姓"Wu"而没有名的缩写,这个低级错误被当时的科主任严承先大夫发现了,他说:"这样签名谁能知道是哪个 Wu? 如果是 YK Wu(二哥吴英恺)可就大不一样了!"虽然不无调侃,但仍是善意的批评,可见那些医学前辈对工作是多么的认真,我以后肯定不会再犯类似的错误了。在实习了不长时间后,我就感觉出来那时二哥在院里已很受尊敬,而我这"小老弟"有时也会被另眼看待。所以我得处处小心,将工作做好,不能给二哥丢脸,这也成为我努力上进的一股动力。开始几个月确实吃力,只能下功夫"恶补",逐渐熟悉了套路后就不觉得困难了。

那时实习生每人发长短各两套工作服,长的是白大衣,春、秋和冬季穿;短的是上衣和裤子套装,夏天穿,都很讲究。实习生给一点生活费,不足以养家,但添置些生活用品是够用了。对实习生特有的"福利"就是三餐免费,这也能省去一些开销。实习生都住集体宿舍,就在医院的院子里,上下班很方便,管理得很好,工作服换洗等杂事有工友帮着做,为集中精力实习创造了条件。实习一段时间后,就感觉这是一家起步点较高的医院,虽然初建不久,规模不大,员工不多,但事事有人管,且管得井井有条,已显现出要将医院办大、办好的气度,我对它有了好感。

一年的实习很快就过去了,我顺利完成全部内容,院方向原"南满医大"提供了相关文件,准许我毕业。但那时东北战事正酣,也就没有再回去,好在学弟李景学来天津实习,将我的毕业证书带来,为我的大学教育画上了句号。

住院医师

医学生在医院完成实习后,有可能留下来接受住院医师培训,共需要 4~5 年时间。第一年为助理住院医师(assistant resident),然后是 3~4 年的住院医师(resident),时间做够了,还要考虑业务水平和能力,得到认可者就可以做总住院医师了,一般也是一年。而后,有可能晋升为主治医师,留下来继续工作,但多数人不大可能留下来,会转到其他医院工作。那时每年 4 月份为继续留用的医生们发聘书,对于不打算继续聘用者,提前 1~2 个月告知,使他们有时间寻找其他工作机会。印象中聘任工作还是比较顺利的,院方的决定,其实主要是科主任,多数情况是客观合理的,没有接到聘书者一般不会闹意见,双方都比较"绅士",似乎没有发生过不愉快。当然,那时在天津中央医院做过几年住院医师的,再到其他医院工作也非常受欢迎。

完成实习后,留下来接受住院医师训练,需要对未来的专业做出选择,这对个人事业甚至整个人生也是一个重大的决定。通过大学的学习和临床实习,我从内心里希望做外科,觉得外科疾病"摸得到、看得着",通过手术能够明明白白地解决问题,治愈病人。二哥既是兄长又是主任,当然要和他商量。他听了我的想法后表示理解,但建议我是否也可以考虑一下"小科",如放射科或麻醉系(当时天津中央医院是麻醉"系"而非"科",国内或许仅此一家),认为"这是新学科,技术力量薄弱,几乎没有资深的医生,进入后容易做出成绩来,晋升通道也肯定顺畅,用不了几年时间就能达到较高级别并独当一面"。这样的建议是基于他的经历,出于对我的爱护,希望我少吃些苦省点力,是可以理解的,但看到我要做外科的决心十分坚定,还是遂了我的心愿,同意我留在外科,开始住院医师训练。

那时的中央医院在天津是最大的医院,也是公立医院,患者较多,加之工作人员较少,住院医师虽工作较忙,但机会也相对多,业务进步也比较快。我开始做住院医师时,仍然是"大外科",接受的训练较为广泛,上级医生在专业上有所侧重,但还没明确地划分亚专科。因此,外科内班组或亚专科"轮转"的感觉不是非常明显,而麻醉则是完全不同的,我专门做了大约半年的麻醉师。姚张明博士是主任,她是二哥从加拿大请来的北美执业麻醉师,虽然年仅 30 岁出头,但水平很高。她使用二哥从美国带回的毕氏(Beecher)麻醉机行气管内吸入麻醉,用开放滴药法实施乙醚、氯仿麻醉,也开展了硬膜外阻滞、其他神经阻滞、静脉麻醉以及局部麻醉等,使中央医院乃至天津的麻醉学科在高点起步,对中国麻醉领域做出重要贡献。姚张明博士是严仁华、王源昶的启蒙老师,他二人受到"真传",加上又都是做学问的人,学习十分刻苦努力。后来天津总医院的麻醉学科发展很快,走在全国前列,与姚张明博士打下的良好基础密不可分。大约在 1950 年左后,姚博士的丈夫还曾来天津总医院参访,稍后姚博士回北美工作了。

1948 年下半年,北京要恢复协和医院,二哥被任命为外科主任,开始筹建工作。大约有一年的时间,二哥兼顾天津中央医院和北京协和医院两家的工作,京津之间来回跑。那时,虞颂庭[①]刚从美国结束进修回国,先被任命为天津中央医院外科副主任,二哥正式调到北京协和医院工作后,他接替了外科主任的职务。虞主任从美国回来时带了一些专门手术器械,如膀胱镜等,想建立泌尿外科,但他普外的基础也很好,也做普外手术、指导查房等,我从他那里受益匪浅。我们那批住院医师的直接上级医师有丁厚发等人,是主治医师,比我年资高 3~5 年,手术由他们带我们做,有普外的

① 虞颂庭(1914—2010),中国泌尿外科奠基人之一。1939 年毕业于北京协和医学院,医学博士。1944 年任重庆中央医院外科主治医师,1947 年赴美国芝加哥大学泌尿科研修,师从于国际著名泌尿外科专家、诺贝尔奖获得者查理·赫金斯(Huggins)教授。1948 年后任天津中央医院、天津市总医院外科主任。

也有泌尿外科的,复杂些的手术则由虞主任亲自做主刀。丁厚发大夫带我的时间较多,他是江苏常熟人,曾在苏州东吴大学与上海圣约翰大学读大学本科和医学预科,1939 年左右考入北京协和医学院,在重庆中央医院做的住院医师,随中央医院北迁来到天津。他书读得很多,基础理论扎实,外科技能也很好,更重要的是他为人忠厚,对下级大夫的指导认真负责。但遗憾的是丁大夫身体不好,后来在参加抗美援朝医疗队期间因不适应东北的寒冷气候,患上严重的哮喘病,1959 年刚过 40 岁就病故了。桂世成在二哥指导下做了胸外科,很早就显露出才华,不幸在游泳时被绞入水闸溺水而亡。还有一位就是侯佑临,也是二哥培养的胸外科医生,各方面都很突出,很早就被大家看好,后随二哥去了北京,做总住院医师时猝死在值班室中,也很年轻。这三位与我的关系是"亦师亦友",都非常熟悉并曾得到他们的帮助,却都英年早逝,令人唏嘘。刘汉森在天津医学院成立后,转到学校基础部生理教研室教书,也离开了外科。

1950 年,吴咸中（左）与大哥吴执中（中）、二哥吴英恺（右）在天津总医院合影

　　天津中央医院初建时,由于各科医护人员都不满额,做具体工作的住院医师根本不够用。上级大夫多出自北京协和,工作严谨,对下级医生要求严格,诸事必须规规矩矩。作为天津医疗水平最高、最大的公立医院,就诊的患者很多,再忙也不能将患者拒之门外。因此,我们这些住院医师白天都"泡"在病房里,问病史、写病例、观察病情和换药等,外科的还要上手术,忙得不亦乐乎。晚上也不轻松,白天做不完的事请拖到晚上做是经常的,一些不理解的问题还要看书解疑,住院医师24小时工作似乎仍然感觉时间不够用,没有上下班之说,更记不起曾有过休息日。但大家都很努力,学习风气好,即使在宿舍里伙伴们也在讨论理论、切磋技能。另外,在实际工作中严谨认真、不放过细节。记得在门诊遇到一位年仅十几岁的儿童患者,从症状和体征看怀疑是膀胱结石,但儿童患这种病的极为罕见。我没有轻易下结论排除这种可能,反复斟酌和查找资料后,仍认为膀胱结石的可能性最大。于是决定将该患儿收住院,以做出明确诊断并制定正确治疗方案。我很认真地写了入院志等文件,尽可能做到严谨。主治医师丁厚发大夫查房时对该病例的门诊、入院和初步诊断进行了认真推敲,最后同意了我的想法,对整个过程给予肯定,并表扬道:"该病例的诊治过程可以编入教科书。"

　　做住院医师期间最使我受益的,是每周一次的科主任大查房,全科二十几位医生都参加,主治医师介绍病例后主任提问,主治医师们各抒己见,讨论热烈,能体会出他们的个性和思维方式。例如,骨科刘润田大夫的缜密和稳健,胸外科张天惠大夫的雄辩和敏锐,肿瘤和病理科刘永大夫的博学和睿智,特别是虞颂庭主任最后的总结与归纳,脉络清楚,高屋建瓴,画龙点睛,每一次都有很大的收获。整个过程都讲英语,毕竟不是母语,得非常专注认真地听,才能听懂跟上,经历几次,专业和语言都大有长进。有一次查房正在进行中,主任和主治医师们正滔滔不绝地讨论,被查房的患者开始很合作,认真地听,忽然,不知他是嫌病情介绍不准确,还是想显示一下自己的英语,他突然插了话,那一口标准而流利的英语,顿时"语惊四座",一下子打破了严肃紧张的查房气氛,使这次查房成为一次别开生面的"医患交流"。

我做住院医师时,与王源昶、薛庆澄、黄耀权、朱希尧等都住同一间宿舍,朱希尧和黄耀权还与我是同期的住院医师,一起工作,朝夕相处,关系非常密切,偶尔闲了也聊聊天,轻松一下。朱希尧毕业于湘雅医学院,比我早两三年,似乎在"华西"(四川华西大学医学院)做过住院医师,英语很好,工作能力也较强,特别是应对上级医生发现的工作或病志中的瑕疵,沉着冷静、手到擒来。黄耀权毕业于"小河沿",朝阳人,比我早一点进入天津中央医院实习,十分干练,雅号"小伙儿"。后来,朱希尧早我一年做总住院医师,黄耀权则在我之后。数年以后,朱希尧和黄耀权分别到天津骨科医院和天津第一中心医院发展,都成为各自医院外科的"顶梁柱";再往后,随着经验的积累和医术的逐渐成熟,外科圈子内竟然俗称我三人为"天津三把神刀",若能名副其实则我三人甚幸矣。薛庆澄"北医"毕业,早我一两年,学医前他还在其他文理科大学上过学,他是个京剧票友,高兴了也为我们唱两口,字正腔圆,记得他有张配"行头"的照片,扮相十分俊朗。

在我做住院医师的阶段,天津中央医院外科逐渐向亚专科发展。大约在我做住院医师两年后,基本确定留在普通外科,当时还有朱希尧和黄耀权,比我年资高的主治医师多数已经分专科了。二哥在天津工作两年多,培养出不少胸外科医生,如张天惠、侯佑临和桂世成等,都是强手;还有一位来自"南满医大"本部的谭惠峰大夫,基础知识扎实,日语和英语都非常好,后来去重庆工作了。二哥在重庆中央医院时曾培养了一位弟子黄志强[①],他

---

① 黄志强(1922—2015),广东新会人,中国工程院院士、普通外科学专家、中国人民解放军总医院普外、肝胆外科教授、主任医师,南开大学医学院教授、博士生导师。1944年毕业于前中正医学院,1949年11月入伍。他系统论述了我国常见疑难病症肝胆管结石病,拓展了肝胆科学领域。

是广东人,医院北迁时他因不习惯北方的气候希望继续留在重庆,二哥表示理解,并告诉他四川省一带肝胆疾病较多,建议他深入进去成为自己的专科方向。黄大夫按二哥的建议做了,在肝胆外科领域刻苦钻研,后来他在解放军301医院任外科主任,在国内有"肝胆外科第一人"之称。他念念不忘二哥的培养,说二哥不仅是他的入门师长,更是他毕生事业的引路人。

骨科也是较早分出去的亚专科,比我早到中央医院的刘润田和稍后来的郭世绂都定向在骨科。与我同住一室的薛庆澄和晚我一两年来的王忠诚后来都随赵以成大夫①做了脑外科。"小河沿"的马腾骧稍晚做了泌尿外科,陈世畯做了神经内科,吴恩惠、杨天恩和"南满医大"的李景学都选了放射科。这些住院医师时期的伙伴,后来都成为各学科的骨干,天津中央医院培育的医学人才对中国的医学发展功不可没。

在天津中央医院工作了一段时间后,我对天津有了一些了解,特别是医疗方面,更是收获颇丰:其一,天津名医多,无论中医还是西医,高水平的医生都有不少;其二,有几家高水平、有规模的私人医院;其三,对现代医学或西医接受度高。上述三点,与天津对外开放较早并成为"西学东渐"的窗口有着密切关系。特别是1941年12月太平洋战争爆发后,日军接管了北京协和医学院和附属医院后,他们中不少医护人员来到天津谋生,如:方先之、金显宅、范权、朱宪彝、苏启桢、张纪正、赵以成、林崧、施锡恩、柯应夔、林必锦、万福恩、杨济时、林景奎、卞学鉴、苏瑛、朱宗尧、刘绍武、屈鸿翰等,他们来津时不少人已经是临床专家了,他们或在天津办医院、诊所,或个体行医,一时间津门名医云集,成为天津医学发展难得

---

① 赵以成(1908—1974),中国神经外科奠基人,1934年毕业于协和医学院,医学博士。1938年赴加拿大蒙特利尔神经病学研究所学习,1940年任协和医学院讲师。新中国成立后历任天津医学院教授、附属医院脑系科主任,北京同仁医院神经外科主任,北京医学院教授,北京市神经外科研究所所长,北京宣武医院院长等职。

的专家资源。这里仅就我知道的介绍一二。

天和医院 1942年春，张纪正（胸外科）、方先之（骨科）、柯应夔（妇产科）、邓家栋（内科）等医生发起创建天和医院，寓意天津的协和医院，院址为当时马场道原西湖饭店（新中国成立后曾为天津市妇女保健所），同年7月1日正式开业。后来发展到较大的私立医院，病床超过100张，是高收费的"贵族医院"。

恩光医院 1942年，卞万年（内科）、金显宅（肿瘤外科）、施锡恩（泌尿外科）、林崧（妇产科）、林必锦（耳鼻喉科）、卞学鉴（皮肤科）、曾昭德（内科）等医生接办了私立恩光医院，院址位于黄家花园（今成都道河北路口），规模较天和医院小，收费也较高。

马大夫纪念医院 前身为成立于1861年的英国驻天津军队的随军门诊部，后转交给英国基督教会并定名为"基督教伦敦会医院"，任命马根济（John Kenneth Mackenzie）担任院长，1924年医院改名为"马大夫纪念医院"；1945年天津市政府将其改名为"天津临时第一医院"，同年12月归还英国基督教伦敦会并恢复旧名。与"天和""恩光"不同，它有"平民医院"的味道，收费不高，但资深医师不多，我做实习医生和住院医师初期，张天惠是其兼职医师，每周要去那里工作。

迎接天津解放

1948年年底，平津战役就要开始了，天津有了"兵临城下"的感觉。1949年元旦刚过，国共两军在天津郊外打了一场前哨战，国民党军队被打得很惨。因为中央医院外科全部病房被命令腾出来，专门收治这些伤兵，我们也成了临时"军医"。医院方面担心这些伤兵闹事，特别关照所有医护人员能忍则忍，不要与他们争执，安全第一。大家深知厉害，无条件地服从院方的关照，基本没有发生不愉快的事件。其实，伤兵们主要诉求就是要额外的药品，主要是止痛和消炎药，只要给他们就相安无事了。有些伤兵们议论："共军并不是真想通过武力解决京津,这一仗就是要教训一下'国军',使'国军'知难而退,接受和平解决方案"。他们说得似乎是对的,那些日子解放军也向城里打炮,但很少伤及主要建筑,医院主楼在那一片是非常突出的制高点,目标很大,炮弹就是打不到,而仅一街之隔对面的空地,每天都可能挨上几炮,老百姓都说"解放军的炮弹长了眼睛"。

解放军要攻城前下了最后通牒,我们也开始忙碌起来,住院病号或伤兵都被移至病床的下面,床面适当加固,玻璃窗也加贴纸条,避免战时造成不必要的伤亡。除此而外,大家照常工作,该看病人看病人,该换药换药,值班的在病房坚守岗位,没班的待在宿舍或回家,与往常没有太大的区别,似乎也没有过度紧张或害怕的感觉。

攻城之日,"动静"大了就躲到床下;稍微静下来就扒窗缝偷看一会儿,满足一下好奇心。双方的士兵都看到了,开始是国民党军士兵,草绿军装、戴钢盔,跑来跑去,急急火火;后来是解放军,黄军装、戴狗皮帽子,脖子上扎白毛巾,显然多是东北过来的,极易分辨。中央医院与国民党天津警备司令部同处于迪化道(今鞍山道)上,而且相距不太远。中央医院地下室里有国民党守军的一个师部,楼顶上架有枪炮。解放军攻打到这里时,在大楼东墙炸开了一个洞,冲了进来,活捉了师长。因此在医院东侧的众诚里,两军曾发生了激烈的战斗,二表哥家住临街房子的一层,清楚地听到两军战士惨烈的肉搏声。枪声停止后,我们壮着胆子出去,仍能看到已经归拢的尸体,可以想象到战役的惨烈。父母、丽蓉和尚彬是在家里度过的,为了安全,也希望他们尽量躲在床下别出来,但尚彬不大配合,闹着要去劝业场买娃娃,那时她3周岁,道理讲不通,难为了大人们。

中央医院的医护人员中,有几位在政治上较为活跃。例如与我同一年实习并同住一个宿舍的王源昶,那时就常有些学生模样的人来借宿,然后不知去向,其实我们心里能够猜到,这些学子在王医生等人的帮助下投奔光明去了,只是不点破,心照不宣,甚至还主动为他们腾出床位,或提供其他帮助。"兵临城下"时他们几位异常活跃，院长接到"匿名信"，被告诫"不要破坏医院设施，并保障医护骨干的安全"，能够猜出是他们所为。当然，他们也会以适当的方式要我们帮助做这两方面的工作。不过那时中央医院政治空气不浓，也没有人揭发他们的"地下活动"，也就没有遇到过麻烦。解放军进城不久，军代表进驻医院，接管了对医院的领导，在全院召开了"党员公开会"，有近十名医护人员公开了共产党员的身份，记得有王源昶、杜光普、韩守居、李宝爱、张克勤和杨长庚等，与大家过去的判断出入不大。

1949 年 1 月 15 日，天津解放。1 月 16 日，军管会进驻中央医院接收，由军代表陈郁、院长陈崇寿、秘书主任李盛礼共同负责常务工作。军代表陈郁也是学医的，在"北医"读书时奔赴解放区，参加了抗日战争和解放战争。接收后陈郁宣布的第一道命令是："不要影响病人，马上开始正常工作。"他还宣布："共产党接收医院，是跟大家一起为患者服务；所有在岗人员各就各位，原职、原薪、原封不动"，这些政策起到了稳定人心的作用。6月，院长陈崇寿调离，似乎是去唐山筹建唐山工人医院。他离开后市卫生局局长刘璞兼任院长，印象中他年龄较长，是北洋时期军队医学院校毕业的，七七事变后参加革命时，已经是河北医学院的细菌学教授了，留下了"教授从戎"的佳话。这段时间医院的运行没有太大变化，但英文书写病历和英语查房逐渐停止了，这是一段较为平稳的过渡期吧。

1949 年 12 月 28 日，二女儿出生，父亲为她取名尚纯，添人进口，为家人带来快乐。由于我和丽蓉都要工作，多数时间我仍住在医院，两个女儿主要靠父母照顾，为二老增加了不少负担。1950 年年底我参加了抗美援朝医疗队，父亲专程从北京来天津帮助料理家务，从那时起，春夏季天气暖和时，他就来天津与我们一起生活；天气凉了就回北京两位哥哥那里，他给我们很多帮助。

参加抗美援朝医疗队

1950 年 4 月 10 日，天津中央医院正式更名为天津市立总医院，开启了这家医院的一个新的时代。从中央医院到总医院初建时期，由于主要科室均有当时国内的一流专家领衔，如外科吴英恺、虞颂庭，内科吴洁、张成大，妇产科杨柯、俞霭峰，儿科毕金钊，耳鼻喉科王世勋，皮肤科梁华堂和眼科袁佳琴等，医院已经具备了较强的实力，在国内达到一流水平。

1950 年 6 月，朝鲜战争爆发，对刚刚建立、还未满周岁的中华人民共和国造成巨大影响，在知识分子中引起广泛的讨论。或许因为战争与医疗关系密切，在国家派出志愿军前，总医院就有深入的讨论，外科尤为热烈，因为战伤与外科息息相关。记得年龄较大的医生们常发表"真知灼见"，例如王德延医师就引经据典，列举以前的欧洲战场，盟国之间相互支援的范例，认为中国应该、也将派出军队支援。回想起来，确实有先见之明。这些讨论在某种意义上为后来我们的行动奠定了思想基础，特别值得一提的是，那时很多讨论都是自发的，没有"国际主义的说教"，是极为朴素的民族主义的道义和情感，难能可贵。

在得知国家将派出志愿军的同时，天津市就动起来了，酝酿组成"抗美援朝医疗队"奔赴朝鲜，走在全国的前列，总医院自然不会落在后边。1950 年 11 月 20 日，在志愿军跨过鸭绿江不到一个月，天津市已有 400 多名医护人员报名参加"抗美援朝战地医疗队"，报名者中许多是知名专家，如脑神经外科专家万福恩、骨科专家陈林堂、胸外科专家张天惠、普外专家雷爱德等。报名会上，我代表全体外科医生发言："迎接挑战并保证把抗美援朝的光荣任务做好"。在很短的时间内组成了天津市抗美援朝医疗队，万福恩任总队长、李盛礼为副队长、林子平为协理员。经过认真选择，有 60 人作为"天津市抗美援朝战地医疗第一队"，首批赴朝。第一队来自三家医院，即天津总医院、第四医院（后来的第二中心医院）和

69

马大夫纪念医院;总医院外科有张天惠、我和韩守居等,内科有卢偁章等,大约 20 位,没有女队员;第一队普外组长是雷爱德,胸外组长张天惠,骨科组长陈林堂。全队编成 3 个连,总医院的实力最强,作为第一连,张天惠为连长。11 月 24 日,津城各界在中国大戏院为即将出征的天津医疗队举行了隆重的欢送会。会上,医疗队万福恩大队长激情发言:"任务重大,但我将负起责任,在各界协助之下,定能完成任务。"我父亲也代表家属上台发言,表示支持我们的爱国之举。在热烈的掌声中,我们 60位出征者都感到自豪和骄傲。次日,《天津日报》用了一整版的篇幅报道了欢送会盛况,刊登了第一队每位队员的照片,以及李允恪、万福恩、刘璞和蔡公琪等的文章,在天津的历史上留下永远的记忆。还有一老一少也令我难忘:老的是赵以成年逾八旬的母亲,积极鼓励儿子报名参加医疗队,传为佳话;少的是总医院的一位护理员,家里担心他的安全,将其锁在家中,他跳窗出来,赶上就要出发的队伍。大家确实是激情燃烧,充满了纯真的爱国心。

同时,天津医务界还组成了另外两支队伍:一支是"天津抗美援朝医疗队顾问团",成员有张纪正、方先之、朱宪彝、杨济时、虞颂庭、高施恩、施锡恩、林景奎、吴廷椿、田大文、赵以成,一串令人骄傲的名字,津门医学界的精英尽在其中。另一支是"天津抗美援朝医疗服务团",成员来自本市的私立医院和开业医生,开始的任务是填补"战地医疗队"离开造成的人员短缺,后来多数都留在公立医院工作了,其中就有我"南满医大"的同学王德馨,他在天津自开皮肤病诊所,已经是"生意兴隆",后来留在总医院皮肤科工作,最终成为主任、天津医大教授。"服务团"的作用和结果,助推了医务界的"公私合营",在全国引起反响。在抗美援朝初期,天津的"战地医疗队"出发早,"顾问团"水平高,"服务团"做法新,天津的这"早、高、新"在全国的抗美援朝活动中起到模范作用,受到中央的肯定和表扬。

欢送会后没有几天我们就出发了，并没有人告诉我们去哪里，但既然是"战地医疗队"，毫无疑问是要跨过鸭绿江到朝鲜的，还真有些"不惧生死"的悲壮。火车过了沈阳，似乎感觉出目的地不会是朝鲜，继续北上到了吉林的洮南，我们在那里下车了，在一个临时"医院"扎营。洮南县原属黑龙江省，后来划归吉林省白城市，距离朝鲜还有段距离，估计是要避开美军的飞机轰炸，使伤病员能够得到安稳的治疗。进入东北后，临战的气氛就浓了，当时做的准备是美国人打进东北，修建了各类工事，防空等设施处处可见。另外，几乎是家家门前都架起了大锅，为志愿军做炒面，场面非常感人。

1951年，吴咸中（五排左四）参加天津市第一批抗美援朝志愿医疗队在黑龙江洮南驻地与部分医疗队队员合影

我们工作的"医院"是由中学临时改造而成的，病房和手术室原先都是教室，轻伤员的"病床"是课桌拼在一起的，上面加盖苇席和褥子；重伤员才有病床，但也十分简陋，几乎都是多人共住的"大病房"，仅有的几位团级干部住院条件稍微好些。我们的"宿舍"也是教室，多人同睡大通铺，没有餐桌，大家围在锅台旁吃饭，伙食也较简单，但有少量的肉蛋。这段简单而朴素的集体生活，是一段难忘的经历，也密切了大家的关系。

临时医院下设"医疗所",天津医疗队被分配在"第一所",仍是实力决定吧。我们的工作实际上是提供"二期治疗",即伤员们在朝鲜的战地医院已经做过"急症手术"或处理,到我们这里进行规范的治疗。外科治疗仍然是主要的,如取子弹、弹片,纠正或改善战地医院的初级治疗;骨科的工作也不少,如复位、内固定等。但总体来说,重伤员不多,有生命危险的就更见不到了。在总医院外科,我已经是高年住院医师了,在"第一所"我的工作很像总住院医师。首先,我需要乘火车到前一站,到运伤员的专列上去接收伤员,与专列上的医护人员一起对伤员们的伤情进行梳理,根据不同情况再对伤员进行标注,如伤势的轻重、需要何种治疗及送哪个"医疗所"等;然后,将梳理后的伤员转到另一列火车运回洮南;到洮南后,再负责将伤员们分配到不同的"医疗所"或组。在"医疗所",医生排班、患者排手术也是我的工作。那时,即使离前线有一段距离,条件仍然很艰苦,抬运伤员,往往使用百姓家的门板,担架并不是很多。除"总住院医师"的职责外,伤员的手术和治疗更是我的主要工作。伤员们来来往往,工作并不轻松,每隔一段时间,军方就会有人来,有督导治疗的意思,并根据伤员情况决定他们的去向,完全康复的归队,需要进一步康复的转到疗养所,落下残疾的转业或复原。我们这支医疗队确实做了不少工作。

伤员都很年轻,十八九岁的为主,过 20 岁的就算是"老兵"了,东北籍的最多,特别是黑龙江人,估计多是当年第四野战军的,后来有了一些四川兵。小战士们都很勇敢、乐观,配合治疗,尊重我们这些医护人员,建立起非常好的医患关系。闲下来,一起下棋、打扑克,有时讲起他们"摸岗哨、抓舌头"的英勇故事,年轻的脸上充满骄傲和得意,非常可爱!出于医疗上的需要和对伤员们的敬佩,我曾为他们献血以保证手术和治疗的顺利进行,也曾用自己的钱购买糖果、糕点为他们补充营养。我带去的日记本成为"纪念册",几乎每位经过我手术或治疗的伤员,离开时都要写下他们的留言,如在哪里受的伤、治疗效果如何,以及对我们的感谢,不少战士还贴上他们的照片，有几十名战士呢。我非常珍惜它，回来后经常拿出来看看，回味那段经历；直到 20 世纪 70 年代，天津日报社的一位记者要写当年天津抗美援朝医疗队的事迹，借走了我的"纪念册"，至今没有归还，非常遗憾。

另外，工作之余，负责保卫的战士也安排一些轻松活动，如到周边转转，了解风土人情；偶尔也慷慨一下，让我们过过枪瘾，战士们特别自豪地强调"这是卡宾枪，缴获美国人的"。在洮南期间，还发了一条鸭绒睡袋和一件棉猴，都是美军用品，显然是打胜仗缴获的，这是有特殊意义的纪念品，我珍藏了多年。我们在洮南工作了三四个月，之后天津又派出了几批医疗队。听说周总理还专门表扬了天津市抗美援朝医疗队，说天津抗美援朝医疗队医术高、态度好，特别是与伤病员们的关系，号召全国学习。天津市还曾派出慰问团到洮南看望我们，代表卫生系统来的是卫生局蔡公琪局长。这让每位医疗队队员都备受鼓舞，我在抗美援朝医疗队工作的时间虽然不是很长，但确实很受教育，对祖国、人民，特别是志愿军战士有了深刻的认识，令我永远铭记在心。

抗美援朝期间，国内掀起了大规模的"三反""五反"运动，前后大约持续了 2 年，总医院也不可能置身其外。印象中运动开始时似乎明确的政策界限，"三反""五反"运动一起搞，广大群众"揭发检举"，被揭发者"坦白交代"，每天晚上几乎都有活动，"轰轰烈烈"地打"老虎"。随着运动的深入，我逐渐感到困惑，一是医院内与钱"沾边"者几乎都是"老虎"；二是揭发和交代出的"赃款"数额远远超出总医院的预算额，忙了一年，根本没有打倒真"老虎"，不了了之收了场，真是一场"虎头蛇尾"的"打虎"运动。

第七章

"又红又专"的年代

做总住院医师

我正式做住院医师也就两年左右，于1951春就开始做总住院医师了，比刚到天津中央医院时的住院医师培养计划缩短了不少。这一方面是因为工作需要；另一方面也说明我做住院医师期间业务上进步较快，受到主任和上级大夫的认可。因为我做事既胆大心细，同时也较为谨慎、不会"捅娄子"，因而受到上级的信任。当然，这与上级医师对我们的热情帮助和悉心指导是分不开的。

做总住院医师有更多的工作要做，如排班、安排手术、安排院内会诊、管理住院医师和实习生等。虽然辛苦，但能得到更多的历练，业务水平也能得到很大提高。我做总住院医师期间，除上述工作外，还有一项特殊的职责，就是安排"顾问"们的会诊、手术和讲学等活动，也是一种幸运。因为这些顾问都是有名的专家，是我们这些"小字辈"的师长和楷模。当时天津医务界合作气氛浓厚，无论是在私人医院工作的，还是自己开业的专家，很多都是总医院的顾问，合作得非常紧密。记忆最深刻的就是脑外科专家赵以成，他当时是天和医院的，那时总医院还没有脑外科，遇有脑外科病人就经常请他来做手术。我作为总住院医师，要负责预定手术室、准备手术器械，甚至安排手术日对他本人的接送等，但最"怵头"的是给他做手术助手。那时诊断手段很匮乏，也很简陋，"气脑造影"几乎每个病人必做。我一大早要来做各种准备工作，接患者进手术室、备皮等也都是我的工作。赵大夫来后用自己带来的专用器材给病人进行颅脑穿刺、打气，之后再将患者送到放射科去拍片子，等片子洗出并读片后才能做明确诊断，然后定位及决定术式，往往到下午才能开始手术。那时的开颅术也是"马拉松"，整个过程得大半天，甚至到深夜，手术服早早穿戴齐全后就没有办法上厕所了，这是一大难题，故早餐绝不进"流质"，甚至前一天晚上就开始"禁水"，这对我们确实是个困难。但赵大夫多年如此，似乎已经适应，也有人说"他能边手术边方便"，不过我未曾见过，或许是同行们充满敬意的调侃吧。后来王忠诚来了，类似的工作多由他做了，我才得以"解脱"。

方先之①是骨科顾问，也定期来做手术、查房和其他指导工作，他先加盟天和医院，后来自己开了一家医院，大家称其为"小骨科医院"，刘润田和郭世绂等都曾受益于他，他对总医院骨科的建立和发展都有帮助。施锡恩②专长是泌尿外科，与总医院也有合作。我做总住院医师期间，给

① 方先之(1906—1968)，中国骨科先驱、天津骨科医院创始人，有"骨圣"雅称。1928—1933年在北京协和医学院学习，毕业后留校任住院医师、主治医师及讲师。1938年赴美国波士顿大学深造，回国后在协和医学院担任教授。1942年在天津参与创办天和医院，负责普外与骨科。1944年成立天津骨科医院；马大夫纪念医院改为人民医院，担任骨科主任。

② 施锡恩(1904—1990)，中国泌尿外科创始人之一，1929年毕业于北京协和医学院，曾任外科住院医师、总住院医师；1933—1935年赴美国斯坦福大学医院进修。1942年任天津恩光医院医师，后任河北医学院、天津医学院泌尿外科教授，天津市第一中心医院、纺织医院、市立第三医院、市立第四医院泌尿外科主任。

他们都做过助手,也算是受到他们一些"真传"吧。金显宅①则不同,他来做手术,都是主任或高年资医师配合,轮不上我这样的小字辈"打下手"。因为他回天津之前已是北京协和的副教授和肿瘤科主任了,资历较高;另外,他虽然是肿瘤外科医生,但对肿瘤病理颇有造诣,也是一名高水平的"病理医生",他一人能够根据临床发现和组织病理改变,对肿瘤做出明确诊断,这当时在中国首屈一指,受到特殊待遇和尊敬也就不奇怪了。不过那时的肿瘤科接诊范围比较受局限,主要是头颈部、口腔和乳腺肿瘤病人,如舌、腮腺、甲状腺和乳腺癌等,其他部位的肿瘤仍在相应临床科室诊治。除了做手术、查房等工作之外,他也指导总医院的病理诊断工作。在我做总住院医师期间,也有几个月的时间是在他的指导下接受组织病理学训练,在肿瘤学诊断方面学到不少东西。再有,是他从美国带回的"个人财产"——放射性镭。这是当时国内绝无仅有的放疗设备。这些专家事业心、爱国心非常强,在美国进修期间都把自己的生活费节省下来,为回国开展工作购买所需的医疗设备。二哥吴英恺和虞颂庭等人也都是这样做的。这些专家基本功之扎实、专业技能之广泛以及理论水平之高深,令我十分敬仰,他们的事业心更是学习的榜样。

任主治医师

在这些专家的教导和上级医生的指导下,我在做总住院医师期间已经可以做绞窄疝、阑尾切除等手术的主刀了;到后期也可以独立完成单

---

① 金显宅(1904—1990),生于朝鲜汉城,1930年加入中国籍,中国肿瘤科创始人之一。1931年毕业于北京协和医学院,医学博士。1931—1937年任北京协和医院住院医师、肿瘤科主治医师。1937—1939年赴美国进修肿瘤病理和临床。1939—1941任北京协和医学院外科副教授和协和医院肿瘤科主任。1942—1945年来天津参与创办恩光医院,负责外科和肿瘤科。1945—1947年赴美进修肿瘤外科,兼任芝加哥肿瘤研究所研究员。1947—1956年在天津恩光医院任外科和肿瘤科医师。1952—1956年任华北纺织管理局第一医院(后改为天津市第一中心医院)外科主任。1956年任天津市人民医院肿瘤科主任。

纯胃切除术了。1952年我获得晋升,成为外科主治医师,从而顺利结束了住院医师阶段。自1947年算起,我从实习医生和助理住院医师、住院医师、总住院医师到成为外科主治医师,总共历经5年,就中央医院住院医师培养计划而言,可以说这个阶段是完整和顺利的,整个过程都是在"大外科"完成的,受到了比较系统的训练,而且对泌尿、骨甚至脑外科都有所涉猎,麻醉也专门做了大半年,为后继的业务发展奠定了较宽泛、扎实的基础。因此,我对即将开始的主治医师工作充满信心,虽然工作更多了,责任更重了,但我相信自己能完全能够胜任。

在我之后的住院医师,有些人因种种原因未能保证至少两年的普外训练,甚至没有做过总住院医师就进入专科了,这对业务的整体发展有"先天不足"的遗憾。

20世纪90年代,原天津中央医院部分名医合影,前排左起:吴咸中、吴英恺、虞颂庭、郭仓

作为主治医师,管病房"带组"是工作性质的根本改变,那时大约可以分到10张病床,指导2~3名住院医师。多数时间是上午手术或门诊,下午处理住院患者的一些事务;带着住院医师查房和"应对"主任的查房也是常规性工作。总体来说,工作很多,繁忙而充实。韩守居、刘自宽、傅

守训和李庆瑞等都是我主治医师阶段带过的住院医师,后来都发展得很好。韩守居比我年长几岁,上大学较晚,1948年毕业于河南医学院,后来到天津中央医院做住院医师。刘自宽于1951年毕业于上海第一医学院,和我一起工作的时间较长。傅守训来自西北医学院,几年后随朱希尧去了天津骨科医院。李庆瑞是"北医"的,印象中是1950年毕业,但分配工作前按国家要求做了一年流行病学调查,在我组里做过住院医师后一直从事普外工作,多年后担任了天津医学院第二附属医院的外科主任。

晋升主治医师后,外科技能仍需要进一步提高,但能够对我们"传、帮、带"的上级医师几乎没有了。例如,虞颂庭主任统管外科,但泌尿外科亚专科分出后,他的主要精力基本放在了那边,而在普外方面积累的专业知识已经被我们这些人"用尽"了,没有新知识补充就难以指导高年资普外医师。那时新中国刚刚成立没有几年,医学和其他各行各业一样,正处在恢复和发展阶段,像总医院这样的高水平医院,很多疾病的诊断和治疗也都是"摸着石头过河",需要医生们刻苦钻研,边干边学边不断总结经验,这对业务提高很有帮助,我在这方面倾注了大量心血。

那时,有一套英国出版的医学专著,各临床学科都有分册,这套书每隔几年便更新再版一次,是业内公认的权威著作。这套书的外科分册被我们这些刚刚"独当一面"的医生奉为"圣经",也是我的"良师",遇到复杂或没有做过的手术,都是先看这本书,反复推敲,真正搞清楚手术成败的几个关键点后,就自己上台做了。当然,这需要严慎和认真的科学态度,也需要勇气和担当精神。最值得自豪的是,开天津总医院血管外科先河的动脉瘤切除、动静脉血栓外科治疗和血管移植手术,都是我首先在这个"良师"书本指导下完成的。可以说,我是总医院血管外科的开拓者。我们在成功完成某一疾病第一例或前数例手术治疗后,即进行经验总结并写出文章发表,为进一步开展工作打下基础。那时业内同行间面对面的学术交流活动很少,我们只能将我们的实践体会和经验写成文章发表在专业刊物上，与大家分享交流，如《髂动脉瘘并发髂总静脉梗阻》发表在《中华外科杂志》（1958.1:95）上；《腹主动脉瘤切除及同种动脉移植术》发表在《中华外科杂志》（1958.10:1130）上等。那时书店中医学专业书籍很少，国内著作不多，进口国外的也极少，即便进来了也买不起。但为了学习业务知识，我经常"遛"书店，滨江道、和平路和佟楼的几家新华书店是我经常光顾的地方，见到有用的医学书籍马上就买，以免被其他同行"捷足先登"。

读书固然重要，而与自己年资相近的同事互相切磋并相互帮助，对提高业务水平也是非常有益的。朱希尧、黄耀权和我是同辈的住院医师，并先后做了总住院医师和晋升为主治医师，我们既是工作中的好同事，又是生活中的知己，在医术提高方面，相互帮衬，相得益彰。我们在做主治医师阶段各自都带了组，简单手术时各带着自己的住院医师做，遇到复杂手术则往往三人"齐上阵"，如果是我的病人我主刀，他二人做指导或辅助；朱大夫的病人他主刀，我和黄大夫做助手；黄大夫的病人他自己主刀，朱大夫和我辅助。术前准备、术中配合、术后总结，每个环节都很默契，对我们的共同进步起到很大作用。例如，那时"胰十二指肠切除术"在全国范围内开展不多，对我们来说是大手术，没有上级大夫能够"手把手"地教我们，只能靠我们自己尝试和摸索。我们从1953年开始，边查阅资料边在实践中摸索，至1955年我们共成功完成6例，之后，对这部分工作进行了认真总结，写了论文发表在《中华外科杂志》（1957.3:199）上，对推动全国腹部外科发展发挥了积极作用。

在我做主治医师时期，总医院筹建小儿外科，同样没有资历较深者牵头，院里让我在很长一段时间兼做小儿外科主治医师，我因此做了不少儿科手术，如阑尾切除、疝修补、肠套叠等。后来韩守居、薛璇英等人成熟了，我才逐渐退出。而我的住院医师韩守居，被培养成专门做小儿外科的医生，后来被天津儿童医院的范权院长"挖"走了，在那里建立起外科。

我做主治医师后，由于临床中有很多难题要独自解决，还有下级医生要带，深感必须要不断地汲取专业新知识，提高理论水平，了解业界新科研成果，这样才能满足工作的需要。因此，如饥似渴地不断学习，逐渐成为我工作、生活中的一种习惯并伴随我的终生。那时科里也订专业期刊，但种类很少，大家都抢着看，碰到好文章反复看，学习气氛很浓厚。俗话说"开卷有益"，说不定哪篇文章对自己有启发，将它记下来，也许有用得着的时候。例如，有一次我看到一篇关于"血吸虫病可累及输精管，造成精索肿胀"的文章，这是较少见的病例，给我留下印象。不久后我在门诊遇到一位病人，他的症状就是不明原因的"精索肿大"，虽然是北方人，但有去南方的病史，我以前没见过这样的病例，但想起了那篇文章，为慎重起见将这位患者收住院了。其实我心里也没有底，就和丁厚发大夫讨论，希望一起做出诊断。丁大夫是协和培养出来的，在实验检测方面受过很好训练，能够做一些显微镜检查。于是我们就做了血涂片，从实验室借来显微镜，晚上在办公室做镜下观察，丁大夫还真从血液中找到了血吸虫，他非常兴奋，拍着桌子说："你是对的，就是那个病，太棒了！"后来，虞颂庭主任在全科大会上表扬了我，他说："在北方能够诊断出这类南方的病例十分不容易，要加强学习，了解新进展，学以致用。"

当了工会主席和"劳模"

我做主治医师这几年，不但业务方面有很大进步，在政治思想方面也有很大提高，用当时比较时髦的话来说，做到了"又红又专"。

新中国成立后，在党的领导下医院的运行和管理都发生了深刻的变化，医院积极鼓励普通员工参与各项群众活动，特别是动员大家参加工会组织，是实现医院民主管理的重要方式。记得天津总工会医务分会的负责人张子瑜曾多次来总医院介绍国家相关政策，并指导总医院建立起了工会。通过民主选举，儿科主任毕金钊大夫担任了天津总医院第一任工会主席。毕大夫是海外归来的资深专家，能够当选工会主席，足以说明大家对他的信任。当时医院的领导、专家和基层员工都非常重视工会工作，认真热情地参与工会活动。1953 年总医院工会换届，我被选为第二任工会主席，到 1955 年卸任，我干了 3 年工会工作，马腾骧大夫接替我，担任总医院第三任工会主席。

工会是一项很有意义的工作，那时工会要在几个方面发挥作用：其一，丰富职工业余生活；其二，维护职工权益，如食堂饭菜质量和价格监督等；其三，关心职工生活，如帮助家庭生活困难的职工申请补助等；其四，协助科主任工作，更好地实现主任负责制；其五，提高医务人员业务水平和服务质量。除了上述几项主要工作外，也为职工做一些改善生活的琐事，如以"团购"方式帮助大家购买物美价廉的日用品。我曾几次到小白楼附近的一家外国人开的"丘林商店"去买东西，那时这家店主正要关张回国，商品降价，我为大家采买到不少好货。我在任期内做了两件比较突出的事情，受到大家广泛认可：一是向院方积极争取，为工会腾出专用房间，建立起"职工俱乐部"，职工们有了打乒乓球、克朗棋、下象棋、打扑克等的场所；二是在全院范围内组织业务竞赛，包括业务技能和服务质量。组织竞赛活动不是件容易事，要得到各科主任的支持与配合，他们都是前辈，于是我逐一拜访，说明做法和意义，他们都很支持。经过一番努力，制定了竞赛评比内容和规则，建立了评审组，设定了优胜者奖励办法，以及落后者批评帮助办法。工会委员和积极分子们很认真负责，积极投入做各项具体工作，批评人也是"和颜悦色"，以理服人，整个活动搞得"风生水起"，反响巨大，对医院的相关工作确实起到促进作用。因为工会搞得好，我先被评为卫生系统模范，后来当上了"天津市特级劳动模范"。那次卫生系统的"特级劳模"只有我和第三中心医院的张化新，那年我29 周岁，在"劳模"中是非常年轻的。

部分历年荣获劳模证书及奖章

　　现在回想起来,那时的工会要做很多具体的实事,绝不仅仅是平时组织看看电影、节假日发些礼品礼金而已,工作做好了对于调动职工工作积极性很有作用。

加入中国共产党

　　我的入党介绍人是王源昶大夫,他是"北医"的,与我同一年做实习医生。另一位是韩守居大夫,是我的同事和下级医生。他们都是在学生时期入的党,在天津中央医院期间做"地下"工作,天津解放后经"党员公开会"转到"地上"。我们接触较多,关系很近,我没少从他们那里了解党的纲领和目标,他们也鼓励我加入党组织。我理解,在他们眼里我早就是"党外积极分子"或"发展对象"了。新中国成立后的一些变化,特别是亲历抗美援朝这场战争,亲眼看到和亲耳听到了志愿军战士舍身保家卫国的英雄事迹,以及通过政治理论和时势学习等,更坚定了加入共产党的决心,1952年我填写了"入党志愿书"。

　　对于中国共产党，我最早是从父亲那里听说的。尽管他是读书人，信奉中庸之道，这一点在我们五兄妹的姓名中体现得淋漓尽致，但他却是一位关心时政、热爱祖国的知识分子。在我的小学和中学时代就常听他讲述"朱毛闹革命"的故事，他讲得有声有色，我感觉像神话与传说一样，但留下了烙印。后来，中学后期和大学期间，读了不少小说，特别是鲁迅、老舍、巴金等人的进步作品；同时也读了不少政治经济学、哲学及社会学的书籍，如吴黎平的《社会主义史》，那些进步人士写的小说多采取"借古讽今"或影射的方式批判时政或正在发生的事情；而哲学和社会学方面的书籍，很容易与当时的社会不公产生联系。当然，这些书在当时多为禁书，往往要在被窝里借助手电筒偷看。就是这样，这些书的内容和观点，在我的思想上产生了一定的共鸣，甚至参与过一些具有政治倾向的聚会。事实上，我那时早已不是不关心政治、埋头读书的政治"素人"了。

　　到天津工作后，随着阅历的增加，思想觉悟也不断提高，如经历天津解放、抗美援朝，特别是在总医院的各种社会活动和政治运动中，通过政治、时事学习和系统地研读了几部重要的政治理论性书籍，如《自然辩证法》《社会发展史》《辩证唯物主义与历史唯物主义》《大众哲学》等，对"社会主义"有了深入认识，学会了观察社会现象和解释社会矛盾的方法，具备了排解思想矛盾和困惑的能力；同时，确立了自己的唯物史观，对中国共产党和马克思主义从了解、认识，发展到接受、信仰，经历了一个非常理性的阶段，读书和学习起到关键的推动作用。其实，在抗美援朝那段时间，曾得到过党组织"争取火线入党"的鼓励或暗示，由于那时对党了解得不够透彻，加上工作忙、时间短，主客观因素都有，错过了"火线入党"的机会，但自己并没有感到遗憾，因为那时觉得自己离党的要求还有差距。总体来说，我对党的接受和加入的愿望，也经历了"水到渠成"的过程。

　　我递交了"入党志愿书"后，本以为很快就能批下来成为一名党员，但等了一段时间没有消息，心中有些忐忑。后来得知，是大学期间的"辽阳之旅"造成的麻烦，组织上需要认真核查。对于这件事我心里有数，是一次出于爱国之心的偶然事件，并没有加入任何组织的动机和行动，相信组织上能够搞得清楚，所以心态比较平和。在等待核查期间，1953年孔庆祥调到总医院担任书记，他的人品和言行对我影响很大。孔书记是一位进城干部，为人诚恳，作风朴实，对知识分子非常尊重和信任，这对做好总医院的工作至关重要。那时总医院的党员很少，达不到党委的规模，支部也不多，孔书记等院领导和外科为数不多的几位党员一起过组织生活，常到外科来，与我们这些非党员群众也经常接触。另外，我作为工会主席，经常有事要向他请示、汇报，工作中得到他很多支持和肯定。由于与他接触比较多，也有很多深入的交谈，孔书记帮助我坚定了对党的信念和正确对待党的考验，使我在那段时间保持积极的工作态度和愉快的心情。经过大约两年的时间，1954年我正式加入了中国共产党。

继我之后，外科中的张天惠和刘润田也加入了中国共产党，总医院发展知识分子和技术骨干入党还是非常积极的，鼓舞了大家的工作干劲。入党不足两年，我担任了总医院外科党支部书记，体现出院领导对我的认可和信任。尽管那时党员不多，但对党员的要求很严格，处处要起到模范带头作用，对自己也是一种锻炼，但除医疗工作外，我又增加了党务和行政事务，各项政治运动都要积极参加，每天都有做不完的工作，非常繁忙。我做党支部书记期间，在组织发展方面一件比较重要的工作就是发展虞颂庭和俞蔼峰两位大专家入党，帮助他们增进对党的了解，提高他们对党的认识和入党的积极性等，这比给一般年轻人做思想工作要更耐心、更细致。我做了大量的工作，他们光荣地加入了中国共产党。另外，科里职工间的矛盾需要调解，有人闹情绪要做思想工作，甚至家庭纠纷、夫妻吵架和闹离婚也要介入，无论大事小情，我都尽自己所能，尽职尽责地做好党支部书记工作。

晋升为主治医师后，按照总医院的住房分配标准，我很快得到医院分配给我的一套住房，在鞍山道97号，离总医院不远的墙子河鞍山桥附近。这是一幢日式三层楼房，分给我的是二层的一个单元，有两间住房，由木制拉门隔开；单元中有厕所、厨房和可兼做储藏间的浴室；最方便的是有三个壁橱，从地面到屋顶共三层，一横两竖，能装很多东西，还可以睡人，非常实用。单元的总面积虽不大，但住起来还算方便，也无须添置太多的家具，省钱省事。更为重要的是，终于有了自己的住房，完全靠自己5年的努力，心中不免有几分自豪。楼里住的多是总医院的同事，对门就是妇产科的张志诚大夫，后来成了非常好的邻居。

1952年，天津市卫生局以西开天主教堂教会育婴医院为基础，筹建天津市中心妇产科医院，为此，汇集了全国众多的妇产科专家，当时号称"五巨头"的著名妇产科专家柯应夔、杨柯、林崧、俞霭峰、顾学勤都被调入该院，故天津市中心妇产科医院是在很高的起点上建立起来的，在不长时间内就发展为国内一流的专科医院。新中国成立初期医疗资源匮乏，特别是医生，为弥补医生数量不足，国家出台了"护转医"政策，鼓励优秀的护士和助产士转行当医生，并为此建立了专门学校，帮他们深造后转行成为称职的医生。已在这所医院工作了几年的丽蓉被院方选中，经过3年的培训学习后，回到天津市中心妇产科医院开始从事医生工作。

在这期间，我们又有一女一子出世，三女儿取名尚勤，生于1952年12月25日；两年多后，1955年6月12日，长子出生，父亲为他取名尚为。实现了子女双全固然是喜事，但对于我们这种年资的青年医生，支撑这样一个六口之家并不轻松。同时，我和丽蓉又都在提高业务和学习阶段，工作和学习都很忙，分不出多少精力照看子女和料理家务，除父亲帮助外，请保姆成为常态。家庭经济负担的加重，让持家的丽蓉常感"巧妇难为"，但总算坚持过来了。

第八章

任总医院外科副主任

"少年得志"的科主任

1956 年 7 月,我被晋升为总医院外科副主任,时年 31 岁。总医院作为天津规模最大、医疗水平最高的医院,外科又是该院的"大科",我从住院医师到外科副主任仅仅用了 8 年,可以说是十分幸运了,而且我这么年轻就能荣任该院该科的副主任,算得上是"少年得志"了。当时泌尿外科专家虞颂庭是总医院外科主任,负责外科的全面管理及泌尿亚专科;张天惠副主任负责胸外亚专科;刘润田副主任负责骨科的工作;我是负责普外的副主任。与市内其他医院的外科相比,总医院外科不但亚专科齐全,且各亚专科负责人均具备了能"独当一面"的水平,客观地说是实力最强的外科。当时外科在主楼四层,分为外一科和外二科两大组,总床位有 100 余张,其中普外有 30 张病床。普外的本院医生只有四五位,人手较紧张,好在常年有进修和实习的医生,很多工作靠他们一起来完成。

1956年，天津总医院大外科医护人员合影，一排左起：王源昶、朱希尧、张天惠、虞颂庭、刘润田、吴咸中、丁厚发、黄耀权

　　从我1947年来天津到1956年我任总医院外科副主任，在这10年中天津市的医疗资源有了很大的发展，天津市总医院在原中央医院基础上发展为主要科室的亚专科基本配齐，内科有呼吸、消化、内分泌和心血管等组；外科有泌尿、胸、骨和普外组；神经外科经赵以成、李光等人的努力，也具备较强的实力；耳鼻喉、眼科和皮肤等科，水平在天津也排在前列；全院病床总数已超过400余张，工作人员也增加了不少，整体水平不可同日而语。天津总医院在20世纪50年代，在天津乃至华北，是整体实力最强、影响力最大的公立综合医院，服务范围也扩展到周边地区，华北、东北等地的疑难病症患者多来天津总医院诊治。

　　除总医院外，天津马大夫纪念医院于1951年更名为天津市立人民医院，1952年建立肿瘤科，聘任金显宅为顾问医师；1956年恩光医院停止营业后，金显宅正式调入天津市立人民医院任肿瘤科主任。同年，骨科专家方先之创建的"小骨科医院"并入人民医院，方先之任骨科主任，天津市立人民医院从而成为以肿瘤和骨科为特色的公立综合医院。

天和医院建于 1942 年,曾是天津市最大的私立医院,聚集了一批从北京协和医院来津的高水平医生。1949 年, 天津市在其基础上筹建了"中纺医院",大约在 1952 年更名为"华北纺织管理局第一医院",1956 年更名为天津市第一中心医院,也是那时天津实力较强的公立医院。

作为外科医生,我一直认为手术做得好仅仅是外科医生技能的一部分,将患者治愈才是医生的最高境界,这就是"手术匠"和外科医生的区别。因此,对每一位患者的术前、术中和术后,都要给予同样的重视,特别是重症中毒性休克是外科最值得关注的并发症,像绞窄性肠梗阻和胃肠道穿孔,在那个时代一旦出现中毒性休克,必是"九死一生"。20 世纪 50 年代出现中毒性休克没有很好的治疗方法, 每遇到一例我都认真对待,为争取挽救生命刻苦钻研。那时"低温疗法"刚刚用于临床,仍处于在实践中摸索和经验积累阶段。在这个方面,南开医院在总医院进修的毛会亭大夫是我的主要助手,只要一出现患者,他马上来找我,随即认真观察,谨慎治疗,不论治疗成功与否,我们都认真分析,找出成功与失败的原因,通过对数十例患者的治疗,形成了我们自己的机理认识和治疗策略,我们将观察结果和体会进行了总结,相关文章在《中华外科杂志》发表后,很受同行重视。

20 世纪 50 年代初中期,临床中经常遇到一些需要手术治疗的血管疾病,既然有临床需求,就要设法解决,在总医院我是率先开展这方面工作的。在开始阶段,主要是做一些治疗静脉曲张的简单手术,而后逐步向动静脉瘤、动脉血栓、动静脉瘘等较为高难度的手术治疗发展,建立起了一个特色领域。再往后,也开始治疗血管内膜病,如夹层动脉瘤,乃至动脉移植。这部分工作在总医院属于开拓性的,说我是天津总医院血管外科"第一人"或"开拓者"绝不为过。德国的血管外科当时在世界领先,我那时年轻,凭着一本德文版血管外科专著做"老师"开展血管外科手术居然成功了,开创了总医院外科新领域,并成为我自己的专业特长。我内心也暗暗感激在"南满医大"学过的一点德语,借助字典读懂这本德义医学著作,确实是钻研呀!俞蔼峰主任访问苏联时,带回了一套血管吻合器,知道我正在该领域进行探索,就将它送给了我,"物尽其用",我用这套"血管吻合器"做了不少手术,效果很好。刘自宽医生是我的助手,和我在这个领域做了大量工作,直到我离开总医院后,他坚持做了下去,也很有成就。

1956 年,在天津举行的外科学术会议上,我做了关于血管外科的学术报告,这是我第一次在较大的学术场合介绍自己的工作,也是我学术生涯的一个新起点。那是一段非常值得记忆的经历。

在我做住院和主治医师的阶段,也是天津总医院外科亚专业逐步形成的过程,我在这个过程中得到锻炼,也大大拓宽了我的专业知识和技能,可以自信地说,我能成为以腹部外科为主的广谱、普外医师,就是那时打下的基础,因为甲状腺、乳腺等外科疾病也都是我的领域。那时"三把神刀"代表了天津普外疾病的治疗和手术的最高水平,我是"三把神刀"之一,当时所有疑难病症问题都必须到我们这里解决,而我们没有"后台"可以依靠或请教,"师傅领进门,修行在个人",我们感谢前辈的提携和给了我们较多的机会,成就了我们专业能力,而后面的学习、钻研和担当则完全靠自己,无路可退。我任外科副主任前后,对自己的专业

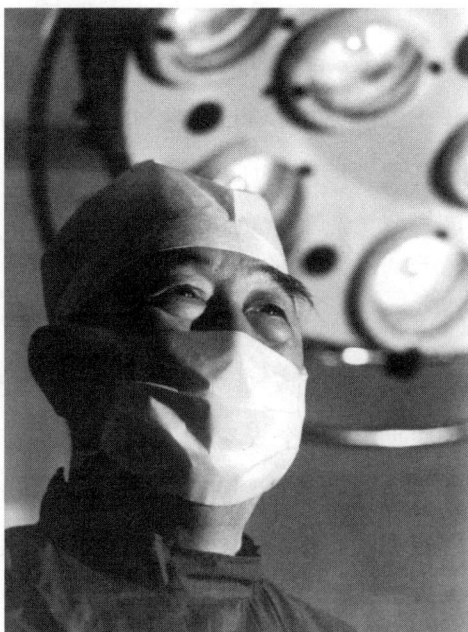

吴咸中在手术室

能力和水平是有自信的,而这种"背水一战"的自信,很大程度上来源于他人对我的信任,包括主任、上级医师和科内外的同事。也许正因为有这种自信,在当时天津还没有"干部保健体系"的情况下,一些领导干部有病也来找我诊治。例如,那时小儿科的李宝爱医生,是1944年从齐鲁医学院毕业的,她入党较早,是天津中央医院的地下党员之一,新中国成立后她爱人是天津市委某部门的领导,市里领导及家属有病,多由李大夫找相关科室诊治,而普外方面的病人就都找我解决,记得有位市领导的父亲得了胆石症就是来找我做的。

这位领导的父亲也不一般,朴实、正直,能够感觉到是位有阅历的"革命老汉"。更为有意思的是,这位领导夫妇二人在父亲面前显得很听话,看得出是一对"毕恭毕敬"的孝顺子女。这位老人对我们这些普通医护人员也很客气有礼,丝毫没有高高在上的"架子",因此也赢得了大家的尊敬。给这位老人做胆道取石手术由我主刀,胆道中石头不少,开始取得还算顺利,但就在取出最后的石头时胆管出血了,而且较为严重,惊得我出了一身冷汗,立刻采取填充纱布压迫止血,幸运的是没有发生大出血。手术后,我怀着忐忑不安的心情严密观察了数日,度过了几个难眠之夜,拆线时我小心翼翼地取出压迫止血的纱布,仔细察看没发现有继续出血的现象,我的心这才放下,总算是闯过了一关,老人数日后康复出院。

总医院良好的学术氛围

回顾我的专业发展历程,20世纪50年代是我从成长走向成熟的关键时期,除了个人努力和良好的工作环境外,那个时期国家的大环境也至关重要。抗美援朝和几个政治运动后,国家掀起了社会主义建设热潮,学习和钻研成为50年代中期的"主旋律"。1956年制定了全国科技发展规划,提出了向科学进军的口号,总医院的虞颂庭、俞蔼峰等前辈都参加了这项工作。那时全国不管是学"苏联热"还是"学哲学运动",都是立足本职工作,钻研科学技术和追求学术研究,从"又红又专"上升到"红透专深"的高度。总医院这样原本就重技术、讲学术的医疗单位,学习和钻研当然更是热火朝天,我置身在这个大环境中,自然也不例外。我能比较年轻就当上了总医院的外科副主任,回想起来,认为当时全国大环境和总医院浓厚的学术风气是我进步快、成熟早的重要原因。从早期的中央医院到后来的总医院,学科带头人,包括"天和"及"恩光"的顾问,多来自北京协和,都是医德正派、治学严谨的专家,他们为我们这些后辈树立了榜样;对医术的精益求精,对学问的不倦追求,使总医院的学风之根埋得正、扎得深;频繁的学术报告、专题讲座,以及各级查房时对临床情况的分析和理论解读,成就了它后来成为教学医院的重要原因。在那种人人钻研技术、处处讨论学问、毫无商业气息的大环境中,使我受益终生,永远难以忘怀。

做学术研究,我是从做主治医师时开始的。那时能带组了便有了自己的"一亩三分地",具备了对自己的医疗工作进行总结、分析,并从中获取新认识的客观条件,也有了将这些内容写成论文发表的冲动和热情。虽然我很早就注重阅读专业期刊,因为从中能汲取额外的养分,有助于提高业务水平。而在专业期刊上发表学术性文章,是从做主治医师时开始的,由于当时我还兼做小儿外科,每个病例都要更加认真对待,以免出问题,所以成为我的特别关注点。当有了一定数量的病例积累后,我就开始对这些病例进行对比、研究、分析、总结。从 1947 年至 1954 年,总医院共收治了 90 例 12 岁以下的阑尾炎患者,我们对这些病例的症状、体征、病理变化、治疗和转归做了分析,总结出了各项分析目标的特点,包括与成人阑尾炎的比较,并对诊断、治疗和预后提出了我们的见解,并写成论文,发表在《中华外科杂志》(1955,9:668)上,作者是我、韩守居和刘自宽。这是我发表的第一篇学术论文,虽然只是做分析性研究,但那个时代在全国性专业刊物上发表学术文章也不是件容易的事。这篇文章当时在

吴咸中与虞颂庭教授

国内可能是第一次对小儿阑尾炎诊断与治疗做系统分析和研究的,也许文章水平不一定高,但对我个人来说,是将专业技能转化为学术研究的开始,意义颇为重大。

稍后,我和傅守训大夫又对总医院外科自 1947 年至 1956 年收治的 40 例老年期急性阑尾炎进行了临床分析,研究结果发表在《中华外科杂志》(1958.2:171)上。通过对这两组病例的分析研究,使我们对阑尾炎在这两个特定人群中的发病、诊断、治疗和预后有了更清楚的认识和独到的见解,也为同行提供了有价值的参考。另外,我们在腹腔结核并发症及外科治疗方面和重症中毒性休克的治疗问题方面都做了大量分析研究工作,并在《中华外科杂志》(1958.3:281)(1959.4:375)上发表了水平很高的论文,确信对国内的外科发展有重要意义。

我认为,对于一些复杂和急重疾病,从总结诊治经验的基础上提高到理论认知水平,形成对疾病发病机理的研究成果,不仅对提高疾病的诊断和治疗水平有帮助,同时对相关领域的发展都有重要意义。

新中国成立后不久,天津的几位医学专家万福恩[①]、朱宪彝[②]、金显宅、方先之和施锡恩等,向天津市各界协商委员会和市政府建议,在天津建立医学院校,得到积极回应,1951年3月,天津市政府正式批准成立天津医学院筹委会,各方随即积极投入筹建工作,曾有朱宪彝和施锡恩两位专家互荐首任院长的美谈,更有天津市委书记黄敬亲自登门求贤,请朱宪彝教授担任首任天津医学院院长的佳话。1951年6月16日,市政府任命朱宪彝为天津医学院院长,宣告天津医学院正式成立,这是新中国成立后建立的第一家高等医学院校。对于我们这些晚辈,朱宪彝教授既是医学大家,也是忠厚长者,大家尊敬地称呼他"朱老夫子",是我行医和做人的榜样。同时,他确实是一位精于筹谋的实干家,在任命后很短时间内,与南开大学谈妥了医预班教学事宜,购买了南开大学东院房舍(即甘肃路校址)做院址,选派临床教师赴北京等地高等医学院校进修基础医学并筹建基础教研室,聘请正在国外工作的医学家来校执教,设计基础课实验室、订购仪器设备,建立行政机构等。到9月份,第一批50名本科生正式进入南开大学生物系医预科学习。又经过一年的紧张工作,新校舍基本安排停当,进修教师陆续返校工作。1952年10月15日,天津医学院举行了隆重的成立大会。1956年10月11日,天津市立总医院更名为天津医学院附属医院。

我从天津医学院的第一届学生进入临床教学时,就开始介入医学院

①　万福恩(1900—1961),1927年毕业于北京协和医学院,医学博士,留院外科工作;后留学美国,回国后受聘于河北医学院任外科主任。1946年受命到天津参加接收"日本公立居留民团医院",成立天津中央医院(后为天津市立总医院),任院长;后筹建华北纺织管理局第一医院并任院长。1950年与朱宪彝、方先之、金显宅等倡议筹建天津医学院,任筹备委员。

②　朱宪彝(1903—1984),内分泌医学家,教育家,1930年北平协和医学院毕业获博士学位,1936—1937年在美国哈佛大学医学院做博士后研究,20世纪30年代以代谢性骨病的钙磷代谢系统研究闻名于世,成为国际代谢性骨病钙磷代谢研究的先驱者、中国临床内分泌学的奠基人之一。1951年创建天津医学院,为首任院长直至1984年逝世。在国内首倡与综合大学合办八年制医学教育试点班、恢复高等护理教育专业、推行医学本科毕业生二次分配制度。

工作了。在教学方面,我和刘润田负责"基础外科学"①的课堂授课,如"外科感染""水盐代谢平衡""中毒性休克"等;同时,临床示教以及实习生的安排等工作也由我们来做,从某种意义上讲,当时真正实现了医、教、研全方位发展。

家事与时事

我晋升副主任后,按照医院的规定,对住房进行了调整。张志诚主任也因晋升提高了住房标准,她一家搬到众诚里原先二哥住的那一套单元,腾出的单元分配给我居住,就在对门,非常方便。这样我在同一层获得两个单元,住房条件明显改善,孩子们住一个单元,我们夫妇住一个单元,生活上方便了很多,更重要的是读书学习也方便了很多,有时也临时用作科室商量工作的"会议室",我写作的"书房",我很多稿件的撰写、讨论和修改都是在这套不大的日式单元中完成的。由于还可以从医院租用一些家具,租金几乎是象征性的,所以没有造成经济上的负担。我从心里感谢医院为我改善了居住条件,这也说明总医院对党的知识分子政策还是很认真贯彻执行的。鞍山道 97 号基本是总医院的职工宿舍,整幢楼分为 1 门和 2 门,每层楼有两个单元:1 号门一楼住的是口腔科刘昌运大夫和医学院生化室的赵宝彷教授;二楼是陈世畯、辛玉英和甘幼强、查能渝两对夫妇;三楼一侧是二中心医院的书记强培仁,他"小八路"出身,曾是白求恩的卫生兵,另一侧也是甘幼强居住。我家住 2 门二楼的两个单元,一楼是口腔科李少德、丁惠年夫妇和总务处张师傅一家;三楼分别住的是门诊部总护士长涂志芳和眼科护士苗爱荣。这里离医院近,上下班方便,邻里之间相处也很融洽,我们一直住到 20 世纪 60 年代末。

这时期丽蓉已经开始从事医生工作。中心妇产科医院那时已经成为

---

① "基础外科学"是苏联的分类体系,按后来的分类法就是外科总论的内容。

天津及周边地区最具实力的专科医院,患者多,工作非常繁忙,她还需要加强学习、不断提高,加班加点几乎是常态。另外,那时的下乡任务非常多,丽蓉总是积极报名,争取最困难、最辛苦的任务,印象中每年她都要下去几个月,特别是冬季。或许因为中国长期的封建统治和积贫积弱,对妇女健康亏欠太多,需要给予补偿吧!

从 1956 年我晋升副主任,至 1964 离开总医院,这 8 年里子女们发生了较大的变化。1962 年 1 月 8 日,次子出生,取名尚全,理解父亲的心情,孙子辈的无须再增加,尽享子孙满堂了。尚彬和尚纯学习都很好,父亲在天津时给了不少帮助,基本不用我和丽蓉操心。尚勤和尚为先是上幼儿园,后上小学,都离家不远,也没有造成负担。1963 年,尚彬从南开女中高中毕业,因为品学兼优被保送进入第四军医大学,还享受军人待遇,真是意外的惊喜,全家人都非常高兴,父亲则一再表示,将来一定要报效祖国。另外,尚纯在鞍山道小学,也是好学生,"三道杠"的大队委,也是在这一年,考入天津第十六中学,其前身是耀华中学,天津最好的学校之一,真是锦上添花,皆大欢喜。

在这 8 年,中国经历了不少事情:先是"整风""反右"运动,以后又是"大跃进""拔白旗"等运动,这不可能不对生活造成影响。1957 年 4 月开始了整风运动,即反官僚主义、宗派主义和主观主义。后因极少数人提出的错误观点,触发了在全国范围内开展"反右派斗争"。总医院作为知识分子"扎堆儿"的单位,当时也是党内外群众运动并行,"右派"有"标准",甚至有"指标",很多医护人员都成了"右派候选人",大有"人人自危"之势。但出乎意料的是,运动结束后总医院居然没有产生一个"右派",这在当时绝无仅有,实属罕见! 回想起来,在那样的大环境下,总医院以孔庆祥书记为首的党政领导,政策水平之高、对知识分子之信任、对政治责任之担当,确实令人感佩。总医院的"反右派斗争"就以如此"雷声大雨点稀"的方式结束了。

20 世纪 60 年代全家福

在后来的"大跃进"运动中，记得在我们住的院子中也架起了"高炉"，投入轰轰烈烈的"大炼钢铁运动"，但这些铁最终做了什么就不得而知了。对大家影响较大的是"三年自然灾害"，尽管我家中较大的孩子都是姑娘，没有太能吃的，没有"粮荒"的感觉，但食品质量低劣，副食跟不上，肉、蛋、鱼可望而不可即，对孩子们的健康⋯⋯确实无法保障。可能是由于工作繁忙，营养跟不上，在那 3 年中我出现了⋯⋯不良，因浮肿可享受特供营养品黄豆。这也是一段难忘的岁月。

第九章

开启中西医结合的新时代

伟人的情结和我的尝试

1955 年 7 月 13 日，由中华医学会总会与北京市中医学会、北京市公共卫生局联合举办的全国第一届西医离职学习中医研究班开学，76 名来自全国各地的有经验的西医要在这里脱产两年半学习中医，由此拉开了具有开创性的中国医疗卫生界走中西医结合道路的序幕。

从 1955 年年底到 1956 年年初，卫生部在北京、上海、广州、武汉、成都和天津等地共举办了 6 期西医离职学习中医的培训班，参加学习的西医共有 300 多人。1958 年为配合离职"西学中"学习班的教学，在时任卫生部中医司吕炳奎[①]司长的建议并主持下编写了《中医学概论》等教材，从中医理论和临床实践相结合的角度，通俗易懂地阐明中医理论体系。

---

① 吕炳奎(1914—2003)，15 岁拜师学习中医药学，19 岁开业行医。1938 年为抗日变卖家产组织嘉定外冈游击队，1939 年 7 月加入中国共产党。1956 年任卫生部中医司司长、党组成员，1958 年主持起草了《关于西医学习中医离职班情况成绩和经验》的报告，提出组织编写《中医学概论》的建议，要求从中医理论和临床实践相结合的角度，通俗易懂地阐明中医理论体系，该书出版后对当时的西学中教学工作和普及中医药知识发挥了很大的作用。20 世纪 70 年代后期适时提出中医、西医、中西医结合三支力量并存发展的方针。

1958 年，卫生部向中央提交了《关于西医学中医离职学习班的总结报告》，毛泽东在该报告上做了"中国医药学是一个伟大的宝库，应当努力发掘，加以提高"的著名批示，同时指出："我看如能在 1958 年每个省、市、自治区各办一个 70 人至 80 人的西医离职学习班，以两年为期，则在 1960 年冬或 1961 年春，我们就有大约 2000 名这样的中西医结合的高级医生，其中可能出几个高明的理论家。"据 1960 年资料，全国举办了西医离职学习中医班共 37 个，学员 2300 余人；在职西医学习中医的有 36000 余人，这些人以后大多数成为中医或中西医结合研究的技术骨干和学术带头人，为中医药的发展和中西医结合走向世界做出了杰出的贡献。

毛泽东作为一个极具战略和世界眼光的伟大政治家，对祖国医学中医有着极其深厚的情结，对发扬光大中医药学既有高屋建瓴的战略性指引，也有具体的思路，为中国的中西医结合事业指明了方向。毛泽东在 1949 年 9 月在接见出席全国卫生行政会议的代表时曾提出"必须很好地团结中医，提高技术，搞好中医工作，发挥中医力量"；他认为"就医学来说，要以西方的近代科学来研究中国的传统医学的规律，发展中国的新医学"，并指出："学习西医的人，其中一部分又要学中医，以便运用近代科学的知识和方法来整理和研究我国旧有的中医中药，以便使中医中药的知识和西医西药的知识结合起来，创造中国统一的新医学、新药学。" 1954 年，毛泽东发出"西医学习中医"的号召，他说："我国的中药有几千年历史，是祖国极宝贵的财产，如果任其衰落下去，将是我们的罪过。" "必须把中医重视起来。中医问题，关系到几亿劳动人民防治疾病的问题，关系到我们中华民族的尊严、独立和提高民族自信心的一部分工作"。同年，他又指示："即时成立中医研究院。"1955 年 12 月，中国中医研究院正式成立,毛泽东接见了第一任院长鲁之俊①。

　　就我个人而言,在我没搞中西医结合事业之前,我对中医基本上是接受的,主要是基于两方面的原因:其一,从我记事时起,家中有病有灾就以"中西医结合"方式求医问药。如在新民县老家,常来常往的有三位医生,即毕业于"小河沿"的郎大夫、毕业于"南满医大"的郑大夫和中医老张大夫,他们三位都是不错的大夫。虽然我两个哥哥也都是学西医的,但家里没人排斥中医,无论是西医为我们解除病痛,还是中医为家人诊脉、开方,疗效都很好。其二,我在天津中央医院做高年资住院医师阶段,带过一位比较特别的下级医生薛崇成②大夫,他较我年长,是中医大师蒲辅周③的弟子,出师行医数年后又进入西医院校学习;在天津中央医院神经内科做住院医师期间,曾追随赵以诚前辈改做神经外科,这样他必须按医院要求接受一段时间普通外科住院医生的训练,故与我有了一起工作的机缘。在工作中我发现他与其他住院医生相比,确实有独到之处,考虑问题的整体观念、诊治过程中的逻辑思维对我很有启发,在临床中我们对一些患者也尝试用中医"辨证施治"理念和方法治疗急性阑尾炎、脉

---

　　① 鲁之俊(1911—1999),江西新城(今黎川)人,1933年毕业于北平陆军军医学校(国防医学院前身)医科,曾在广西、广东国民党军医总院及国防医学院任医生、助教兼德语专业翻译。1939年到延安,同年11月加入中国共产党。抗日战争期间,虚心向中医针灸大家任作田学习,并在白求恩医院开展针灸临床。1945年在《解放日报》上发表《针灸治疗的初步研究》一文,著作有《新编针灸学》。1955年筹建卫生部中医研究院,任第一任院长兼党委书记,他坚持中西医团结、中西医结合,与中西医专家共同继承和发扬中医药学,运用现代科学研究中医。

　　② 薛崇成(1919—2015),出生于中医世家,中医科学院荣誉首席研究员,国务院特殊津贴的专家。1935年拜名医蒲辅周为师,奠定了他深厚的中医功底。1939年毕业于四川国医学院;1948年又毕业于华西协合大学,先后就职于四川国医学院、南京华东精神病防治院、中央卫生部针灸疗法实验所和天津医学院等,曾随赵以成教授学做神经外科。在近80年从医生涯中,对我国针灸经络、神经精神病学、中医心理学的发展做出了卓越贡献。

　　③ 蒲辅周(1888—1975),现代中医学家,四川梓潼人。长期从事中医临床、教学和科研工作,精于内、妇、儿科,尤擅治热病;将伤寒、温病学说熔于一炉,经方、时方合宜而施,辨证论治,独辟蹊径,为丰富发展中医临床医学做出了宝贵的贡献。

管炎等外科疾病,收到一定疗效,使我对中医产生较好的印象和浓厚的兴趣,1958年《中医学概论》出版后我还自学过。与薛大夫的共事,是一段教学相长的经历,他的医术和能力很好地印证了"名师出高徒"这句话,这对我后来走上中西医结合的道路不无关系。

当中西医结合运动如火如荼地遍及全国时,对天津总医院外科来说不可能没有触动,但在尚未系统学习中医之前,我们只能从实际需要出发,"小打小闹"地尝试性做些工作。总医院有两位身怀"祖传独门绝技"的工友,一位是刘师傅,一位是韩师傅。刘师傅擅长传统中医正骨和按摩,韩师傅则擅用中医药治疗疮疡,并私下行医。他俩都有不小的患者群和口碑。我和刘润田主任对他们做了调查了解后,经院方同意,决定让他们走上"台面",分别在骨科和外科"坐诊行医",经过一段实践,确实为一定数量的病患解决了问题。这个举措可以说总医院的中西医结合是从外科拉开大幕的。

在当时走中西医结合之路大环境的影响下,和亲眼见证了传统中医的疗效后,我想尝试一下中西医结合的冲动被激发了,我读了一些中医书籍并向中医师请教后,就开始了我自己的"中西医结合"实践。当时我购买了煎制好的"大黄牡丹皮汤"存在冰箱中,对收治的急性阑尾炎病人进行中医辨证施治,合适的患者即在严密观测下先给予中药保守治疗,见效的继续服药,不见效或手术指征明显了马上实施手术,谈不上有严谨的"大样本"研究,但根据经验性观察,疗效肯定是有的。

参加西医离职学习中医班

毛泽东以伟人的胸怀和眼界指出了中西医结合的大方向,但落实到具体实践中并不是一帆风顺的。最初时,曾尝试鼓励中医学习西医,但效果不甚理想,特别是有了一定临床经验的资深中医,对西医甚至现代科学很难接受,这既有主观因素也有客观因素。毛泽东在1958年对卫生部

《关于组织西医学中医离职学习班的总结报告》的批示中表示："看来还是让西医学习中医好。"从而决定了以西医学习中医的方式，摸索创建中西医结合新医学的路径。

西医离职学习中医学习班在试办了一两期后，卫生部认真总结了经验和教训，对以后办班的课程设置、教材和教师都做了充分的准备工作。例如，教授理论课的教师多选择中医学院的中年教师，为了使西医学员能够接受他们的讲课，先在南京中医学院对他们进行专门培训，然后派到各省、市、自治区的学习班去授课；教材也是统一的，少部分课程请当地的著名中医讲授。这样一来使学习班大部分课程教学有了相对统一的标准和水平。理论课的主要内容是中医四大经典①，即《黄帝内经》《难经》《神农本草经》和《伤寒杂病论》。这些充分、认真的准备，为办好离职西医学中医创造了非常好的学习机会。

我参加的是天津的第二期学习班，1959年开学。离职脱产学习班从1955年开始办起，数年中已经积累了一些经验，对学员的资格也有了严格规定，参加学习的多数是高年主治医师，也有不少是在职副主任，住院医师根本不收。我们那一期有本市学员70余名，多来自天津各家医院，还有10多名来自不具备办班条件的其他省市。记得当时总医院有六七名医生参加，有妇产科的张志诚、内科的洪锡祺、皮肤科的边天宇、耳鼻喉科的一位副主任，都是高年主治医师以上的资格，阵容不俗。另外，第一中心医院有耳鼻喉科专家林必锦主任，他是北京老协和毕业的，回津后与朱老夫子、金显宅等共同创办恩光医院，是业内前辈；传染病院的师秀章也是资历深厚的医生。因此，天津的这一期"西学中"的学员没有"泛泛之辈"，受到大家极大的重视。

---

① 中医四大经典是中医发展史上具有里程碑式意义的四部经典巨著，目前学术界一般将《黄帝内经》《难经》《伤寒杂病论》《神农本草经》看作中医四大经典；也有部分中医学教材把《黄帝内经》《伤寒杂病论》《金匮要略》《温病条辨》作为四大经典。

1959 年，吴咸中
（右二）与第二期西医
离职学中医学习班部
分同学合影

　　我当时做出参加离职学习班的决定，并非是一时冲动，而是有一定思想基础，更经过深思熟虑的。前面已说了两个理由，还有一个，即我两位哥哥都是不错的西医，但从不排斥祖国医学，对我入离职班学习中医持"乐观其成"的开明态度。另外，我从心里感觉毛主席对西医学中医的指示是具有远见卓识的，既入情入理又高瞻远瞩，是一条值得尝试的新路。当然，也有不少同事和挚友对我的决定表示担忧，认为我的普外基础很好，而且又正是"春风得意"时候，此时离职脱产学中医，怕没学到新的反而还把已经有的丢掉了，如果"取宝不成反丢刀"就得不偿失了。大家的担忧和劝诫都是善意的，都是出于对我的关爱，我从心里很感激大家的信任，这也有助于我审慎思考、斟酌。但我也有自己的考虑，我想的是在既有西医的基础上再学习中医，是"艺多不压身"，说不定两者可以互相促进，成为"中西医两手全占先"的医生。"学了中医毁掉西医"的说法不是必然结果，事在人为，有志者事竟成。于是，我毅然报名参加了学习班，学习期间还担任了该班的党支部副书记。

两种文化的碰撞与融合

天津的"西医离职学习中医班"由天津中医学院哈荔田①院长主持，他是享誉盛名的中医妇科专家、天津中医学院的创始人，也是天津市卫生局的副局长。他在我们这期学习班首先推行的"集体讲课，分头传授"方法在全国起到示范作用。这期学习班课堂教学一年有余，由于准备充分，多数授课教师是有一定教学经验的中年教师，而且均在南京中医学院受过集中培训，教学方式基本能够被我们这些西医接受；为"离职班"专门编撰的教材对我入门学中医也很有帮助。"集体教课"主要体现在理论学习方面；"分头传授"主要体现在实践方面。

给我们授课的教师也有津门名医，他们学源各异，业有专攻，既有惊满四座的宏论，更有令人称叹的绝技，如陆观虎用药轻、清、宣，具江浙之长；杨达夫擅治温病，得叶氏（叶

1959 年，第二期西医离职学中医学习班著名中医、授课老师哈荔田(左)、顾小痴(右)

桂)之妙；赵寄凡长于经方，得自家学；董晓初善伺病机，称临床名家。色彩纷呈的理论框架，精妙绝伦的课堂讲授，蕴含丰富的临床经验，很能够

①哈荔田(1911—1989)，又名彤阶，著名的中医妇科专家、教育家。河北省保定人，回族。出身中医世家，自幼在保定读书，后其父到天津挂牌行医。因家境困难，17 岁辍学从医。早年师从国医泰斗施今墨先生，在中医诊治和理论研究上造诣颇深，尤擅长妇科。1958 年遵照周恩来亲自指示，将中医学校改建为天津中医学院，将中医医院改为学院附属医院，又将天津工人医院改为中医学院第二附院，增加了实习教学基地，同时在课程安排上增加了西医课。

抓住学员们求知若渴的心理。当然,也有个别老中医授课出现问题,如天津的某老,虽医术高超,治病救人大名鼎鼎,讲课也很尽兴,但常常因"天马行空"而跑题,学员们不得要领;更有人讲课中带有"视同行为冤家"的江湖陋习,我们做了极大努力仍无法纠正,只得按他习惯的"师带徒"方式来学习。通过这个班我也深深感到,中医与西医这两种医学反映了两种不同的文化背景,在实践中如何融为一体确实是值得研究的大课题。

对于我们这些受过系统西方医学教育,又经过一段临床实践的西医学员,听懂、理解和接受中医理论是要迈过的"第一道坎"。《黄帝内经》以阐述生命规律和医疗理法为中心,将阴阳五行规律应用到人体上,来解释人体结构和机能、病理和病因的各种现象和规律,提出了系统的养生、治病的理论和方法,它是中医学的元始经典。其法人于自然,以自然之法治人,自外而知内,从显而知微,包含了同类相似、整体与局部相似、宏观与微观相似、人和宇宙相似的广义相似律。《难经》原名《黄帝八十一难经》,又称《八十一难》,采用对"八十一难"的问答方式,探讨和论述了中医理论,内容包括脉诊、经络、脏腑、阴阳、病因、病机、营卫、腧穴、针刺、病证等方面,是中医较早的经典著作,丰富、发挥和扩充了《黄帝内经》的理论,也成就了中医解剖学雏形,充实了经络学说内容及促进了中医脉学发展。这两部经典构成中医的理论基础。《神农本草经》是早期的药学专著,是中医形成完整体系不可或缺的一部分。全书载药365种,以三品分类法,分上、中、下三品,是中药理论的精髓,这些药物的疗效多数真实可靠,至今仍是临床常用药。所谓三品,即"上药为君,主养命以应天,久服不伤人;中药为臣,主养性以应人,斟酌其宜;下药为佐使,主治病以应地,不可久服"。书中提出了中药君臣佐使的组方原则,蕴含着前人对中药应用和作用机制丰富而深刻的认知,奠定了中药学的理论构架。《伤寒杂病论》分为《伤寒论》和《金匮要略》两部分,是医圣张仲景对外感和内伤众多病症诊治的论述。伤寒是古人对外感病的通称,把疾病的诱因当作病原,寒是所有外邪引起疾病的统称。《伤寒论》全书 10 卷,共 22 篇,列方 113 首,应用药物 82 种。其突出成就之一是确立了六经辨证体系,运用四诊八纲,对伤寒各阶段的辨脉、审证、论治、立方、用药规律等做了较全面的阐述;另一突出成就是对中医方剂学的重大贡献,书中记载了397 法,113 方,提出了完整的组方原则,并将八法具体运用到方剂之中。《伤寒杂病论》集汉代以前医学之大成,结合了张仲景的临床经验,阐述了多种疾病的辨证论治,理法方药俱全,在中医发展史上具有划时代的意义,对中医学的发展做出了重要贡献,对后人则有极高的实用价值。对于"中医四大经典"的学习,初步感觉是深奥而富有哲理,虽有"耳目一新"的感觉,但与西医的思维方式确实有很大的不同,如对人体器官截然不同的认知、经络的解剖存在、脉象的把握以及"寒"是所有外邪引起疾病的统称等,都需要认真学习,深刻体会,破除藩篱,甚至发挥充分的想象力在现代医学与中医之间建立起联系,从而使"西学中"获得效果。同时,我也能够认识到,中医有其历史的局限性,绝非句句经典、字字珠玑,正毛主席指出的"汲取精华,去除糟粕,推陈出新",也应该是中西医结合的重要指导思想。

　　"分头传授"是我们这个学习班的独特之处,在于强调学员要亲自实践,即分散拜师,搜集验方,结合专业,总结经验。一年多理论课的学习完成后,我先后跟师于张利辉、于东川、张方舆、杨达夫和贺骥侪等。张方舆是"衷中参西派"代表人物、中医大家张锡纯的入室弟子,有乃师之风,理论坚实,经验丰富,力赞中西医结合,主张"学仲景之意,贵在变通;悟仲景之精要,治当决断",辨证精到,分析精辟,处方精小。如少阴病下利,当用大承气汤,一般遇年轻体壮者多能放手投用;但遇到年老体弱或妇女时多会踌躇不定。而张氏则艺高胆大,胸有成竹,见是证,用是方,药到病除,挽救危笃。他对我的影响最大。杨达夫和贺老都是当时津门名医,主要向他们学习问病、诊脉和辨证等;针灸是向东南角卫生院的张老大夫学的。

1959年，第二期西医离职学中医学习班著名中医、授课老师陆观虎（左）、杨达夫（右）

"分头传授"方式的学习，使我对临床实践方面中西医之间的不同有了切身体会，也获知两种医学及医者之间存在极大的隔阂。例如，杨达夫老先生因治疗肿瘤而驰名，是中医中的肿瘤专家，但金显宅等西医肿瘤医生对他的疗效持怀疑态度，有"是肿瘤治不好，治好的不是肿瘤"的说法，杨老先生为此"耿耿于怀"。其实，存在这样的分歧不难理解，西医对肿瘤的诊断标准、治疗手段和疗效评估与中医截然不同，相互不认同是很自然的，这些不认同及隔阂，或许只有通过中西医结合才能逐步化解。

试编教材、搜集验方、诊治实践和总结经验，使教学内容丰富、方法灵活，收到非常好的学习效果。以编写教材为例，我主要参加中医史部分教材的编纂，不系统地学习和钻研是不可能完成任务的。在学习班期间，我带领一组外科医生到河北沧州整理中西医结合治疗脉管炎的经验，了解到基层发病和诊治的情况，这是在医院中不可能得到的第一手资料；另与其他几位医生在天津市的几家综合医院合作进行中西医结合治疗急腹症的临床观察，包括急性阑尾炎、急性肠梗阻和胃溃疡急性穿孔等，这种"现趸现卖"的学习方式拉近了理论学习与临床实践的距离，也为"学以致用"创造了条件。实践中遇到的问题以及显著的疗效，都极大地提高了我对学习中医的积极性，深感参加"离职班"不虚此行。

"富有哲理的理论框架，色彩纷呈的学派经典，蕴含丰富的临证经验"，是我通过参加中医班学习后对祖国医学的全新认识。张仲景的"勤求古训、博采众方"，孙思邈的"大医精诚"以及杏林橘井的传奇美谈为我树立了毕生的榜样。金元四家的学术传承与争鸣，张子和的《儒门事亲》成为我钟爱的典籍，这些也为我从事中西医结合治疗急腹症事业以及日后形成的学术风格奠定了基础。进而，我从"响应号召，艺多不压身"朴素的学习态度，升华为"挖掘宝库、中西合璧"作为毕生追求。

稳健起步，首战告捷

在离职班学习的最后一年，中西医结合的临床实践就开始了，学员们来自不同的专业或学科，都面临选择什么病症或临床课题作为中西医结合实践的切入点，经过深思熟虑，我基于三方面理由选择了急腹症：一是作为普通外科医生，我对这类病症整体上较为熟悉，知其长短；二是急腹症已有明确的诊断、手术和非手术治疗标准，进行中西医结合非手术治疗有依据可循；三是与慢性病相比，急腹症疗效容易判断，影响因素较少。总的目的是要在西医诊断的基础上进行中医辨证施治，破除根深蒂固的"手术万能"的传统观念，降低急腹症的手术率。现在看来，当时选择急腹症作为切入点是明智和正确的，也是中西医结合治疗急腹症事业能够获得成功的关键因素。

总医院外科的傅守训和许树朴两位大夫一开始就是这项实践的积极参与者。傅大夫是高年资主治医师，虽然没有参加离职班，但非常投入；许大夫是天津医学院第一班的毕业生，那时已是高年资住院医师，也是离职班的学员。那时的总医院是天津市最大的综合性医院，高手云集，管理规范，想开展新法治疗急腹症谈何容易！再加上当时病床紧张，至少三分之一的急腹症病人住在病房走廊里，条件简陋，稍有疏忽，便会闹出人命，故需要特别小心。开始的想法比较简单，主导思想是破除根深蒂固的"手术万能"的传统观念,降低急腹症的手术率。从离职班回来后,我认真制定了工作计划,包括谨慎地选择病种,周详地辨证施治原则,以及明确的手术和非手术治疗标准;对于每个病例进行系统的病程记录,客观地评价疗效和严格地保障患者安全。美国出版的《急腹症诊断》一书有这样一段话:"急腹症一词含有紧急且变化多端的含义,在医学其他领域较少见,有时为抢救病人生命要求在数分钟内做出手术决定,有时很难做出手术或不手术的决定。"作为外科医生,我当然懂得其中的利害,尽管制定了工作计划和工作流程,仍然有"临事而惧,如履薄冰"的感觉,每治疗一个病例,都要一天多少次地去患者床边查看,随时做好中转手术的准备。

典型的病例是最有说服力的。时任总医院外科护士长的李维骆,因急性肠梗阻症入院。当时她正在北京中医学院学习,已有过三次腹部手术的经历,值班医生已经做好了急症手术的准备,但她本人实在没有勇气再接受这第四次手术,恳求我"刀下留人",施以中西医结合治疗。她丈夫韩守居大夫是我的同事,又是我的入党介绍人,相处甚笃,也寄

毛泽东关于发展中医学的题词

希望于保守治疗。无论病情还是人情都关系重大,我必须审慎对待,思想承受了较大的压力。仔细查过病人后,辨证为"寒实性肠结证",患者体质素虚,脉沉细无力,属"正虚邪实",便立即开了副"参附承气汤",用胃管灌

入汤药。几小时后，果真"腑气得通"，排出大便，腹痛豁然消失，很快就痊愈了。病榻上的李维骆甚为感动，韩守居大夫也甚为释然，感谢救命之恩。而我们几人倍感鼓舞，外科内外也对中西结合的疗效有了最直接的认识。

两年半的学习结束时，我从不同教师那里得到较好的评价：理论学习"运用中医理论，能圆满无碍；结合临床辨证，能恰相符合；论理通畅而不浮，是学习经典文献深入有得者"；辨证"能于复杂症候中辨出本虚标实、肝肾虚，如老吏断狱"；施治"施治先后明晰，用药照顾周详，如老匠斧轮，令人起观止之叹"；综合评语："学习认真，钻研深入，疗效卓越，能带动同学，是学中医而探骊得珠者。"在95名毕业同学中，只有我一人获得了以卫生部部长李德全名义颁发的金质奖章和证书。

在天津医学院方面，参加"离职班"前提交了晋升副教授学衔的材料，那时的评审体系复杂而严格，需要由国家卫生部批准。在"离职班"学习期间得到通知，我被晋升为天津医学院副教授，那年我37岁，在拥有高级学衔者中是较年轻的。

第十章

中西医结合临床实践的起步

合作研究，初见成果

离职班的系统学习，以及中西医结合治疗急腹症获得初步疗效，激发了我进一步尝试并获得更为广泛和良好疗效的欲望，也希望能在较短时间内通过中等规模科学严谨的临床观察，对中西医结合治疗急腹症的临床疗效进行确认，并积累初步经验，为临床推广和深入研究奠定基础。辨证施治是中医与西医显著的区别点之一，也是中医临床实践的精髓，如与西医类比，即表现出中医"同病异治"的独到原则；"法"也与西医的治疗方法大相径庭，则代表了中医"异病同治"的另一独到原则。急腹症是我们选定的研究方向，使用西医的诊断方法和原则进行诊断，确定疾病，然后进行"辨证施治"，以现代医学的指标观察疗效，并以手术"保驾"，在确保患者得到有效治疗的前提下显著降低手术率，是中西医结合治疗急腹症的总目标。

为在短期内获得较大样本的临床观察，同时保证研究的客观性，我们组成了协作组，开展合作研究。协作单位包括：天津医科大学附属医院（天津市总医院）外科急腹症小组、天津医学院附属第一中心医院外科急腹症小组、天津第二中心医院外科急腹症小组、天津中医学院中医研究班外科小组和天津市河东医院外科急腹症小组。各医院外科出两人作为协作组成员,多是我们那一期离职班的学员。协作组制定了相同的诊断标准、治疗原则和观察指标,在本市的几家医院同时进行临床研究。合作研究由我做总牵头人,总医院、一中心和二中心三家医院的急腹症患者很多,在短期内完成一定数量的临床观察是可能的。第一轮研究选择了急性肠梗阻、急性胃溃疡穿孔和急性阑尾炎,根据共同制定的诊断标准、观察指标、手术指证等条件,同时启动临床研究,以三个月为一期,各组将资料进行初步分析和汇总,然后交到我这里,如遇到问题及时纠正或调整。在开始合作研究之前, 了解到大连医学院曾开展过中西医结合治疗急腹症的工作,我们就组团乘船前去取经了解情况。总医院方面有虞颂庭主任和我,二中心医院有院长和罗连城大夫。虽然我们到那里时他们的工作"高潮"已经消退,但还是了解到一些情况。大约在一年内,总共用中西医结合治疗了各种急腹症几百例,我和许树朴负责最后分析和总结,再由我执笔撰写论文投出。许树朴虽然年轻,但临床工作积极负责,文笔也不错,在工作中出了不少力。

从 1960 年开始,协作组认真按照制定的研究思路和计划开始了对几种具有代表性的急腹症进行了中西医结合治疗的摸索,希望获得疗效、积累经验,进而开展理论探索。首先,对 100 例急性肠梗阻患者进行了中西医结合综合治疗,其中 35 例采用了手术治疗,其余 65 例采用了非手术综合疗法治愈。通过对这 100 例急性肠梗阻的临床研究,我们归纳出中西医结合治疗的"四定"原则:一是定证型,在以西医明确诊断的基础上,根据中医的"八纲归类"将患者分为虚寒、虚热、寒实和毒热四个证型,为使用中医"下法"治疗提供依据;二是定病因病位,使用西医方法确定梗阻部位和病因;三是定可逆性及可复性,即对病程发展的观察和掌控;四是定标本缓急,即发现主要矛盾,根据病情的轻重缓急,决定治疗原则和步骤。该研究使我们认识到"综合治疗的非手术疗法简单易行，比单纯的西医保守疗法见效快，比手术疗法痛苦小，不仅能更好更快地治愈过去保守疗法所能治好的病例，也能治愈一部分过去认为必须手术的病例。以中药及针灸为主的非手术综合疗法，不但在形式上与现代医学的保守疗法不同，在指导思想上也有一定差别。它的主要特点是以积极主动的调节代替消极等待，以因人而异代替一般化的处理"。而"我们之所以敢于大胆运用下法和针灸，也和配合了现代医学的检查方法及治疗方法分不开，这个初步经验证明了中西医结合的优越性"。[《中西医结合治疗急性肠梗阻的初步报告》《中华外科杂志》（1961.7：497–499）]

　　几乎在同一时间，我们还对 84 例溃疡病穿孔的中西医结合治疗进行了临床观察和疗效分析，其中 74 例以非手术综合疗法治愈。在该研究中，仍是以西医诊断为基础，对症状与体征、并发症、死亡率及病死原因等进行了认真分析；在病机转化方面，则依据祖国医学理论进行了局部症状与整体反应之间相互关系和转化的分析，获得了病理变化与临床表现之间相互关系以"中西医结合"理论的解读，在我们所写的《中西医结合治疗溃疡病穿孔初步报告》中特别指出："综合疗法中的非手术治疗，不是消极地等待穿孔自行愈合，而是采取各种中西医的有效措施，根据三个时期的不同特点，辨证论治，标本兼顾，局部与整体并重，积极促进患者恢复健康。综合疗法大大缩小了手术的适应范围，使 90% 左右的患者免除了手术痛苦和手术后的并发症"；"中药不但在早期对促进患者恢复有着一定的作用，同时又是调理脾胃功能的治本措施，在综合治疗中占相当重要地位。"[《中华外科杂志》（1961.7：499–513）]

　　中医的"治法"不同于西医的"治疗方法"，对于西医来说，中医的"法"有些抽象和笼统，对"法"进行研究，是我们这些"西学中"入门的另一个切入点。"下法"是中医八法之一，是"避邪的捷法"，广泛用于对各类不同疾病的治疗。我们就"下法"在现代外科综合治疗中的应用进行的临

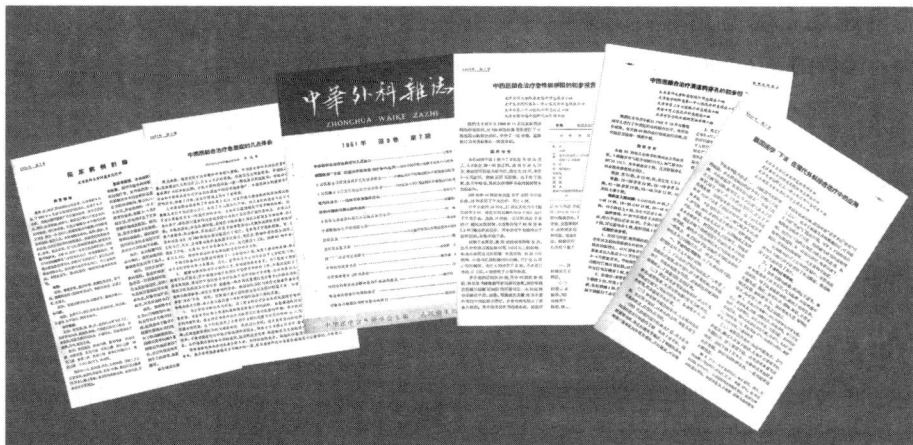

1961 年在《中华外科杂志》上发表的部分论文

床研究,学习和揣摩"下法"理论,以期对中医"下法"理论进一步理解,对其疗效得以证实。这部分工作涉及四类疾病的 6 个病例:急性化脓性感染中的背痛;腹腔急性炎症中的急性胰腺炎;溃疡病急性穿孔和全腹膜炎;急性肠梗阻中的粘连性肠梗阻;腹股沟嵌顿疝后肠穿孔及腹膜炎;胸部外伤。按西医诊断标准,这是六种截然不同的疾病,而我们在中西医结合治疗中通过"辨证论治",采用"下实""下热"和"下血"三法治疗,均获得显著疗效。我们体会到"现代医学对腹腔器官急性炎症及梗阻性疾患的治疗,基本上是以'静'为指导思想,除进行一些病因治疗(如抗生素的应用)外,大都是围绕着减少蠕动、减少分泌及排泄等方面来进行。与之相反,下法则基本上是以'动'为指导思想,立法处方的原则大都是围绕着增加蠕动、增加分泌及排泄等方面来进行。"[《祖国医学"下法"在现代外科综合治疗中的应用》,刊《中华外科杂志》(1961.7:491–493)]

加强理论研究

中西医结合急腹症协作组的工作进展顺利而高效,1961 年春夏相交的时候,我们已经完成了"下法"应用、溃疡病穿孔和急性肠梗阻三组

率,中西医结合治疗急腹症的显著疗效超出我们对总目标的预期,证明祖国医学确实是伟大宝库,也使我增强了在中西医结合这条路上走下去的决心。同时,也清楚地认识到,要在这条路上走下去,必须建立起中西医结合的理论体系,没有理论作为基础,中西医结合事业难以长久和深入发展。因此,以已经获得的研究结果和心得体会为基础,尝试对中西医结合治疗急腹症进行理论提炼,并通过进一步的临床实践和研究积累逐步建立起理论体系。在这方面,我首先对急腹症的辨证论治进行了理论性探讨,撰写了论文《急腹症辨证论治的几个问题》,发表在《中医杂志》(1962.9:5)上,包括六腑以通为用的指导意义、辨证纲领的选择与诊断标准、八法的具体运用、治疗中的标本缓急、药味剂量与服法以及中药与手术疗法的配合。这篇文章应该是建立中西医结合理论体系的"开山之作",希望能够对这一全新领域的开拓与发展起到作用。

从 1960—1961 年间我主持的几组临床研究,都是以现代医学诊断技术为基础,对中医理论、辨证和疗效进行观察和验证,研究的科学性、结果的可靠性和讨论的客观性均被广泛接受。几篇文章发表后反响极大,受到各方重视,中西医结合治疗急腹症在全国范围内迅速打开局面,中华外科等杂志派人专程来津征稿,取经交流者络绎不绝,影响之大有些出乎我的预料,这个良好的开端大大增强了我们将这一事业做好做实的信心。

我认为,走中西医结合之路并不意味着丢掉西医,坚持二者"齐头并进"才是我的追求。故我在西医外科专业方面从来没有松懈过,特别是我对发病机制和外科领域的新进展一直在关注和把握,绝不能出现"取宝不成反丢刀"的情形。例如,我对那些年肠梗阻病理生理的最新进展进行了归纳和总结,并写成综述《近年来关于肠梗阻病理生理的一些研究》,发表在《天津医药》(1963.5–6:361)上。

我与南开医院的不解之缘

在全国掀起西医学中医的热潮后，学中医的培训班陆续办了不少，"毕业"的学员累计起来至少有两三千人，但经过几年后评估效果似乎不尽如人意。因此，有人对中西医结合的大方向表示怀疑，但较多的人认为主要原因是西医学中医的人"毕业"后分散于各处，"孤掌难鸣"，无法开展工作。因此，出现了应该建立中西医结合"实验基地"，集中使用这些"西学中"人才的呼声。天津市南开医院闻风而动，开始积极吸引"西学中"人才和有志于中西医结合事业或愿意到南开医院工作的医生，天津市卫生局对他们的做法也给予了积极支持。至1963年，与我同期的离职班同学李忠琪、郑显理、罗连城等加入南开医院，另外还有其他一些"西学中"和非"西学中"医生，共约30名医疗骨干汇聚到南开医院，专业涵盖了外科、内科、妇科、五官科和皮肤科，使南开医院的专业技术骨干队伍实力有了明显增强。为使南开医院成为名副其实的"天津市中西医结合研究基地"，还成立了由院内外专家组成的南开医院"中西医结合科研委员会"，由王勃东副院长为主任，聘请院内外专家为委员会委员。于是，侯尽义、贺骥侪和我被聘为委员会副主任，朱广居、张志诚、王秀梅、王鸿烈、李忠琪、赵恩俭、边天羽、李定邦等近20人被聘为委员。与此同时，南开医院从原有和新调入的人员中抽调了一批医生离职去学习中医，其中有周中杰、郝同声、张秋云、侯秀英和卢良弼等十几人。

在我于1952年做总医院外科主治医师不久，就开始与南开医院结了"缘"。那时南开医院是新建院，根据市卫生局的要求，规模大、水平高的医院要对弱小或新建医院实行"帮扶"。于是我就成了南开医院外科的顾问，帮助该院提高外科诊疗水平。

南开医院的前身是中国人民解放军华北军区后勤部军需生产部的天津职工医院，是接收的国民党联勤总司令部平津被服总厂天津员工疗

1963年,天津市卫生局抽调了27名西医学中医骨干医生到南开医院建设全国首家中西医结合临床基地。此为20世纪70年代末当年部分老同志合影

养院。这家疗养院刚建好还没用天津就解放了,被解放军华北军区后勤部接收,没过多久就转给了天津市卫生局,成为南开医院。在我记忆中,国民党这家被服厂的职工医院或门诊部原在鞍山桥附近的鞍山道128号,离我家住的地方不远。门诊部有位医生是我"南满医大"的学长,比我高两或三个年级,他个子很高,喜欢体育,酷爱篮球,且生性好斗,在球场上常与人争吵,是医大的活跃分子,但他的姓名我记不清了。我那时经常看见他骑着一辆自行车在鞍山道、总医院及他所在的门诊部附近出入,有时就是在转圈圈,似乎总是闲着,由此可见这家门诊部就诊的患者是很少的。后来这家国民党被服厂在南开三纬路盖了新医院(疗养院),门诊部搬走后改做中央医院的女大夫宿舍。南开医院的院址有这么段历史。

南开医院开业初期人才极其匮乏,仅妇产科有一名主任,是资深的主治医师王秀梅大夫,她毕业于日本女子大学医学院,具有一定的业务水平,可以解决南开医院妇产科绝大多数业务所需。其他科室基本没有科主任,暂时任命的科室负责人很少有能达到主治医师水平的。据说外科请了一位"小河沿"毕业的李姓医师,来后发现病房、手术室处处"缺东少西",

听说还发生过做胃切除手术，上了台打开腹腔后又关上了的情况，因为针、线等用品都不合格而狼狈下台，所以他只来了几次就不再来了。内科也曾请了一位留德的医师，同样因为难以发挥业务专长，没能留住而一走了之。我来南开医院外科做顾问时，负责人先是丁银之，何宝山似乎也管过一段，还有侯秀英大夫，她原先是总医院妇产科护士，经过护转医培训后来南开医院外科当医生。他们都很年轻，多数没有在大医院受过正规训练，更缺乏临床经验，只能做一些小手术，南开医院的"阑尾大院"或许因此而得名，可谓起步艰难。在不短的一段时间里，我经常去南开医院，带他们查房、看门诊、处理复杂些的临床问题，稍微复杂点的手术都是我带他们做的。另外，南开医院外科的医生绝大多数都在总医院外科进修过，如陈平、高树仁及何宝山等，所以我对南开医院还是比较熟悉的，可以说在中西医结合时代开启前，我即与南开医院结下了不解之缘。

1961年，在我们开始中西医结合治疗急腹症的临床实践不久，南开医院的王勃东副院长对中西医结合表现出极大的兴趣，所以南开医院也加入了我们合作研究的行列。这位王勃东副院长是个有些"来头"的人物，曾任南京军区后勤部卫生部部长，因冤案被下放到解放军华北军区后勤部军需生产部职工医院降职使用。他职务虽然被贬，但水平和眼界没有被"贬"，他敏锐地感到中西医结合是有前景的事业，也是提高南开医院水平的契机。因此积极表态支持中西医结合事业，并向天津市卫生局提出欢迎"西学中"医生来南开医院工作，并对我"西学中"的选择也非常看好，极力说服我来南开医院牵头开展中西医结合工作。那时，南开医院已经发展到一定的规模，有300张病床，员工500余人。1962年下半年，王勃东副院长决定从南开医院外科的70张病床中分出30张，用于开展中西医结合治疗急腹症的临床尝试，并正式邀请我指导这方面的工作。同年11月，天津市卫生局决定在南开医院筹建"天津市中西医结合研究基地"，并聘请了一大批中西医专家来南开医院指导工作。

吴咸中在南开医院向前来参观同行介绍中西医治疗急腹症情况

至 1963 年，我们在中西医结合治疗急腹症方面所取得的初步成果以及南开医院成为天津市中西医结合研究基地受到了各方面的关注，除在短时间内发表了多篇具有影响力的学术论文外，也应邀在中华外科学会年会上做了报告。同时，受卫生部委托，我们承担了"国家医药研究发展十年规划"项目所包括的中西医结合治疗流感、急腹症、脉学的研究等课题；在医院内成立了急腹症、疮疡、慢性腹泻、哮喘、皮肤病、妇产科疾病、耳鼻喉科疾病等临床研究小组，探索中西医结合治疗工作全面展开。《健康报》也报道了南开医院试点工作的成绩，交流取经的也络绎不绝。1963 年 12 月，由市卫生局中医处王懿章处长带队，我、李定邦、边天羽、熊正明和田坤厚等一行赴卫生部汇报中西医结合工作的开展情况，卫生部副部长郭子化①、中医司司长吕炳奎对南开医院在中西医结合方面取

---

① 郭子化(1895—1975)，江苏邳县人。1919 年参与响应北京五四运动的学生爱国运动，被推选为徐州学生联合会会长。1926 年加入中国共产党，参加了北伐战争。1948 年济南解放后，任济南特别市市长。1949 年起，先后任中共中央山东分局委员兼统战部部长、山东省人民政府副主席、代理主席等。1955 年后，任国务院卫生部部长助理、卫生部副部长等职。

得的成绩给予充分肯定,并指出:"南开医院的主要任务是贯彻党的中医政策,研究祖国医学遗产,创造新医药学派,要同时做好临床和实验研究。"建议在全国至少建立6家中医或中西医结合研究机构,南开医院被卫生部确定为全国第一个中西医结合临床研究基地。

1964年6月,刚到天津工作不久的胡昭衡市长也来到南开医院视察,并勉励医护人员"搞中医工作要有决心,要坚持下去,不但要开花,更要结果"。同年11月下旬到12月下旬,卫生部郭子化副部长及吕炳奎司长曾带队来天津南开医院"蹲点",调查天津中西医结合工作情况,目的是为建立中西医结合临床基地及研究所做好准备。故这次调查的面较广,考虑的问题也比较深。调查期间还用了两个半天的时间听取了已集中到位的"西学中"医生们的意见。因为他们是实际实践者,故对他们所反映的问题更加重视。经过深入调查,在综合分析各方面的情况和意见后,几位领导从集中使用"西学中"的成绩、存在问题及今后改进意见三方面提出中肯的意见建议,总的看法认为集中使用"西学中"医生的方法是可行的,但存在的问题与困难也不少,值得有关领导认真关注及妥善给予解决。具体提出四点需要加以研究改进的意见:

1.医院领导对开展中西医结合工作应有明晰的思路,如为什么要集中使用"西学中"医生?如何为集中的"西学中"医生创造必要的工作条件并形成合力?

2."西学中"医生虽然集中在一起了,但由于来自不同单位,没有合作的经历,还需要加强协调与合作,否则还难于解决难题。

3."西学中"医生应勤于思考,不能想法少报怨多,且"群龙无首""各自为政"。

4.要解决业务骨干之间不团结、不互相配合问题,以及新、老员工之间和新调入人员之间如何加强团结的问题。

基于上述情况,卫生部工作组和天津市卫生局领导都认为必须尽快做出调整,否则集中起来的"西学中"医生将一事无成,中西医结合基地也不可能建立起来。郭子化副部长在听取了各方汇报后得出结论,认为南开医院的核心问题是"群龙无首",无论是中西医结合事业的推进还是医院的发展,都缺乏带头人,必须尽快解决,他特别提出"一定要让吴咸中扛起中西医结合的大旗",具体的解决办法就是将我调到南开医院任院长。其实,王勃东院长和天津市卫生局早有调我到南开医院的想法,但总医院和天津医学院方面都不同意,且态度十分坚决,据说朱宪彝校长表示:"为开展中西医结合调吴咸中去南开医院不是理由,在总医院他也可以开展,我们全力支持他。"这次则不同了,出于对中西医结合事业的扶持和支持,郭部长态度非常坚决,他在工作组调研返京后继续留在了天津,亲自做各方面的工作,并表示吴咸中调入南开医院的问题不解决,绝不回北京!郭是1926年入党的老革命,天津市委的领导们都非常尊重他,在他坚持不懈的努力下,天津市委派文教部部长王金鼎具体协调操办,天津医学院和总医院只得同意放我。1964年年底,我离开了引我入门、育我成长的天津医学院附属医院,调到天津市南开医院担任院长兼外科主任,开启我了走中西医结合道路的新篇章。

20世纪70年代中期吴咸中接待朝鲜医学代表团时合影

第十一章

南开医院的"黄金两年"

重任在肩

1964 年 12 月,我离开了天津医学院附属医院,走上了新的工作岗位——天津中西医结合研究基地南开医院院长兼外科主任。

离开天津医学院附属医院前,医学院主持日常工作的一位副院长按组织程序找我谈话,整个过程不到十分钟,但成为我事业上的一个转折点,从此我踏上了一个新的征程。说心里话,当时我的心情十分复杂,甚至可以说充满矛盾。因为我对总医院充满了深厚的感情,它哺育了我 17 年,在较短的时间里使我从一个实习医生成为一名外科副主任,并成为中国共产党党员,这充分说明了院领导和组织上对我的培养和重视,我心中对医学院也充满着感激之情。我将走进的新医院是一所规模很小、设备简陋、在本市尚默默无闻的区级医院,心中也难免惴惴不安。我正是怀着这种感激、留恋与依依不舍的心情,为推进中西医结合事业,惜别了总医院优越的工作条件和熟悉的环境,走进了一个可以在中西医结合方面大显身手的新阵地,心中既有惋惜但更有激情与期待。

从外科副主任转为院长兼外科主任，是一次极大的跨越，工作性质完全变了。虽然南开医院规模比总医院小许多，但麻雀虽小五脏俱全，从业务到行政我都要一一过问并亲力亲为。此前我曾担任该院顾问多年，深知要想将这个基础薄弱的医院建成一个先进的中西医结合医院，绝非是一件容易的事情，面临着几大必须克服的困难：其一，该院是一家从被服厂职工医院改建而来的区级医院，底子薄、基础差，几乎要从零做起；其二，医、护、技及管理人员缺乏正统的医疗理念熏陶和大医院规范管理训练，基本素质有待提高；其三，各科室缺乏专业骨干，高水平的医护人员少之又少；其四，要建设中西医结合研究基地，需要调入大量"西学中"医生和其他骨干，这对于南开医院的发展至关重要，但要使来自不同背景、不同单位的人才彼此接受、相互融合，也是一项艰巨的、长期的工作。所以我的"履新"首先要从解决面临的这四大难题开始。

另外，自 1964 年以来，"搞运动式"的中西医结合大潮已经开始消退进入低谷。卫生部主管中医工作的领导们已经认识到，由于"西学中"医生分散在各院各科，不但难以有所作为，而且有可能将刚刚学到的中医技能和理论逐渐荒废掉，重新回到西医的老路上去。于是他们到处奔走呼吁，希望在全国建立几所中西医结合基地，以便培养队伍，积蓄力量，探索经验，取得成绩后再逐步推广。而南开医院是全国建立的第一家试验性"基地"，更承载着巨大的重任和压力。我正是在这种大背景下"临危受命"的，深知卫生部对我的信任和期待。因此，我必须鼓起勇气，顶着压力，承担重任，以"背水一战"的决心，为中国的中西医结合事业开辟出一条道路。

重塑南开医院

南开医院的建设目标是建立中西医结合研究基地，如果医院的整体实力达不到既定目标，将难以支撑研究基地的建设。所幸的是，该院新住院楼已于 1961 年 10 月投入使用，医院总面积可达到 11000 平方米，可设置床位 300 余张，基本可以支持研究基地起步和初期发展的需要。我上任后即从硬件和软件两方面进行建设，解决临床急需的必要检验仪器和科研设备，以及保证医疗、科研需要的高水平医生队伍。为此，在各级领导的支持帮助下，为尽快开展中西医结合工作，建设好中西医结合基地，我们在总结建立临床基地以来经验的基础上，制定了较长远的发展规划，提交了适当增加基建、改善设备条件及建立初步研究队伍的报告。同时，我们四处奔走，获得了卫生局的资金支持，添置了一些放射检查设备、心电图机和简单的科研仪器设备，改善了工作条件，使医院状况初步得到改善。

　　在医生队伍建设方面，南开医院于 1962—1963 年间集中调进了一大批以"西学中"医生为主的专业技术骨干：外科方面，除我本人外，有罗连城、李忠琪、郑显理，他们都与我是第二期离职班的同学。罗连城原先在第二中心医院工作，郑显理是第四医院的，李忠琪曾在日本留学，年资较高，原先在公安医院工作，在学习期间我们即一起开始尝试中西医结合治疗急腹症，为同一目标走到了一起。再加上鲁焕章、毛会亭、陈平、何宝山及高树仁等人，形成了南开医院外科的人才梯队。内科方面，王鸿烈是第一期离职班的毕业生，周约伯、原希偓和熊正明是我的第二期同学，加上周大业，使内科的心血管、呼吸和消化方面都有了带头人。皮肤科方面，边天羽和俞希纯是第二期离职班同学，吴之伍是山东中医学院毕业的中西医结合中医皮肤科医生。中医科方面，有从总医院调来的赵恩俭和李维骆，还有李力。1964 年 7 月，我们从天津市第一医院接收了痔瘘科，设立了中医外科研究小组，王兆铭和李竞分别为正副组长，后者是我的离职班同学。放射科方面，李定邦也是我离职班的同学。

　　另外，1963 年秋，天津开办了第三期西医离职学中医班，南开医院有多位医生参加，如外科的丁银之、卢良弼、侯秀英和涂纪耀；内科的周中

125

20 世纪 70 年代后期，吴咸中接待日本神户中医交流代表团时合影

杰、常季云和刘迎春等，这样一来，南开医院众多的"西学中"和中医医生在中西医结合方面形成了一定的态势；而外科、内科和皮肤科在天津市的医院中已处于中上等水平。经过这一番调整提升后，与过去的南开医院相比，可以说发生了重大的变化。

随着医院各项工作逐步走上正轨，中西医结合的实验研究也被提上日程。马小丽毕业于北京医学院，她原被培养为做教学和基础研究的专修生，作为中西医结合实验研究的技术骨干而来到南开医院；稍后，又有与她背景相同的赵连根也入职南开医院；还引进了从事药理和药物研究的吴孝先，从而形成了实力不俗的实验研究团队。但说也惭愧，南开医院中西医结合实验室中有一间实验室，居然是医院原先的"太平间"，那时医院房屋紧张，实在腾不出"出身"好些的房间用于中西医结合实验研究，但大家就是凭着一股令人敬佩的艰苦奋斗精神，使中西医结合从临床实践走向了实验研究。

凡事"有一利必有一弊"，这是唯物辩证论"一分为二"的法则，无时无处不在，南开医院也不例外。特别是短时间内聚集了大量人才，都是既想做事、又能做事的"青年才俊"，大家来自"五湖四海"，背景各异，新老员工之间、老员工之间以及新员工之间出现矛盾也是在所难免的。有限的床位、有限的空间、有限的临床资源,使个人发展和专业上升空间面临着激烈竞争,怎可能万众一心、志同道合?而协调这些人与人之间的关系,是院长必须做的,这给我带来了很多的烦恼,然而烦恼也要做,学着做吧!争取不影响工作大局是基本目标,但有时真的难以做到。

中西医结合的新起点

南开医院作为全国第一个中西医结合研究基地,为制订一个整体的中长期发展规划,初始期确定了三个研究方向:中西医结合临床和实验研究、祖国医学理论探讨、现代医学诊断技术研究。各科室或学科根据专业骨干的专长、兴趣和临床需求可以按这个总目标进一步细分,经过大家深入研究,总共列出 40 余项具体的科研课题。即使现在看,当时的整体规划体现了中西医结合、传统中医和西医"三驾马车"齐头并进、共同进步的雏形,还是有一定高度的。

外科提出的课题是在中西医结合治疗急腹症方面,用 3~5 年时间在中西医结合领域内确立中西医结合急腹症治疗与研究领先地位的发展目标;同时,着手建立研究实验室,以支持中西医结合治疗急腹症的机制研究和理论探索。采取以急腹症单病为突破口,以先易后难、逐步扩展的策略稳健推进;选择急性阑尾炎、溃疡病急性穿孔、急性肠梗阻为进一步探索的对象,获得一定经验积累后,向更为困难的急性胰腺炎、急性胆系感染、胆道蛔虫症等推进,实现对六大急腹症的临床实践和研究,这样中西医结合治疗急腹症也就名副其实了。进而,通过对中西医结合的疗效和药效的实验研究和机制探索,为创建中西医结合的新理论、新体系奠定基础。

外科在 1961—1962 年进行的急性肠梗阻、胃溃疡急性穿孔和急性阑尾炎的中西医结合治疗,是我们初步的尝试,证明了中西医结合综合治疗可以降低这些疾病的手术率,达到了中西医结合治疗的基本目的,也证明了辨证论治和中医中药在急腹症的诊治中是实用和有效的。在此基础上,对急性肠梗阻和溃疡病急性穿孔进行了更多的病例、更深入的辨证、更明确的治法和药物疗效等的研究,为胃肠急腹症中西医结合的进一步研究积累了更多的临床经验和初步的机理认知,相关论文《中医中药治疗急性肠梗阻180例经验总结》发表在《天津医药》(1965.7:775;779)上。

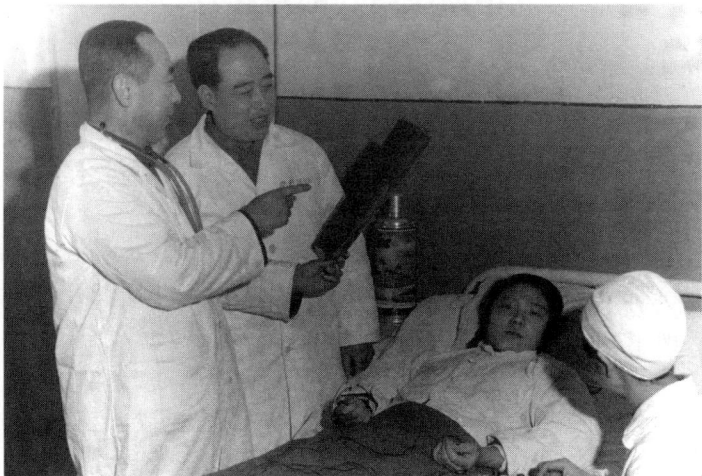

吴咸中与赵恩俭医生在查看中西医结合治疗患者病情

对胆胰急腹症的中西医结合治疗,是我们第二个梯次的尝试,由于这类疾病多属于急腹症中诊治更困难的疾病,必须持审慎的态度。南开医院1961—1964年对收治的300例急性胰腺炎患者进行了中西医综合治疗,获得了较为满意的疗效,相关成果《中西医结合治疗急性胰腺炎300例总结》发表在《中医杂志》(1965.7:12)上。同期,对144例胆道蛔虫病患者进行的中西医结合综合治疗,全部治愈,仅14例实施了手术,无一例死亡,获得了满意的疗效,研究论文《中医中药治疗胆道蛔虫病144例经验总结》发表在《天津医药》(1965.10:783)上。对于70例急性胆囊炎的中西医结合治疗,治愈率为44.3%,有效率是85.7%,保守治疗失败率仅为14.3%,结果令人满意,相关成果《中西医结合治疗急性胆囊炎70

例的初步报告》发表在《天津医药》(1965.10:786)上。

我认为,搞好中西医结合一定要在理论层面下足功夫,否则不可能走向深入和持久。因此,适时将临床实践中获得的结果和体会进行总结,争取形成理论上的理解和认识。于是在完成了上述几项临床观察后,我撰写了题为"急腹症辨证论治的几个问题"的文章,发表于《中医杂志》(1962.9: 5),以及《急腹症辨证论治的进一步探讨》,发表于《天津医药》(1965.7:772),我在这两篇文章中对中西医结合理论进行了探讨。

回顾从 1960 年秋我结合离职班的实习,与几位志同道合的同学选中了急腹症,开始对中西医结合的最初探索,到 1964 年年底我调到南开医院开始有一定规模、有组织、有目标地开展中西结合治疗,再到 1965 年年底完成了中西医结合治疗急腹症的初期探索,主要取得了以下几个方面的进展和收获:

1.通过逐个对病例的具体分析,在中医辨证一般原则指导下,形成了对急腹症病人具体的辨证原则与方法,再与西医诊断相结合,提出了中西医结合的分期分型方法,初步形成了辨病与辨证相结合的诊断体系。

2.根据急腹症病人发病急、变化快、病理损害程度轻重不同的特点,注意手术与非手术适应症的划分,制定了非手术治疗中"中转手术"的指标,既提高了非手术率,又保证了中西医结合治疗的安全性、有效性和可靠性。

3.在中医中药的运用中,较快地从一方一剂的临床应用转向符合中医理论体系的辨证论治,总结出"急腹症八法",对常见病种都提出了新的方剂,对于剂量与服法也根据各急腹症特点做出针对性改进。

4.在注重实践经验积累的同时,重视理论与规律的探讨,博采中医理论学说之长,并进行了科学概括和理论探索。

5.在简陋的条件下开始了初步实验研究和剂型改革,研究论文的发表,在全国揭开了中医药理论实验研究的序幕。

通过几年的努力，特别是连续发表多篇学术论文后，我们在中西医结合领域的工作受到广泛关注和认可，南开医院这个中西医结合研究基地也逐渐为人所知并产生影响。1965年，中西医结合治疗急腹症小组总结的"急性阑尾炎穿孔性腹膜炎100例的中西医结合治疗"的科研成果，通过了天津市科委的成果鉴定。

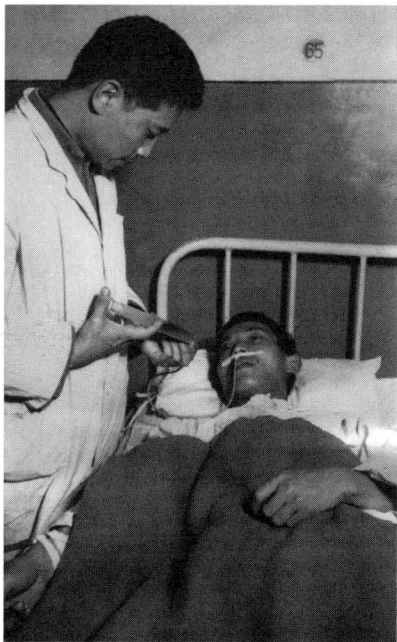

南开医院医生在简陋条件下用鼻饲方法为急腹症术后病人注入中药

1965年6月，向新成立的国家科委中医药工作组汇报了我们的初期探索的结果和体会，得到国家科委和卫生部领导的高度评价。会后随即在天津召开了全国中医中药治疗急腹症研究工作座谈会，会议肯定了中西医结合治疗急腹症的效果并制定了中西医结合治疗急腹症方案。

另外，1965年9月，受卫生部委托，在南开医院召开了中西医结合治疗冠状动脉粥样硬化型心脏病学术交流会，参与该课题的单位，包括中国医学科学院、北京阜外医院、中医研究院和西苑医院等。1966年春天，卫生部组织医学代表团访问巴基斯坦，中医研究院鲁之俊院长为领队，中西医结合治疗急腹症的临床实践和研究成果首次"亮相"于国际学术讲坛，让世界第一次认识了中西医结合新概念。

"文革"的蹉跎岁月

1966年3月，我作为中国医学代表团成员随团访问了巴基斯坦，参访了几个城市，做了学术报告，介绍中西医结合的工作，这是我第一次学

1966 年 3 月，吴咸中（左一）随中国医学代表团出访巴基斯坦

术性出访，留下美好的记忆。通过交流参观，我更感到中西医结合事业大
有可为，暗下决心，回国后要大干一场。然而，回国后政治形势发生了很
大变化：先是报纸、广播出现了对"海瑞罢官"的批判，随后又有对北京几
个文人邓拓、吴晗、廖沫沙等进行了无情的批判。以前经历过几次政治运
动了，开始有些"见怪不怪"，认为很快就会过去，所以没太往心里去。但
后来的政治气氛越发沉重了，开始对北京市委等一些领导人进行"上纲
上线"的批判，我对此感到困惑，不知发生了什么。1966 年 5 月 4 日，中央
开了会并于 16 日发了"五一六通知"，吹响了开展"文革"的"战斗号角"，
全国的政治形势和人民生活都随之发生了变化。随后，"红卫兵"横空出
世，"造反派"也"天马行空"，批斗、抄家、打砸抢比比皆是，整个国家陷入
动荡，各单位领导相继"靠边站"，工作生产处于半瘫痪状态，我对此开始
有些茫然不解了。在那种大环境下，院领导们即使没有"靠边站"，也不敢
认真管理，我虽名为院长，但只能将主要精力放在医疗方面，履行好医生

的职责。医院的运行主要靠医务工作者的良心和责任感。在那种混乱的状态下,南开医院和外科没有出现重大医疗事故,真值得庆幸。

那时南开医院中西医结合的临床观察和实验室研究基本上停了下来,中西医结合研究基地建设也受到影响。另外,天津的第三期"西医离职学习中医班"于1963年开学,应该于1966年结业,他们虽然基本完成了课程和实习内容,但没能办理毕业手续和举行毕业典礼,就各自回到所属医院工作了。大约在1966年早些时候,全国仍处在"革命大串联"时期,北京中医学院举办了中西医结合学术交流会,全国不少"西学中"医生参加。北京的活动结束后,部分会议代表借"大串联东风"来天津南开医院"传经送宝",当然要包括在中西医结合研究基地参观交流,我还作了学术报告,介绍中西医结合治疗急腹症的情况。也是在那段时间,卫生部中医司司长吕炳奎和北京铁路医院院长李奕在南开医院逗留了两日,了解我们的工作。李院长在新中国成立初期曾担任天津市卫生局副局长,我们早就认识,他也热心中西医结合事业。南开医院的"西学中"医生和第三期"西医离职学习中医班"的大部分学员也都参加了这次活动。当时在那样的环境下还有不少人仍坚持中西医结合事业,还能够举办并参加这样的学术活动,我很受鼓舞。但万万没有想到,却为后来的"无妄之灾"留下了"祸根"。

丽蓉是第三期的学员,也参加了这次活动。她从20世纪50年代初开始做医生工作,大约在1957年左右对中医表现出特别的兴趣,也是走上中西医结合道路的开始。当时西医防治妇科病办法不多,需要广开门路。为此,她先师从于大直沽门诊部老中医孙恩祺老先生,从中西医结合治疗阴道毛滴虫干起。孙老先生在当时的天津名气很大,有"小儿孙"雅号,实际上他在中医妇科方面也有"绝活",有很大的患者群,是位疗效过硬的中医。幸运的是,当时中心妇产科医院的翟一院长是位政策水平很高的老干部,对中医工作很支持,1958年聘请孙老先生正式来中心妇产科医院"坐诊",丽蓉在他门下"学艺"多年。孙老先生也将自己的药缸、药柜等用品全部无偿捐献给医院。由于疗效显著,中心妇产科医院中医门诊的病人越来越多,为满足需求,开诊当年加设了针灸床位 10 张,病人持续增加,为该院的中西医结合工作奠定了基础。

1963 年,丽蓉参加了第三期"西医离职学习中医班",在中西医结合方面更进了一步,这是她医疗事业的重要里程碑。那时她工作非常努力,经常参加医疗队下基层、去农村,防治不同妇科常见病,逐步形成中西医结合妇科的特色,积累起规模不小的患者群,也赢得了口碑。1970 年,中心妇产科医院从肿瘤妇科分出 20 张病床,收治子宫颈癌病人,丽蓉任该科主任,以中药内服、外用之法进行中西医结合治疗。1973 年,中西医结合病房移至普通妇科,床位增加至 24 张;同时,在病种方面形成了宫血、痛经、不孕不育、习惯性流产及更年期综合征等中西医结合治疗系列,住院患者和门诊病人都获得了很好的疗效,丽蓉以显著的临床疗效证明了她的成功。

1967 年"文革"高潮中,各地一些文艺界的造反派联合在一起,以纪念延安文艺座谈会召开 25 周年为名,在天津召开了全国工农兵文艺战士座谈会,其实是很一般性的纪念活动,但被江青、陈伯达等人说成这个会议是"阴谋篡夺文艺界领导权的黑会",后面有黑手,就是天津的作家方纪[①]和孙振[②]。1968 年 2 月,"四人帮"将这个会议定性为"文艺界黑会",

---

① 方纪,现当代著名作家,河北省辛集市(原束鹿县)人,原名冯骥。1919 年生于河北省束鹿县。1935 年在北京参加一二九学生运动。1936 年加入中国共产党。1942 年参加了延安文艺座谈会。新中国成立后任天津市文化局局长、作协主席、文联党组书记、宣传部副部长等职。著作有十几部中长篇小说和诗歌集,散文代表作有《挥手之间》《三峡之秋》,这两篇作品被收录中小学课本中。《挥手之间》记录了 1945 年抗日战争胜利后,毛泽东赴重庆参加国共和平谈判这一重要的历史时刻。

② 孙振,河北献县人,1940 年参加革命工作,历任中共冀中八地委宣传部干事、《晋察冀日报》《人民日报》记者、中国文联办公室主任、中央音乐学院院长助理、天津市音乐学院党委书记、天津市文联党组副书记、天津市社会科学院文研所所长、天津政协委员。1958 年开始发表作品,1962 年加入中国作家协会,著有长篇小说《战斗的青春》《无住地带》等。

制造了一个涉及全国的大"冤案",很多与之无关的文艺界人士也都遭到打击和迫害。医务界在北京的造反派"闻风而动",文化界既然有"黑会",医务界自然也应该能够找出"黑会"、揪出"黑手"。于是他们将前一年在北京、天津两地举行的中西医结合会议定为医务界的"黑会",来南开医院交流是搞"反革命大串联",尽管吕炳奎和李弈两位领导与那次活动没有任何关系,仍然被生拉硬拽成为"黑手"。北京方面的造反派与南开医院和中心妇产科医院的造反派一拍即合,将我和丽蓉都扣上"黑干将"的帽子,将我们二人"黑掉了"。就这样,我们稀里糊涂地沦为"文革"对象,被实行了"无产阶级专政"。

1968年3月,南开医院成立革命委员会的当日,我住进了"革委会"领导下的"牛棚",成为"牛鬼蛇神"的一员。南开医院规模不大,建成时间不长,也没有多少"资产阶级反动权威",所以"牛棚"里的"牛鬼蛇神"不多,我进去时也就七八位,这几位也是因一些莫名其妙的罪名被关进来的。我的第一罪名是"医务界黑会的干将",进来后又增加了几项:作为南开医院院长,肯定是"走资本主义道路当权派";外科主任够上专家了,肯定是"反动学术权威";曾经在伪满洲国上大学,又与国民党有接触,肯定有"历史反革命"之嫌;家庭出身不好也是罪状。在南开医院的"牛鬼蛇神"中一比较,若论"罪大恶极",我应该挂"头牌"。

"牛棚"生活主要包括接受批斗、交代问题和劳动改造。批斗,可以是"系统性"的,伴随着"打倒吴咸中"的口号声,所有"罪行"一一列举,批你个"体无完肤"。交代问题很重要,要求毫无保留、认识深刻,我经常达不到要求,反反复复,没完没了。劳动改造不外乎打扫厕所、楼梯和过道,门窗也要保持光亮。另外,为了结束"资产阶级生活方式",工资扣发,每月仅领取25元的伙食费,为维持一家人的基本生活,还要给家里10元,留给我的只有15元。那段时间主要依靠丽蓉的工资养活一家人,她也住进"牛棚"了,由保姆照顾子女们。这是一段精神和经济都困难的日子。其实,对那种情形不满、良知未泯的人不少,以不同的方式表达同情、给予了物质或精神上的帮助。1969年春节前,我被放了出来,结束了11个月的"牛棚"生活,但被告知,问题要继续查下去,不许"乱说乱动、不要有侥幸心理"! 不久,丽蓉也得到释放,一家人总算又团聚了。

在我和丽蓉都被关进"牛棚"大约一年的时间里,家里几个孩子由保姆吴礼涛(孩子们叫她吴姨)照顾。那时尚彬仍在西安第四军医大学,家中孩子最年长的尚纯18岁,尚勤15岁,尚为13岁,尚全8岁,全家的生活几乎只靠丽蓉一人的工资维持。这是全家人在精神和生活上最困难的一段经历,不堪回首!

1968年,尚纯响应"上山下乡"号召,到内蒙古四子王旗插队落户,我和丽蓉都在"牛棚",中心妇产科医院准了丽蓉两小时假,得以到车站送行。老大尚彬毕业分配去向也因为我和丽蓉的"问题"被延后,她和一批"可教育好子女"在校待业数月后,于1968年9月被分配到大连警备区下属的要塞区海运大队服役。尚勤则于1970年响应号召,去了黑龙江建设兵团,庆幸的是她被留在团卫生队当卫生员,没有下到农业连干农活。所以一段时间只有尚为和尚全两个男孩子在家,一个上中学,一个上小学。1971年,尚为在中学被分配上了卫生学校,不经意地进入了医学领域。

1972年后,国家开始选送"工农兵学员"上大学,使知青们获得转机。1973年,天津医学院赴外地招生,那时虽然还没有"知青返城"的政策,但多数大学招生时本省市知青常被优先考虑,这也是"知青返城"的一种变通做法。尚纯下乡后凭借在家中的"耳濡目染",在村里当起了赤脚医生,受到贫下中农的欢迎;后来知青选调时她进了一家煤矿,在医务室工作。尚勤在建设兵团的团级卫生队工作了一段,黑龙江建设兵团总医院扩建时从基层抽调医护人员,她被选中,到兵团总医院做护理工作。由于她二人都属于老老实实工作的人,政治上也要求进步,同一年被天津医学院录取,结束了知青岁月,回天津学习医学,是那一年家中最大的喜事。

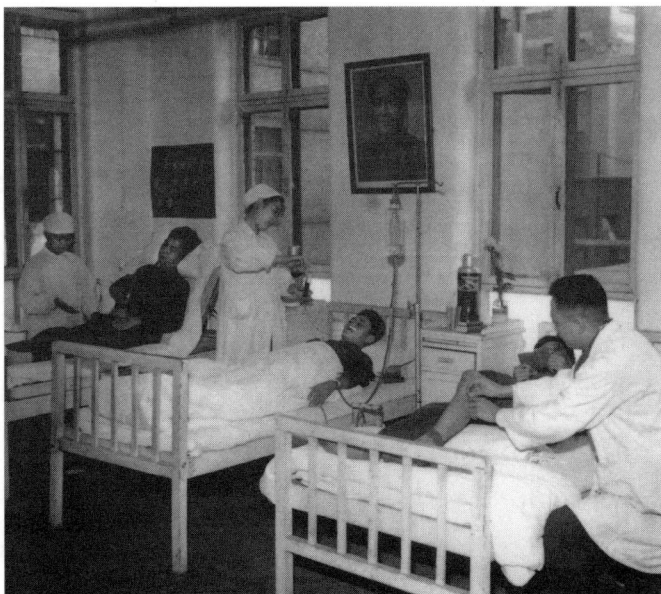

20 世纪 70 年代,南开医院采取针灸等多种方法治疗急腹症

　　尚彬在海运大队工作了一段时间后,来天津进修妇产科,希望在专业上得到较好发展。1978 年 9 月她转业到地方,在大连市妇产科医院工作,后来确实发展得很好。1971 年 12 月,她与四医大同学邓铁犁结婚,铁犁在大连警备区 210 医院外科工作,开始了他们的"成家立业",1975 年生下一个女儿,取名邓姗,我和丽蓉成为外公和外婆,真是时间飞逝。

　　1976 年,尚纯和尚勤从天津医学院毕业,分别被分配到塘沽医院妇产科和天津市第六医院内科,开始了她们的医疗事业。尚纯于 1975 年 3 月与她在内蒙古插队时同一集体户知青罗更前结婚,更前在天津港务局工作,他们在塘沽安了家。尚勤于 1979 年 8 月与在第六医院外科工作的同学郝明利结婚,建立了自己的家庭。

天津的"六二六"

　　1965 年 6 月 26 日,毛泽东接到卫生部关于农村医疗现状的报告:"中国现有 140 多万名卫生技术人员,70%在大城市,20%在县城,只有

10%在农村,医疗经费的使用农村只占25%,城市则占了75%。"毛泽东看后严厉批评了卫生部,发表了著名的"六二六"指示:"卫生部的工作只给全国人口的15%工作,而这15%中主要还是老爷,广大农民得不到医疗,一无医生、二无药;卫生部不是人民的卫生部,改成城市卫生部或城市老爷卫生部好了","把医疗卫生工作的重点放到农村去"。根据毛泽东的意见,卫生部党组于1965年9月3日向毛泽东和中共中央上报了《关于把卫生工作的重点转向农村的报告》,提出:"今后要做到经常保持三分之一的城市医疗卫生技术人员和行政人员在农村,大力加强农村卫生工作"。从此,开始了制度性的城市医务工作者下乡,建立"赤脚医生"①及合作医疗等,以解决广大农村"缺医少药"的问题。这就是医务界著名的"六二六"由来。

1968年9月10日,经毛泽东批示,《红旗》杂志刊登了题为"从'赤脚医生'的成长看医学教育革命的方向"的调查报告;同年12月5日,经毛泽东亲自批示,《人民日报》头版头条发表了《深受贫下中农欢迎的合作医疗制度》的调查报告,再次掀起"解决贫下中农看不起病、吃不起药难题"的热潮。1969年,天津市闻风而动,以独有的方式贯彻上述精神,"动员"了一大批医务人员到农村"安家落户",其中不少是资深专家,如总医院内科的郭仓、胸外科张天惠、普外李庆瑞、神经内科陈世畯等;还有几位非常有经验的护士长,都携家带口去宁夏的几个县、乡落户。天津市第三医院则"一窝端",整个医院迁至河北省涉县,支援天津的"小三线"建设。市里的其他大医院都有一定数量的医务工作者到不同的地区落户,也都是下放到县、乡一级的医院或卫生院,对天津的医疗资源造成极大冲击,而这些经验丰富的医务工作者和资深专家,在基层医疗机构很难

---

① 赤脚医生:是指有一定文化基础的公社社员,经过一定时间的培训,具有一定的医疗卫生知识和技能,成为半医半农的卫生员,为农民看病。1968年9月10日《红旗》杂志发表了题为"从'赤脚医生'的成长看医学教育革命的方向"的调查报告,"赤脚医生"正式得名。

充分发挥作用,回想起来这绝非明智举措。

南开医院动手稍晚,是在总医院等市级医疗机构的"六二六"人员多已举家离津后才开始动员的。那时我虽然已经出"牛棚"数月,但仍处于被"审查"的状态,"劳动改造"结束了,在外科做普通的医生,门诊、病房、手术和值夜班,"重温"住院医师"旧梦"。那时外科没有主任,指定了一位负责人,他原来在市卫生局所属的"防疫大队"一类的单位工作,建制取消后被分配到了南开医院,不知为何让他"领导"外科,不过在不可思议的时代,任何事情都可以"合理"的发生。在那样的状态中我已"心灰意冷",萌生了去意。于是就响应"六二六"号召,报名到"农村广阔天地为贫下中农服务"。很快,外科鲁焕章、郑显理、王兆铭、赵连根等一干人被"光荣"地批准了,医院门口贴出大红喜报,似乎还敲锣打鼓表示支持和欢送。南开医院去的是黑龙江省,家里已经开始为我走"六二六"道路做准备,然而市里没有批准,我被留了下来。或许是前边几批医务人员的离去使市里感到天津的医疗资源已经"伤筋动骨"了吧!但被批准的其他人都没有留下,去黑龙江"安家落户"了,我的中西医结合团队也因此"瘫痪"了。

第十二章

中西医结合再出发

一次重要工作会议

1969 年以后，国家出现了逐步恢复秩序和重新关注国计民生的迹象，就是"四人帮"说的所谓"回潮"吧！一些被"揪出"的领导或专业人员纷纷结束被批判和审查，重返工作岗位。一般分为出"牛棚"、宣布"解放"、恢复原工作、恢复党员"组织生活"，进而重返领导岗位，这才是彻底"解放"。我从 1969 年 2 月出"牛棚"至 1970 年年底，仍然处在被审查的状态，只被允许做普通医生的工作，部分助手和团队成员被身陷其中，中西医结合信念虽然没有泯灭，但自身尚且难保，事业方面则有心无力，当时南开医院乃至整个天津仍然很"左"。这是一段无奈、无望的时光。

1970 年 12 月下旬，根据周恩来总理指示，卫生部决定召开全国中西医结合工作会议，拟对过去 10 年中西医结合工作进行总结，并为进一步发展做出部署。南开医院是第一个"中西医结合研究基地"，在急腹症方面做出了一些成果，必然被邀请参会。但当时南开医院和天津市的当权者以我仍在"被审查"为理由，不允许我参会。卫生部了解我在中西医结合方面的努力，对过去几年获得的成果也认可,故坚持让我必须参会,几经周折,我终于以"特殊代表"身份获准赴京参加会议。

1971 年,吴咸中(后排左二)与天津参加全国中西医结合工作会议的代表在北京合影

　　这次工作会议规模很大,起点很高,由于中西医结合工作受"文革"干扰,数年没有进行全国范围的总结与交流,所以会议内容和议题非常多。会议代表都住在北京饭店,各地都要报告完成的工作和获得的成果,并展示自己的成果,便于介绍与交流,南开医院当然也在会场设置了展台。出乎意料的是,这次会议的会期一再延长,对外公开的理由是要等周恩来总理抽时间接见代表和做会议总结。事实上,周总理在听取了会议报告和参观了展览后,表示对中西医结合坚决支持,但对各地的一些提法或结论不认同,对一些成果不大相信,需要更多的时间做认真和实事求是的深入了解后,才能发表"有的放矢"的总结。这才是会期延长的真正原因。在这次工作会议期间,周总理曾五次接见有关领导和代表,共花

费了18个小时，每一次讲话他都反复阐明毛主席对卫生工作的一系列教导，具体指导如何落实毛主席的重要指示，甚至亲自动手修改会议文件；否定了会议"通过三个五年计划全面实现中西医结合、建立起中国特色新医药学总目标"的提法，认为中西医结合不可能一蹴而就，数千年的积淀怎可能用几个五年就能够改变；同时，特别要求对中西医结合的成果必须进行认真分析、评估及核实。这次会议令有些心灰意冷的我感觉到"久旱逢甘霖"的欣喜，重新燃起对未来的希望。

经过一再延期，1971年2月6日晚，终于等到了周总理接见全体会议代表，这绝不是一次领导讲话、群众鼓掌、然后合影留念的"俗套化"的接见。周总理等领导人在主席台上，邀请会议确定的有"突出成就"的代表到主席台上就座，周总理提出问题，代表们回答，也进行简短的讨论，完全是一场别开生面的"接见"，更可以说是一场"答辩考试"。周总理的开场白十分谦虚："在座的600多人，我在你们面前讲不了什么话，要向你们学习。我不懂西医，也不懂中医，只好现场求教。"

这次工作会议原先遴选出22项"突出成就"，准备作为先进经验向全国推广，但在周总理接见前已有七八项被否定出局了。印象最深刻的就是由云南省推荐的"腾冲成就"在"答辩"中被周总理否定了，其内容是"全村每家一套银针，统一培训针灸技法，自家人用针灸治病，不需要医生，还能节省国家医疗投入"。对这样要作为经验向全国推广的"成就"，周

1971年，吴咸中在全国中西医结合工作会议上

总理问得事无巨细,甚至询问制作银针的材料是哪里出品、国产还是进口,结果没有人能回答,包括腾冲的人。后来了解到,这些医用针灸针必须用进口的金属材料生产。周总理就从这里入手,以讨论的口吻说:"如果在全国推广这样的成就,需要进口大量的金属材料,这要付出难以承受的经济负担;同时,针灸也不可能治疗所有的疾病,解决不了缺医少药的问题"。他对该"突出成就"的否定,充分体现出他作为国家总理考虑问题的全局性、敏锐性以及以理服人的作风,令全体参会者折服,使我受益终生。

我上台时有些紧张,汇报大概进行了十几分钟,算是较长的。周总理问得很具体,对急腹症表现出极大的兴趣,他边询问边分析、边指示,我的紧张感很快就消除了。周总理对我的工作成绩给予了充分肯定,他说:"你们搞中西医结合有 10 年的经验了,急腹症不开刀,可以交流经验嘛,现在推广了吗?治疗胰腺炎方子推广了吗?"他特别嘱咐:"对于中西医结合治疗急腹症,首先诊断要正确,治疗上要针对每个病人的情况而有所不同,不要把急腹症不开刀绝对化,有的还是要开刀。"由于这部分工作都是我亲力亲为,对周总理的询问可以说是"对答如流",自我感觉他对我的回答是满意的。在谈到中西医结合今后的发展任务时,周总理说:"拟以 5 年为一期,通过几个 5 年的实践,使中西医结合融会贯通,创造中国统一的新医学、新药学,实现毛主席的伟大理想。中西医结合是我们的方向,创造中国统一的新医学新药学是毛主席的伟大理想。"周总理对发展中西医结合事业的指示,进一步增强了我将这项工作继续坚持下去的信心和决心。

遵义医学院也是这次会议"突出成就"的获得者,但汇报的代表已做行政领导,脱离具体工作数年,对周总理提出的一些具体问题回答不上来,从而引出周总理在这次会议上强调:"学医的搞了行政工作以后,不要把医丢掉,坚持深入实际,走又红又专的道路。"在当时历史大背景下,周总理重提"又红又专"体现了老一辈革命家的胆略和勇气,参会的技术人员和"臭老九"们既感到意外又备受鼓舞。周总理热情洋溢地对全体与会者说:"中西医结合是一件大事,是我们的方向。中西医结合要通过实践形成风气";"中西医结合仅仅是开始,是序幕","应该谦虚,实事求是","应该搞得更符合实际";"人类总是要不断进步发展的。总之,我们要胜过先人。没有先人,就没有我们;没有我们,就没有后人"。周总理对中西医结合事业这些高屋建瓴的讲话让大家感到欢欣鼓舞,增强了信心,大家纷纷表示,回到实际工作中要更加努力工作,把这项事业搞下去。

重整旗鼓

由这次工作会议将中西医结合治疗急腹症确定为"突出成就"要向全国推广,会议结束后新华社天津分社根据周总理指示,对中西医结合治疗急腹症这项成就进行了严肃、认真和广泛的调查核实:记者们走访了20余名医务人员、28位患者和12名基层干部,获得了大量翔实的第一手资料,经过他们的分析和汇总,形成了"吴咸中坚持走中西医结合道路的成绩和经验"的调查报告,上报卫生部和中央获准后,我们在中西医结合治疗急腹症方面的10年努力成果才被以不同方式向全国推广。历经10年实实在在、踏踏实实地做事终有了回报,真可谓"十年磨一剑"。周恩来总理接见的情景,以及会后对中西医结合治疗急腹症成就的调查与核实,现在已经过去近半个世纪了,但每每回想起来仍感慨万千。我常想,如果周总理能够多活10年,再举办两次这样的会议,中国的中西医结合事业肯定会有更多成果、更大的成就、更不同凡响的景象。

在北京开会备受鼓舞,但回到南开医院却是"别样滋味"。去的时候别别扭扭,应卫生部强烈要求才允许我以"特殊身份"参会,回来后依然"特殊对待"。天津中西医结合治疗急腹症工作在全国会议上被评为"突出成就",周总理亲自听了我对这项工作的汇报并做了重要指示,回到医院后本该由我向全院职工传达总理的指示和会议情况,与大家分享荣耀,这也是顺理成章的事。但当时的院领导却剥夺了我的这个资格和权利,不允许由我向全院职工做传达,而是指定会议期间在"南开医院展台"当讲解员的人来传达,那是个初中毕业、没有受过任何医学教育的小青年,这样一个高层次高规格的全国性会议精神她怎么能讲得清楚? 更别说传达周总理对中西医结合所做的高屋建瓴的指示。更有意思的是,当时的院领导见到我时竟然拒绝与我握手。

不过这件事终于有人看不下去了,当时南开区卫生局领导(是位团级干部军代表)站了出来,明确提出:"事情已经发展到这个程度,对吴咸中必须做出结论了,目前并没有查出任何问题,还不彻底解放,是错误的,应立即纠正。"但极"左"的院领导们仍坚持要继续查,拒绝"解放"我。后来,上级领导终于下了彻底解决问题的决心,由南开区委、区政府和市卫生局联合组成了工作组,来到南开医院进行一段时间的调查研究,对南开医院领导班子进行了彻底的改组,党政领导调走了五六位,组成了新的领导班子,明确表态今后对中西医结合工作给予全面支持,也对我的"三大问题"做了结论,恢复了党的组织生活,重新回到外科主任和院

1972 年,新华社记者根据周恩来指示来津调查中西医结合开展实际情况,后在《人民日报》全文发表

长的工作岗位,基本消除了各种阻力,使中西医结合治疗急腹症的工作重新得到恢复。

1971 年 10 月 21 日,《人民日报》在头版头条发表了题为"我国医务工作者运用毛主席指导思想指导医疗实践取得新成就——中西医结合不用开刀治疗许多急腹症"的文章,较为全面地报道了中西医结合急腹症的成果。随之,到南开医院参观学习的国内外学者和同行络绎而来,仅1971 年一年竟达近万人。著名医史专家孟庆云教授曾在一篇回忆文章中写到 1971 年来南开医院参观时的情形:"南开医院在'文革'前就是全国中西医结合的先进,创造了中西医结合治疗急腹症等成果,可以说,现代中医的实验研究就是从南开'四法'(指通里攻下、清热解毒、活血化瘀、扶正固本)起步的,以实验动物模型来阐述中医治法的机制,这一创新标志着中医学的科学研究进入了实验研究的新时期。参观时接待我们的是工宣队领导,他的介绍讲话有两个意思:一是不断开展大批判,二是医院谁掌权的问题,强调要由毛泽东思想宣传队掌权,才能办好医院。"经卫生部批准,中西医结合治疗急腹症的科研成果以图片、模型、电影等形式参加了 1972 年的广州春季交易会;《人民中国》画报 1972 年 2 月号出版特集,用 14 页的篇幅报道了 1971 年 11 月 26 日在南开医院举办的"中西医结合非手术疗法治疗急腹症"专题讨论会,图文并茂,内容翔实,影响深远。

周总理接见后一系列的宣传和报道,使南开医院和我的名声在外,但要真正恢复中西医结合工作的元气谈何容易!"文革"使临床实践停滞、实验室瘫痪、骨干流失,研究工作被贴上了"路线斗争"的标签,中西医结合面临着"内虚外华"的新危机,我们面临着鸿鹄之志与形单力薄的尖锐矛盾,欣喜中夹杂着担忧与压力。

著书立说,创办期刊

随着中西医结合治疗急腹症的成果获得广泛认可和南开医院中西医结合研究基地被树立为先进典型,卫生部要求我们尽快将中西医结合的体会、经验和成熟的方法向全国推广。为此,受卫生部委托,我们于1971年开始举办全国中西医结合治疗急腹症学习班,到1976年共为全国各地培养了300多名学员,其中有为数不少的学员成为当地中西医结合治疗急腹症专业的学术带头人。办班之前我们做了精心和周密的准备,制定了教学大纲,编撰了教材,选择和培训了授课教师。当然,我也亲自出马,登台授课。

学习班的教材原本是内部出版的《中西医结合治疗急腹症手册》,一本蓝色塑料皮小册子,当时人们称它为"蓝宝书",印刷万余册,很快便销售一空。据全国人大常委会副委员长韩启德院士和中国医学科学院院长刘德培院士回忆,当时他们在农村基层工作,就按照这本手册提供的方法为农民治疗急腹症,在没有手术条件下为患者解除了不少病痛,受到人们的称赞。湖北中医药大学的外科专家徐泽教授回忆说:"从20世纪70年代起,我院急腹症病房即以吴老制定的急腹症诊断常规为依据,那本蓝色小册子人手一册。我们的老主任靳明辅告诉我们,如果急腹症处理按这本手册办出了事,我们科室负责!"在这本小册子的基础上,经过补充修改,于1972年由人民出版社正式出版《中西医结合治疗急腹症》,后由日本学者喜太郎先生译成日文在日本出版,成为影响广泛的中西医结合治疗急腹症的专业参考书。几年后,根据进一步的研究成果和体会,出版了内容更加丰富的修订版,反应还是不错的,特别是为数不少的基层医生(包括"赤脚医生")都说手册中的一些治疗方法和方剂确实有疗效,对当时艰苦条件下解决实际问题很有帮助。

通过举办中西医结合治疗急腹症学习班,出版《急腹症治疗手册》等方式,使中西医结合治疗急腹症的临床实践得以在全国范围内广泛推广。在天津,由南开医院牵头,联合 11 家医院共同组成协作组,在统一的诊断标准、治疗原则和结果观察的前提下,开展了中西医结合治疗溃疡病急性穿孔的多中心临床研究,选择了 2804 个病例,就非手术和手术适应症的选择、降低中转手术率、非手术治疗主要并发症的防治,以及提高远期治疗效果等议

吴咸中为中西医结合治疗急腹症培训班授课

题进行了深入的讨论研究,并以此促进其他医院有效开展这方面的临床工作。相关成果《溃疡病急性穿孔的中西医结合治疗(附 2804 例报告)》发表在《天津医药》(1978 1:14)上。

另外,在临床实践和理论体会基础上,开始向理论探索发展,逐渐建立起中西医结合的理论体系。在 1973 年,撰写了《中西医结合治疗急腹症理论研究的一些设想与初步体会》一文,发表在《中华医学杂志》(1973. 1:33)上。提出在中医理、法、方药体系中,抓住"法"的环节,以"法"的代表方剂或药组进行现代科学研究,即采用"抓法求理""以法为突破口"的中医理论研究思路,开启了急腹症常用八法(治则)的理论研究之门。这应该是中西医结合领域第一篇较为全面深入的理论性论述,对中西医结合治则研究有深远影响。

为了使中西医结合临床实践中的一些成果、经验和体会及时与同行分享、沟通、探讨,并给中西医结合这个崭新的学科提供一个学术交流的平台,我认为创办一份专业期刊非常必要,这样可以使从事中西医结合

工作的同仁们交流收获与体会,相互切磋,促进这一领域的发展。因为中西医结合作为一项新学科、新事物,它的工作交流与理论探讨很难在国内原有的生物医学期刊上发表。但是创办期刊不是一件容易的事情,也需要循序渐进的过程。经过认真筹备,南开医院与遵义医学院合作,于1972年首先出版了内部发行的《中西医结合治疗急腹症通讯》,开始阶段每季度一期。这是中西医结合专业期刊的先驱,为该领域后来创办的其他专业期刊,如《中西医结合外科杂志》等起到了引领作用。

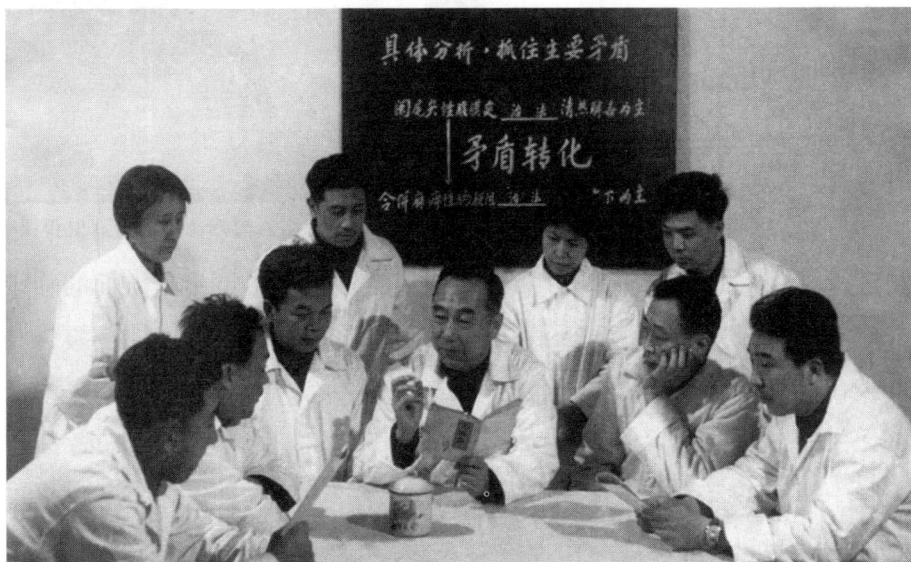

吴咸中(中)带领研究人员学习《矛盾论》指导科研工作

重建专业团队

大约在1971年晚些时候,我应邀到大连为一位高级干部会诊。他在大连公干期间胃溃疡急性发作,当地医院在治疗措施上拿不定主意,寻求我的帮助。我赶去后,通过对病情的了解和分析,提出用中西医结合综合治疗的方案,即用西医办法做胃次全切除术,同时给予中药辅助治疗。手术由我主刀,进行得很顺利,术后恢复得也很好,患者、院方乃至军方都非常满意,通过这次治疗实践,他们对中西医结合治疗急腹症有了真实的感受和认知。更为重要的是,在接触和交流中,他们了解到我和南开医院在中西医结合方面做出的努力、取得的成果以及遇到的困难,特别是得知我的多名助手都被下放到黑龙江基层,受条件限制难以发挥作用,个人也难以发展,而南开医院的中西结合此时正处在"巧妇难为无米之炊"的境况,开展工作受到影响时,他们表示很理解和惋惜之情,愿意为我重建团队提供帮助。这让我喜出望外,但也知道这不是件容易的事,所以在表示感谢之余,也没抱太大希望。

　　回津后,我向有关领导试探性地提出重建技术团队的想法,并透露黑龙江方面愿意配合并提供必要的帮助。由于南开医院中西医结合工作已在全国产生较大影响,所以天津市的各级领导对于我提出重建技术团队的想法也表示支持。这样一来,将部分下放到黑龙江基层的"六二六"骨干调回天津成为可能。具体运作时,由天津市革委会一位军代表副主任出面,向黑龙江方面发出"商调函"。1972 年 5 月,我携"商调函"亲自去黑龙江办理调人之事。黑龙江方面以"特殊"方式给予配合,即我在黑龙江期间无须亲自办理调人的手续,一切由他们代劳;作为"交换"条件,我需要在那里向医务界同行做学术报告,介绍中西医结合治疗急腹症的经验和体会。这个条

吴咸中(右一)在中国医科大学门前留影

件对我而言,省去了办理手续的琐事和奔波,又获得推广交流学术成果的机会,真是"何乐而不为"呢? 在我做数场学术报告期间,鲁焕章、郑显理夫妇和赵连根这"两对半"技术骨干的回津手续也已基本办妥,他们可以整理行装举家迁回天津,重新开始中西医结合工作了。这次黑龙江之行,可以说是我从事中西医结合事业中的一个特别插曲和成果。

回顾 20 世纪 70 年代初,不仅我个人的政治命运在经历"文革"后获得翻身,就中西医结合治疗急腹症事业而言,它的初步成果在全国得到推广并受到各界关注和认可;同时,南开医院在医疗方面首先恢复了"急腹症病房",并着手中西医结合治疗急腹症方案的规范化;在人员方面,设法调回原有骨干,加快培养中西医结合新人。这两个重要举措对中西医结合治疗急腹症的临床实践和研究尽快恢复到原有水平都有促进作用。同时,我也清醒地认识到,在临床实践、机制研究和理论探索方面还应进一步提高,追求新的高度,即从"初期探索阶段"转至"逐步深入阶段"。在这一阶段,要逐步实现辨证与辨病研究不断深入、手术与非手术

吴咸中在著书立说

疗法适应症选择日趋合理、实验研究逐步展开、方剂研究和剂型改革积极推进等目标。

到 1974 年,我对 10 年间采取中西医结合治疗溃疡病急性穿孔和各类急性阑尾炎进行了回顾性研究,认为无论是临床实践还是实验研究,在深度和广度方面都了有长足进步,对综合治疗适应症选择、辨证论治规律、非手术疗法恢复过程以及近期和远期疗效等方面都获得了深刻认识,对重要作用机理的探讨也达到了较高水平,为中西医结合进一步深入实践提供了参考。这些研究成果——《中西医结合治疗溃疡病急性穿孔》和《急性阑尾炎非手术疗法几个问题的探讨——995 例近、远期疗效分析》发表在《中华医学杂志》(1974. 2:66、1974. 2:72)上。

第十三章

中西医结合的进阶

瞄准现代医学国际前沿

我始终认为,走中西医结合之路,创造祖国新医学,其成功的关键首先是中医和西医共同发展并有机结合。因此,中医与西医两手都要硬至关重要,而不是谁吃掉谁的问题,那样理解是错误的。要实现这个目标,不仅西医要时刻关注国际医学发展,中医在挖掘、整理、继承和发展祖国医学精髓的同时,更需关注现代医学前沿动态,紧跟国际发展步伐,用当代先进医学理论推动中医药学发展,这样才能使中西医结合产生出名副其实的"新医学"。在具体做法上,临床实践力求使用现代医学的技术和方法进行诊断、病程观察和疗效评估;在研究方面,则需力求客观、先进和可复制。要实现上述目标,必须认真建设南开医院和中西医结合研究基地。

大约在 1972 年,经过努力,我们从天津市卫生局获得5 万美元的资金支持,购置了全套消化道内窥镜及部分实验室设备,从而使南开医院临床诊断技术得到加强,并具备了初步实验研究能力。消化道内窥镜技术当时在国内医院开展得非常少,我亲自出面找到北京协和医院消化内科专家陈敏章教授,请他接收南开医院的医生来院进修,尽快掌握这方面的技术,使南开医院在国内较早开展了消化道内窥镜检查。到1974年,南开医院已经能够成熟地开展胃镜、结肠镜和胆道镜的诊断和简单治疗,经内窥镜逆行胰胆管造影（ERCP）、经内窥镜乳头括约肌切开（EST）、鼻胆管引流（ENBD）、胆管内支撑引流（ERBD）等技术也相继开展。由于当时这些技术尚属国际前沿的新技术,南开医院因此成为全国内窥镜诊疗培训中心,也为后来微创外科在国内居于领先地位奠定了基础。1990年,又引进腹腔镜治疗技术,成为国内最早开展微创外科的医院之一。这些技术的应用也提高了中西医结合治疗急腹症临床实践的水平,增加了对成果的认知度。在内窥镜培训中心为国内培训技术骨干和推广相关技术的同时,也提高了中西医结合治疗急腹症研究中心的知名度和影响力。

经内镜乳头括约肌切开术(EST)是纤维内窥镜技术由诊断走向治疗的一项重大进展,为中西医结合治疗急腹症的临床实践增加了新的内容。自20世纪70年代中期,南开医院引进胃肠纤维内窥镜开始,在逐渐熟悉和充分使用的同时,特别关注该领域的动态,力争紧跟国际发展步伐。到80年代初期,南开医院就将EST用于中西医结合的临床实践。在胆道结石的治疗中,EST后服用胆道排石汤,形成微创外科与中

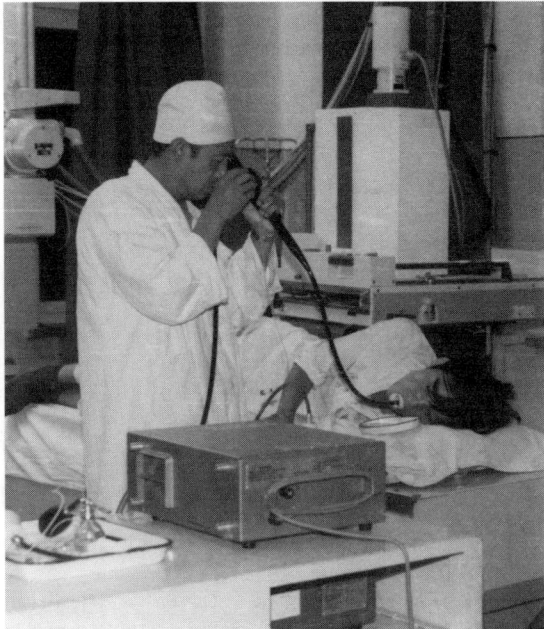

南开医院鲁焕章医生在为患者做十二指肠镜检查

医辨证施治的组合,对较大样本量的治疗效果进行了分析性研究。几年后,对更大样本量 EST 中西医结合治疗不同胆道疾病进行了研究,包括原发性胆总管炎、胆总管残余结石及胆道蛔虫等 8 种胆道疾病或综合征,还涉及了出血、穿孔乃至胰腺炎等多种并发症,是一项内容丰富、极具临床价值和开创性的研究。

内窥镜鼻胆管引流术(ERBD)是内镜技术用于治疗的另一个范例,结合中药清解灵,与西医使用的手术引流法治疗急性重症胆管炎进行了比较性前瞻研究,观察指标有症状、体征、并发症和死亡率,以及胆道压力、血内毒素、血清纤维结合素、补体 C2 和 C 反应蛋白等,也对中药的作用机制进行了探讨。

随着治疗目的内镜技术的广泛应用和经验积累,对南开医院在 10 年间大量胆胰疾病中西医结合微创治疗情况进行了系统分析和研究,病种包括胆总管结石、急性梗阻性化脓胆管炎、胆囊结石等十几种疾病,就胆、胰管的生理解剖与内镜治疗的关系,内镜治疗胆胰疾病的价值,以及内镜治疗应注意的事项进行了讨论,并就适应症、禁忌症、手术操作细节和严重并发症的预防提出了我们的见解。

中西医结合研究所的建立

随着中西医结合治疗急腹症工作向深度和广度发展,人们对这项工作的认可度和知名度也不断提升,上级领导对我们提出了更高的要求:在总结经验和形成理论体系的同时,务必将临床治疗和实验研究提高到新的水平。为此,卫生部和天津市相关领导部门都向我们提出建立科研机构的要求。经多方努力,由天津市教育和卫生委员会批准,于 1975 年 5 月在南开医院正式成立了"天津市中西医结合急腹症研究所",我被任命为研究所所长。这是全国第一个中西医结合领域的研究所,也是中西医结合治疗急腹症事业又一个里程碑。这个在"文革"尚未结束之时的举措令我们感到十分意外,更非常欣喜,这为我们开展科学严谨的科学研究创造了良好的条件,使实验研究可以在更高的平台上推进,向现代科学前沿目标迈进。可以说,这是为中西医结合治疗急腹症事业安上了一双腾飞的翅膀。

1975 年,天津市中西医结合急腹症研究所成立,所长吴咸中(二排居中)与该所部分工作人员合影

南开医院在中西医结合方面的实验研究可以追溯到 20 世纪 60 年代中期,从较为经典、简单的实验研究开始,逐步发展,从不同途径以"零打碎敲"方式获得经费,本着"量入为出"的原则开展工作,实验研究从未间断过,为中西医结合研究基地发展起到了一定的支持作用。到研究所成立前,在几个方面开展了实验研究,已经有了一定的基础。研究分别在旧院区小二楼和门诊楼地下室几个房间里进行,这些房间是专门用于实验研究的"实验室",但没有冠以"研究室"的名头。实验研究分成几个小组:病理生理研究,赵连根负责;药理研究,田在善负责;药物研究,马小丽、佟婉君、伍孝先负责;免疫和微生物研究,赵植桂负责;药物代谢研究,于守志、付光华负责;病理研究(兼临床服务),邹念芳、徐东琴负责;

再加上技术人员,有十几人专职从事研究工作。药理和药物研究是不同的,前者是研究中药方剂、治法等作用机制,后者主要进行中药的剂型改进和制备,但各个小组都非常努力,做了大量工作,成为建立研究所的基本力量。

1975年成立研究所时,虽经天津市教卫委批准,但很难获得大宗的建立研究所专项资金,医院的空间也有限,不可能另辟场地建所。不过,当时天津市为建立研究所特批了一定的建筑面积,留待将来扩建医院时专用,这已经是特殊支持了。因此,艰苦奋斗仍然是建立和发展研究所的宗旨。该研究所是天津医务界建立较早、为数不多的研究机构之一,虽然研究所成立后仍在原有场地继续工作,也没有明显增加人员编制,但它毕竟有了正式身份,而且为市属正式研究机构,弥足珍贵。尽管研究条件没有显著的提高,但为中西医结合治疗急腹症的实验研究和理论探索提供了有力的支持,对南开医院的发展和后来成为全国重点学科功不可没。随着医院的发展,于1985年获得了专门的实验室,1989年得到扩展,80年代末,中西医结合治疗急腹症成为全国重点学科,研究所也获得"跨越式发展"的机会,具备了较强的实验研究能力,为中西结合治疗急腹症事业提供了更为有力的支持。

随着中西医结合治疗急腹症工作的逐步深入,临床实践积累增加,实验研究在1975年研究所成立后获得质的飞跃,使南开医院和中西医结合急腹症事业步入健康发展的轨道。在研究所成立之际,卫生部在天津市召开了中西医结合经验交流会,来自全国各地的很多中西医结合工作者前来参加,盛况空前。卫生部钱信忠部长专程到会祝贺,在讲话中对我们的工作给予了极高的评价,并鼓励全国的"西学中"医生共同努力,推动中西医结合事业的进一步发展。由于那时卫生事业仍然受到"左"的干扰,而当时钱信忠部长"走资派"的帽子还没有被摘掉。因此不允许将他的讲话内容写进会议纪要中去,但大家都认为钱部长的讲话是符合实际的,对做好中西医结合工作有重要指导意义。为了满足大家的需要,我们只得采取变通方式,将钱部长的讲话另行印发,提供给参会者和业内同行参考。回想起来,在当时那种大环境中这样做确实需要勇气和智慧。

借东风渐入佳境

1975 年 3 月 15 日,新华社记者在《人民日报》发表了题为"努力发掘祖国医学宝库——天津市南开医院面向基层坚持中西医结合十二周年的调查"的文章,报道了急腹症理论研究出现的可喜成果,以及试制出新的急腹症治疗药物剂型,再一次肯定了中西医结合治疗急腹症的疗效与新的发展。1977 年,第四期《人民画报》用两页全幅画面以"中西医结合的新成就"为题报道了南开医院开展中西医结合的新进展;随后,1978 年,第二期《中国建设》又以"南开医院——两派医学的结合"为题对中西医结合成就进行了长篇报道,我还成为该期的封面人物,"中西医结合"成为该期的封面主题词。当时《中国建设》以十几种文字向全世界发行,这篇报道使南开医院和中西医结合治疗急腹症事业广为传播。日本著名医学家近藤宏二教授于 1973 年和 1977 年先后两次出版《我所见到的中国医学》,以纪实手法生动而详细地介绍了包括中西医结合治疗急腹症在内的医学奇迹,除公开销售外,还特意赠送给日本各大图书馆和医疗研究机构,大大促进了日本对中西医结合的了解。

1977 年,第二十七届国际外科学会在日本举行,我随中华医学会代表团参会。二哥吴英恺是代表团团长,上海显微外科专家陈中伟和我在会上做了学术报告。我报告的题目是"中西医结合治疗急腹症的研究"。这场学术报告会由美国加州大学外科学教授、国际著名肝胆外科专家朗迈主持,他对我的报告表示出极大的兴趣,也给予了很高的评价。后来,《世界外科杂志》1979 年 1 月号论文形式刊登了相关内容,并配发了朗迈教授的特邀评论。评论的主要内容为："在这篇激动人心的报告中,在 10 年期间 1200 个病例中,94.2%的急性阑尾炎,69.5%的溃疡病穿孔,71.8% 的肠梗阻,97.6%的急性胰腺炎,83.4%的急性胆道感染,未经手术均已治愈,所有病种的病死率均较低,随访结果表明,中西医结合可以扩展到某些急腹症的非手术范围。"在积极评价、谨慎求证的同时,仍不免流露出他丝丝怀疑之意,认为阑尾炎的复发率不可能这么低。2007 年,《世界外科杂志》发表了瑞典卡洛琳斯卡医学院组织的一个多中心大样本急性阑尾炎非手术疗法的研究报告,与我们 70 年代的结果十分接近,证明中西结合治疗急性阑尾炎在 50 年前就已经达到世界领先水平。

1977 年,吴咸中(前排右三)随中华医学会赴日本交流访问

在 1978 年的全国科学大会上,根据中西医结合治疗急腹症的成果,我被评为先进个人,南开医院为先进集体,我们在中西医结合方面的努力获得肯定,这也是所有同事和南开医院的荣耀。在这次大会上,医学科学院黄家驷院长对中西医结合治疗急腹症给予"外科领域中新学派"的

高度评价，为此我深感荣幸，深受鼓舞。也是在这一年，《新急腹症学》经过将近三年的认真编撰正式出版，与其配套的几本专著《超声学》《X线诊断学》及《药学研究成果：方药新解》也相继问世，为这一"新学派"提供了强有力的学术支持，这标志着中西医结合事业达到新的高峰。

1985年，南开医院外科楼建成，院里举行了中西医结合急腹症25周年暨研究所建立10周年纪念活动，全国很多中西医结合工作者踊跃参加。这次活动

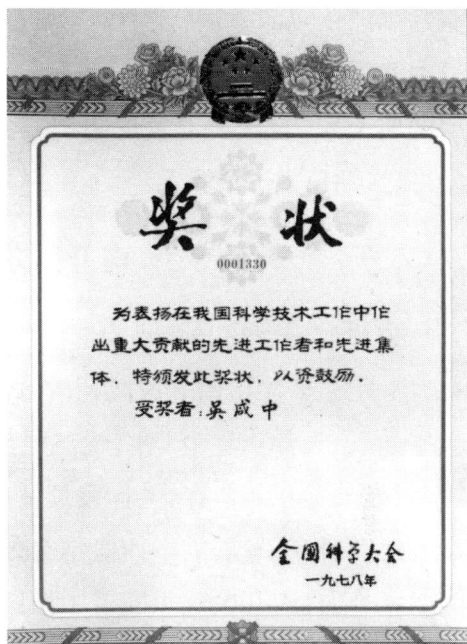

吴咸中在1978年全国科学大会上被评为先进个人，南开医院被评为先进集体

学术交流充分，水平很高，几乎囊括了国内中西医结合的各个方面，是一次规模宏大、影响深远的活动。同年，在湖南同时分别召开了"全国中西医结合工作会议"和"全国中医工作会议"，由于当时正处在中医和中西医结合如何发展的"纠结"时期，两个领域的工作者难以坐在一起共商大事，而这样安排颇具匠心。"中西医结合工作会议"主要由卫生部部长崔月犁①主持，当时他也是中西医结合学会的会长；"中医工作会议"则由吕炳奎司长主持，两位领导在不同场合需要"串场"。另外，中医研究院院长季钟朴等一些重要人物都参加了这两个会议，这是中医和中西医结合事业发展中的重要事件。两个会议闭幕式是合在一起举行的，

————————————————

　　①崔月犁(1920—1998)，原名张广胤，河北省深县人。1937年参加抗日战争，1938年在河北深县抗战建国学院学习，1939年入晋察冀抗日根据地在中共晋察冀中央分局工作。1982年到1987年，任卫生部部长、党组书记，兼任中国红十字会会长。

崔月犁部长致闭幕词,在不到三页的致辞中至少五次提到我的名字,除对中西医结合急腹症工作给予极高的评价外,还说"吴咸中是中西医结合的实干家,应该努力发现和培养吴咸中式的人才",使我感到非常意外,更受到极大的鼓舞。

南开医院的发展

20 世纪 60 年代初,我们这批"西学中"医生和有志于中西医结合事业者汇聚于天津市南开医院,并在此建立了国内第一家"中西医结合研究基地",天津市南开医院就与中西医结合事业成为密不可分的一对"孪生兄弟",互相依存,共同发展。中西医结合治疗急腹症从初期的临床实践和研究,发展为中西医结合外科全国重点学科,在国内外均有较大的影响力;南开医院也随着中西医结合的发展,从一家在天津并不知名的区级医院,发展成为国内第一家中西医结合三级甲等医院。现在回头看,南开医院经历了医疗水平提高、特色形成和建成中西医结合医院三个阶段。

初期的"人才引进"包括了外科、内科、皮肤科等学科的专业骨干,大多数属于已经有一定经验的"少壮派",几乎同时进入南开医院,形成人员优势,为医院的发展注入了新的活力,经过十几年的磨炼和经验积累,这批人成为南开医院各学科的中坚力量。尽管至 70 年代末期,受国家整体状况的影响,医院在规模上没有显著发展,但医疗水平却一直稳步提高,在天津市接近或达到一流水平,普通外科尤为突出。1975 年建立中西医结合研究所和内窥镜等先进诊疗设备的引进,对医院整体水平提高也有很大帮助。

80 年代,中西医结合治疗急腹症临床和实验研究全面展开,临床实践成果获得广泛认可,实验研究走向深入,使南开医院和中西医结合事业受到各方关注;通过有限资源的合理调配和小规模扩建,外科和研究所都得到一定的发展,南开医院逐步形成了以外科为优势学科,具有中西医结合特色的中等规模医院。另外,科研能力是一般同规模或以上的医院不具备的;在它成为天津医学院的教学基地、并能够培养硕士和博士研究生后,特色更为鲜明。

90 年代,医院的发展较为显著,1995 年对它作为国内第一家中西医结合三级甲等医院进行了论证和评审。此前,医院做了大量的准备工作,对医疗和管理水平的提升以及继续保持中西医结合特色都起到了极大的促进作用,意义深远。这项工作受到卫生部、中医药管理局、天津市政府、市人大常委会、教卫工委及卫生局等领导机构的高度重视,顺利通过了中西医结合三级甲等医院的评审,并批准在天津市南开医院的基础上增加"天津市中西医结合医院"名称,这应该是一个开先河的创举。当时的卫生部部长亲自参加授牌仪式,各级主要领导都出席了这次活动,见证了在南开医院发展过程中具有重要意义的里程碑的落成。随后,南开

1997 年,南开医院增名为"天津市中西医结合医院"挂牌仪式

医院进行了扩建,2000年主楼(旧院区)落成投入使用,总面积达到近3万平方米,床位接近500张,医疗条件也显著改善,为中西医结合事业的进一步发展创造了条件。

南开医院的主体建设完成于1961年,当时总面积为11000平方米,仅能容纳300张病床,至70年代已经难以支撑中西医结合治疗急腹症研究基地的发展。然而在那个"拨乱反正""百废待兴"的年代,扩建医院是一个想都不敢想的奢望。80年代,国家的各项工作进入良性发展的轨道,财政状况也出现转机,为南开医院的发展带来生机。大约在1983年前后,一位市委领导患病住进南开医院,了解到我们在中西医结合方面获得的成就,也看到了南开医院的困难,他认为需要帮助南开医院改善条件。通过他的努力,南开医院获得了2000平方米的扩建指标,并从财政局获得部分资金支持,加上拆掉旧建筑,于1985年建成急腹症实验研究所和临床外科楼(现旧院区综合楼的一部分),使中西医结合治疗急腹症的临床实践和实验研究获得专用的场所,而医院的总床位数达到380张。1989年,经多方努力再次获得扩建医院的机会,使其达到9000平方米,医院总建筑面积为22000平方米,病床数增加到464张,医院总体条件得以进一步改善。

1999年至2000年,医院又一次获得发展机会,在市委和财政局的支持下,对医院的整体布局做了较大改造,兴建了南开医院主楼(旧院区),使南开医院总建筑面积达到近30000平方米,床位数和住院条件都得到显著改善。

第十四章

重返天津医学院

又一次新的开始

1977 年 12 月，我的工作发生重要变动——被调到天津医学院担任副院长兼附属医院副院长。从领导找我谈话中得知，我这次调动是天津市文教部乔国铨副部长提议的，并征得了天津医学院院长朱宪彝教授的同意。这个调动是我没想到的，感到有些意外，但确实也是一件难得的好事。领导说，这次工作变动是基于两方面的考虑：一是给我创造一个更大的工作平台，更好地发挥作用，并将我个人和中西医结合这面全国的"旗帜"留在天津；二是朱宪彝校长是天津医学院的创建者，担任校长已 25 年余，而且年届 75 岁高龄，需要考虑接班人选，我是候选者之一。但从中西医结合治疗急腹症仍需继续发展角度来考虑，仍保留我天津市急腹症研究所所长的职务，一方面兼顾南开医院的中西医结合医疗和科研工作；另一方面希望我在履行好天津医学院各项职责的同时，将附属医院外科的中西医结合工作也开展起来。这无疑是我将面临的一次更为艰巨的挑战，是我人生中又一个新起点。1977 年年底，我正式调离南开医院，开始将主要精力和时间投入到天津医学院各项工作中去。

天津医学院附属医院（总医院）是我成长的摇篮，我对它充满感情，我从事中西医结合事业最初也是从这里起步的。当初我离开它是为了更好地开拓中西医结合事业前进的道路，今天，在经过13年辛勤工作和努力奋斗，在这个事业已经获得成功，并在国内外得到广泛认可后，重新回到当年我事业起步的"摇篮"，心中百感交集，既有"荣归故里"的自豪，也有准备在"拨乱反正"后放开手脚大干一场的"雄心壮志"。对"文革"极"左"的彻底否定，将科学技术作为生产力，知识分子成为劳动者，面对这充满明媚春光的新舞台，我心情大好，即兴赋诗明志："迎来送往十又三，飞驰岁月催鬓斑。喜经风雨增才智，笑看群丑化灰烟。拨乱反正开新路，誓做先锋再闯关。若能活得一百岁，还要大干五十年。"那年我正好52周岁，虽然年过半百，但对于一位医生、学者来说，正是经验丰富、学术成熟和精力充沛之时，对未来踌躇满志、信心十足。

本来我激情满怀走上新岗位希望大干一场，但实际情况与自己的想法有较大出入。由于刚刚"拨乱反正"，很多在"文革"中受到冲击"靠边站"的领导获得政治上的"解放"，陆续恢复工作回到领导岗位，由于积压数年，每一个岗位都有多位领导，一时间难以"消化"，出现"僧多粥少"、人浮于事的状况。开院长办公会时，老干部、原"某长"比比皆是，会议室中人满为患，将每位的姓名、职务认清都不容易，更不用说分工了。因此，在开始的一段时间，有插不上手的感觉，也就不是很忙了。这段时间，我边干边学，逐渐熟悉天津医学院各方面情况，以便形成自己的工作思路和方法。

作为医学院的副院长，我主要分管两家附属医院的医疗工作，并协助朱校长做一些教学和学科建设等具体工作，较多的时间和精力放在附属医院，校本部这边主要协助朱校长处理一些"文革"后急需恢复的教学秩序，以及纠正或补救"文革"造成的伤害和损失。

那时提高医疗质量和加强学科建设是基本工作，尽管附属医院有

吴咸中(前排左一)与天津医学院老院长朱宪彝(前排左三)、书记杨青(前排左二)等领导班子成员合影

"总医院"的老底子,但"文革"中将原有较好的规章制度和工作作风破坏殆尽,恢复甚至重建某些规章制度十分必要。例如,一次在院内"巡视",竟然发现药房中晾晒着工作人员洗的衣物,如同"万国旗",这显然是有职工在工作时间使用公家水电"干私活",而在药房中晾晒湿衣物对药品的存放也会造成不良影响,这是不允许的,过去无论是天津中央医院还是总医院,都没有类似现象。从这类小事可以看出,"文革"对医院和医疗秩序所造成的不良影响必须马上纠正。

　　具体的医疗工作,我当然是放在外科。每周拿出时间参加查房,也指导复杂的手术;同时,指导他们的中西医结合工作。对外科工作的直接介入,为后来促成南开医院、附属医院外科和医学院基础部进行三方合作,发展成为"中西医结合外科"的全国重点学科奠定了基础。另外,那时附属医院的外科和内科都没有明确的亚专科划分,根据我对国际大趋势的了解,引导这两个主要科室向亚专科细化发展,并选择和培养亚专科业务带头人和骨干,我做了大量而有成效的实际工作。

1979 年以后,经过一年多的调整和梳理,医学院领导班子冗员减少,职责分工趋于明确合理,我开始承担较多的工作,特别是我被任命为第一副院长后,基本上是在朱院长领导下负责较全面的具体工作。那时朱院长健康状况已经不是很好,特别是视力和听力显著衰退,我们这些年富力强的晚辈自然要多替他分担,并尽量按照他的想法工作,努力实现他的愿望。

恢复重建教学秩序

"文革"中大学的教学秩序被彻底破坏了,高考废除,招生工作停止,教学陷入瘫痪状态。虽然 20 世纪 70 年代初期招收了一批"工农兵学员",但从招生到教材、教学等各方面都颠覆了原有的教学制度,大学成为教育界的"重灾区"。因此,恢复高考后,诸事几乎要从头做起。首届恢复考试的 77 级在准备不充分的条件下仓促"上阵",由各省市自行出题进行高考和招生,78 级开始全国统一组织高考和招生工作,但各省市由于情况不同,录取分数线仍有一定差别,故各省市和院校需要根据自身情况具体落实,工作仍有一定难度,招生的工作量也很大。另外,"文革"期间学校的基本设施没有改善,还有不少被破坏掉了,需要充实、补充、完善,加上新生入学量的增加,无形中给工作带来不小压力。为新生入学做准备,是校领导班子和各职能部门需要认真做好的事情。朱校长对这些工作十分重视,有时亲自过问,我自然要多承担具体工作,为他分忧。

高考和统一招生制度恢复后,大学的教学活动逐渐步入正轨,重新编纂教材是其中一项时间紧任务重的工作。医学院编撰教材工作也不例外,医学院校有近 30 门课程,在短时间内需要调集大量资深教师和医生参加,工作量之大可想而知。天津医学院参加了不少课程的教材编撰,我也参加了临床外科学教材的编写，大家都非常负责任地按时、圆满完成了任务。

　　制定新的《学生守则》也不是件轻松的事情，德、智、体全面发展当然是主要原则，但对学生个人的一些要求有不同意见，甚至引起争论，或许仍有"左"的影响。例如，有人提出校园内同学间不允许谈恋爱，女生不许烫发等条款，我认为这些内容没必要写进《学生守则》中，主要基于几方面的考虑：首先，那时的学生，特别是 77 级和 78 级，有一定比例的学生入学前已经参加工作多年，其中不少已成家，这类条款已经"滞后"；其次，大学应注重学生的品德培育和知识灌输，无须过度干预生活琐事。记得我还以虞颂庭和俞霭峰[①]为例来否定了"谈恋爱"议题。我说，他们二位就是在协和医学院做学生时相爱，并成为一对令人尊敬的医学大家、学术伉俪的，只要能摆正关系，在大学期间恋爱不会必然影响学业，校方适当引导就可以了。关于学生烫发问题，我问过女儿烫发有何优越性？她们告诉我，"学习紧张，起床后女生梳洗要花费时间，烫过的发型无须特别照顾，省事省时，并非仅仅是为了美观"。我觉得合理，在讨论《学生守则》时发表我了的意见。

　　"文革"期间，全国大学的招生、教学和分配工作被中断了，像天津医学院这样的五年制院校，有四届学生没有受到完整的教育，即 67、68、69和 70 届，他们在校的学习时间分别为 4、3、2 和 1 年，67 届没有完成实习，68 届除实习外还缺失一定的临床课，69 届或许仅完成了基础课和部分临床课，而 70 届仅仅学了部分基础课。然而 1970 年他们同时毕业，被分配到不同的医疗机构工作了。另外，从 1970 年开始，以选送方式招收"工农兵学员"，学制仅 3 年，故无论是医学基础还是临床课程都被大幅

[①] 俞霭峰(1910—1991)，浙江省镇海县(今宁波)人，中国著名妇产科学家和医学教育家、天津医学院(天津医科大学)妇产科创建人，在中国最早创建了女性内分泌实验室，首创了炔诺酮避孕药；参加创建天津市计划生育研究所，并任研究所所长、名誉所长，天津医科大学妇产科教授。曾任中华医学会妇产科学会副主任委员、《中华妇产科》杂志副总编、卫生部医学科学委员会委员、世界卫生组织卫生委员会顾问。丈夫虞颂庭是中国著名泌尿外科学家、著名医学教育家。

度压缩。上述两种情况都显著降低了医学生水平,进而使医生素质下降,对医疗水平造成严重的冲击。为此,在 1978 年各院校采取措施,安排"回炉班",弥补这些医学生在"文革"中的损失。

天津医学院"回炉班"的举办工作由我负责,这是我到医学院工作第一年中在教学方面做的一项主要工作。"回炉班"范围主要包括"文革"前入学的 68、69 和 70 届医学生,"工农兵学员"也一起参加。由于这些学生都已经参加工作,有些已经积累了数年临床经验,故安排他们补习医学基础课为主。依据"回炉生"基础和临床经验的不同,由教务处合理分班,为他们设置专门课程,或与 77 或 78 级本科生一起听课。这项工作受到医学院各部门的重视,"回炉生"也积极参加,学员单位也表现出理解、支持和配合。1978—1979 年,用了几个月时间完成了为数不少医学生的"回炉"工作,对学员、医疗单位和患者都是一件有意义的事情。

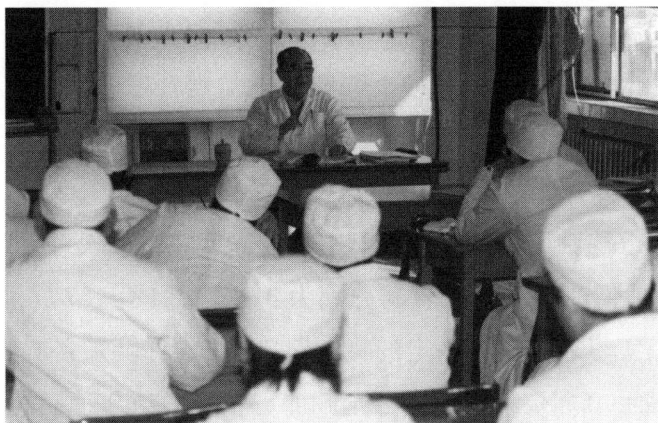

吴咸中在讲课

朱老对护理工作在医疗服务中的作用非常重视,从在协和时代他就很有感触,协和培养出的高级护理人员俗称"大护士",对护理工作的规范化、专业化发挥了巨大的作用;而天津医务界护理工作的发展,也与有很多出身于协和的"大护士"密不可分。因此,朱老一直就有在天津医学院开办高级护理专业的想法,对创办护理专业很关注。大约在 70 年代末，随着高等教育秩序恢复，朱老认为开办高级护理专业的时机趋于成熟，于是开始着手做这项工作。首先，他向教育部和天津市相关领导机构提交建议书和申请报告，说明开办高级护理专业的意义和紧迫性。在得到积极回应后，天津医学院开始筹备，我负责具体落实。因为国内没有先例可循，建立本科护理专业并不是一件容易的事情，事事要从头做起。寻找合适的人选负责具体筹备工作是第一要务，我们没有将视野局限在天津医学院内，而是在全市范围遴选教育背景好、工作经验丰富和受人尊敬的资深护理人员作为未来护理系的主任、教师和辅导员，希望将基础打牢。为此，我从附属医院调来甘兰君作为筹备组负责人，儿童医院的马荫楠和传染病医院的韩广芬为筹备组成员，后来她们分别成为护理系主任、副主任和资深教师。经过认真筹备，1983 年招收了第一届护理系本科生，实现了朱老多年的夙愿，天津医学院也成为国内率先恢复培养高级护理人员的医学院校。由于基础打得好，该系不负众望发展得非常好，1994 年在全国首批获得硕士学位授予权；1996 年国家教育部批准成立中国高等护理教育学会，该系为常设机构。

天津医学院是新中国成立后在全国建立的第一家医学院，朱宪彝教授为其付出了毕生心血。他是名副其实的医学教育家，他的办学理念具有前瞻性、格局大，更有丰富的经验，我在他领导下工作受益匪浅。对于医学生，他非常重视基础教育，认为医学院学生应该有更广博的基础知识。因此，他希望通过与综合大学联合办学为学生打牢基础。为此，在天津医学院开办初期就与南开大学开展合作，将"预科班"的学生放在南开大学，与那里的学生一起学习。"文革"后教学秩序恢复，他即提出与综合大学合作开办高水平医学班。在他倡导下，天津医学院恢复了与南开大学合作，开办了八年制医学教育试点班，将预科班放在南开大学培养。为实现朱老这个高瞻远瞩的心愿，我做了大量的具体工作，如预科时间、课程、教材，以及预科生课堂和住宿地点等，都需要认真筹划和协调。南开大学态度积极,非常配合,该试点班于 1983 年正式招生,成为全国最早具有培养八年制医学生资格的医学院校之一。朱老亲自看到试点班建成并开学,心里非常高兴。

培养中西医结合研究生

高考和统一招生制度恢复后,医学院招收硕士研究生的计划就列入了议事日程。然而,天津医学院作为历史并不悠久的地方院校,教授和副教授这样高学衔的人数较少,能获得导师资格的教师更为数不多,这给招收硕士研究生带来一定困难。从外面聘请不现实,只能从本校现有具有一定资历的人中通过评定来晋升教授。但这又因本院高学衔教授人数不够,难以组成"学衔评审组"组织进行学衔评审和授予,这确实有些为难。然而这个工作必须要做,等待也不是出路。时任天津市委文教部副部长的乔国铨曾是天津医学院多年的老党委书记,是一位有想法、有能力和有魄力的老干部,在学衔评审问题上他再次表现出了魄力,提出先以特殊方式解决一批"文革"前已具有副教授学衔的医疗和教学骨干,积累到足够的人数时再建立学衔评审组,负责晋升评定授予工作。天津市领导采纳了乔国铨的建议,由负责文教工作的几位市委常委、相关院校负责人和几位老教授组成了特殊的"学衔评审组",进行了"文革"后第一批学衔评审和授予工作。我于 1962 获得了天津医学院副教授的学衔,石毓澍、吴恩惠等大夫与我情况类似,都参加了这次评审,大约在 1978 年上半年,我成为"文革"后第一批被授予教授学衔者之一。

同年,我获得了招收和指导硕士研究生的资格,并于当年开始招收研究生。能够获得这样的资格和机会,主要基于多年来我在外科和中西医结合领域的工作经历和学术成就,特别是中西医结合治疗急腹症方面的临床和实验研究,是当时全国范围内具有特色的学科。能够获得这样的机会,是对我多年努力的回报,我感到欣慰而荣幸。考虑到有南开医院和医学院附属医院外科的临床资源，有急腹症研究所实验室的支持，培养合格的研究生我还是有条件、有信心的。同时，培养研究生也是培养临床和科研能力兼具的中西医结合后继人才，应该是中西医结合事业新的责任和组成部分，值得做出努力。

吴咸中(中)在指导研究生以中西医结合治疗重型胰腺炎

　　我是"文革"前参加中西医结合工作的第一代"西学中"医生，回顾自己走过的路感慨颇多。虽然中西医结合事业发展有起有伏，是一条曲折坎坷的道路，但根据我的经历，确信它是一条走得通、也应该继续走下去的光明大道。坚持走中西医结合的道路固然涉及许多因素，而后继有人是核心要素之一，没有一支规模庞大的中西医结合队伍，没有一批有开拓精神、德才兼备的学科带头人，中西医结合事业很难坚持和发展。作为导师，培养合格的研究生是我的基本责任；作为中西医结合的"先行者"，为这项事业培养接班人，乃至培养未来的学科带头人，更是我的终极责任。为此我决定以"中西医结合外科"作为培养研究生的大方向。

　　作为导师和中西医结合事业的"先行者"，我希望通过言传身教使学生们在以下五个方面获得真传，得到启迪，并相信他们都能学有所长，而且"青出于蓝而胜于蓝"：

1.作为中西医结合人才,必须认真学习和掌握中医与西医两种医学的基础理论、基础知识与基础技能,为自己的专业发展打下深广的基础。

2.无论出身于西医或中医,都应知己知彼,学彼之长补己之短,兼容才能广智、结合方能出新,形成中西医结合医者应有的宽广胸怀和海纳百川的气概。

3.在打好初步基础后,明确自己的努力方向,持之以恒,锲而不舍,不能见异思迁,以至一无所成。

4.树立开放的思想与合作的风格,不断提高合作意识与协同能力,以积累"办大事"的才能。

5.用爱国主义思想、科学态度、献身精神与社会责任感来规范自己的人格成长和推动专业发展。

对于学生共性的培养,我认为应该体现的三个方面,即医者的医德、外科技能和科研能力。

从 1978 年招收第一批研究生,到 2013 年"关门弟子"毕业,在我指导下 35 人获得博士学位、20 人获得硕士学位(见研究生概况汇总表),这些弟子有的留在南开医院工作,有的在天津的其他医院工作,还有不少在国内的其他省市工作,到国外发展的弟子也不少,可以说是"桃李满天下";如果他们能独当一面,成为学科带头人,特别是在中西医结合的道路上走得更稳、更远,则是对我这位导师最好的回报和慰藉。

吴咸中(左一)主持天津医学院向首届硕士生颁发毕业证书仪式

附:研究生概况汇总表

姓名	入学时间	学位	授予学位时间	毕业论文题目	入学前工作单位	现工作单位
崔乃强	1978	硕士	1982	中药复方红花注射液对术后血液流变学的影响——临床观察及动物实验研究	天津津西郊区第二防治院	天津市南开医院
	1985	博士	1988	中药利胆消黄汤在梗阻性黄疸治疗中的地位与作用	天津中西医结合急腹症研究所	
孔棣	1978	硕士	1982	胆石症胆囊胆汁中糖蛋白等理化因素的改变及中药治疗的影响	天津医院	天津市南开医院
	1985	博士	1989	5-氟尿嘧啶和清胰注射液对大鼠胰腺外分泌机能及实验性胰腺炎的作用	天津市南开医院	
冯变喜	1979	硕士	1982	中西医结合治疗急性腹膜炎150例临床总结和实验研究	山西阳泉市化工局医院	山西省人民医院
齐清会	1979	硕士	1982	利胆理气药和针刺日月期门对人胆道运动和胆汁分泌的影响	遵义医学院附院	大连医大附属医院
	1985	博士	1989	腹部手术后和重症急腹症胃阴虚证病理本质的研究	天津医学院附属医院	
尹熙鹏	1982	硕士	1985	女性激素与胆囊结石的关系——胆结石发病机理与中药预防的探讨	广州中山医学院	美国家庭医生
胡家石	1982	硕转博	1988	中西医结合治疗急性重型胆管炎——一种新结合方式的探讨	天津医学院附属医院(82级硕士生提前攻博)	不详
薛承锐	1983	硕士	1986	狗小肠急性缺血时血清肌酸激酶及无机磷变化的观察活血化瘀中药对狗急性扩张肠管的保护作用	天津医学院附属医院	天津医大总医院
	1986	博士	1991	腹部外科疾病中血瘀症的临床研究	医科大学应届生	
周振理	1983	硕士	1986	活血化瘀法治疗实验性腹膜炎及其机制探讨	天津中医学院二附院	天津市南开医院
	1986	博士	1991	活血破瘀药和清热解毒药联合应用治疗腹膜炎的实验研究和临床观察	医科大学应届生	

姓名	入学时间	学位	授予学位时间	毕业论文题目	入学前工作单位	现工作单位
王文俊	1983	硕士	1991	急性腹部外科疾病中的自由基损害与中药抗自由基作用的实验研究	医科大学应届生	美国针灸诊所
	1991	博士	1995	活血化瘀法治疗腹膜炎的临床与实验研究	天津医学院八年制	
戴博松	1985	硕士	1988	中药对小鼠离体小肠葡萄糖转运电位的影响	天津工人医院	美国
尤胜义	1986	硕转博	1993	外科急腹症胃肠激素改变及寒下法对其影响	天津医学院附属医院	天津医大总医院
秦明放	1989	博士	1992	内毒素诱生细胞因子的实验与临床研究	河北医学院三院	南开医院（已故）
周维平	1985	硕士	1988	中西医结合治疗胆囊结石——66例排石治疗的临床观察	天津市南开医院	加拿大
	1988	博士	1993	胃动素放免分析的实验与临床研究	医科大学应届生	
田明华*	1988	硕士	1991	理气开郁方药对家兔大脑皮层神经元单位电活动的影响	南开大学应届生	不详
许锋	1990	硕士	1993	中药防治急性胆道感染时肠道细菌移位的实验研究	天津市南开医院	加拿大
	1993	博士	1995	急性重症胆管炎的病理生理及中西医结合治疗的实验研究	天津医学院	
邱奇	1992	硕士	1995	中医药对腹部厌氧菌感染的治疗——临床观察与实验研究	天津市南开医院	天津市南开医院
	1995	博士	1999	中医药对腹腔感染所致内毒素血症SIRS/MODS治疗作用的临床观察		
赵琪	1991	博士	1995	多脏器衰竭发病机理及中药治疗的细胞及分子生物学研究	天津市南开医院	加拿大（已故）
韩恩昆	1991	博士	1996	重型急性胰腺炎发病机理及中西医结合治疗的实验研究	天津医学院附属医院	宝坻区人民医院
陈海龙	1993	博士	1996	肠道屏障在多器官功能不全综合征中的发病学意义及中药治疗学的实验研究	大连医学院第一附院	大连市卫健委

续表

姓名	入学时间	学位	授予学位时间	毕业论文题目	入学前工作单位	现工作单位
么改琦*	1991	硕转博	1996	重症急性胰腺炎发病机理及攻下活血药物治疗作用的研究	河北医学院三院	北京市人民医院
解基良	1991	硕士	1994	三承气汤在腹部外科应用的临床与实验研究	天津市南开医院	天津市南开医院
	1994	博士	1998	承气方剂对肠屏障保护作用的形态学研究	天津市南开医院	
丁洁*	1986	硕士	1989	脾虚症病人免疫机能状态的观察	天津医院	加拿大
	1994	博士	1997	用宿主防御指数(HDI)辅助诊断中医虚症和不同虚症的辨证；内皮一氧化氮的减少引起Dah1高血压大鼠异常的血管反应	天津市南开医院	
杜智	1994	博士	1998	中医结合治疗重症急性胰腺炎的实验研究	天津市第三中心医院	天津市三中心医院
倪弘	1994	硕士	1997	急性胰腺炎临床特征及大承气汤治疗机理的研究	天津市南开医院	天津南开大学
张瑾*	1995	博士	1998	中西医结合治疗乳腺癌基础与临床研究	天津市肿瘤医院	天津肿瘤医院
张艳军	1996	博士	2000	活血化瘀注射液对急性重型胰腺炎大鼠活体微循环及白细胞内皮细胞黏附的影响	天津中医学院	天津中医药大学
王春喜	1995	博士	1998	动脉粥样硬化闭塞症中西医结合临床与实验研究	青岛医学院	解放军301医院
孙大军	1996	博士	2000	中西医结合对侧支循环建立的影响及VEGF165在大肠杆菌：Pichia,Pastoris酵母中的表达、纯化及生物学活性研究	白求恩医科大学	不详
杨涛	2000	博士	2003	活血化瘀中药对通里攻下中药增效作用的实验研究	河北医科大学	天津一中心医院
张红*	2000	博士	2003	脂多糖、去氧胆酸钠对大鼠胰腺腺泡细胞的损伤作用和粉防己碱的防治效应及机制的实验研究	陕西中医学院	陕西中医药大学

续表

姓名	入学时间	学位	授予学位时间	毕业论文题目	入学前工作单位	现工作单位
尚晓滨	2001	博士	2004	活血化瘀中药对通里攻下中药增效作用的实验研究(二)	河北邢台人才中心	天津一中心医院
邹富胜	2003	博士	2006	急性胆源性胰腺炎的中西医结合治疗	天津市南开医院	天津市南开医院
张 楠	2003	博士	2006	活血清下法对小肠缺血再灌注大鼠肠道免疫屏障的影响	天津市南开医院	天津市南开医院
张 晖	2004	博士	2007	人参皂甙 Rh2 致 MCF-7/ADM 凋亡和逆转 MCF-7/ADM 多药耐药性的基础研究	天津市南开医院	天津市南开医院
杨慧琪*	2004	博士	2007	不同腹腔镜术式治疗胃食管反流性疾病的研究及中药对术后并发症的治疗作用	天津市南开医院	北京朝阳医院
皇甫杰#	2003	博士	2006 年	情感性精神障碍的躯体化,东西方文化的比较研究	伦敦医科大学/科伦坡大学	不详
张玮函*	2004	博士	2007	中药清热解毒方的进一步研究	台湾地区	德国
王宇歆*	2003	硕转博	2008	凉血活血方有效组分治疗腹腔感染性疾病的实验研究	天津医科大学	美国
白景瑞	2008	硕转博	2013	清热解毒方与凉血活血方防治术后腹腔粘连的实验研究	海南医学院应届生	天津市南开医院

*女生:8 名; #Dr Andrew Maclean Pagon

第十五章

强基固本　蓄势待发

创建医学院科研所

1978 年 3 月,全国科学大会在北京召开,这是中国科学技术发展的重要里程碑, 中国迎来了科技大发展的春天,科技工作从此进入了全新的时代。天津医学院是新中国成立后建立的院校, 相对国内一些老牌医学院校而言,基础比较薄弱,科研力量不强,为了跟上新时代发展的要求,加快天津医学院的科研发展,我遵照朱校长的设想,在这方面投入了很大精力,协助朱校长先后建立起医学院所属的一些科研机构。

天津市内分泌研究所　朱宪彝教授是享有盛名的内分泌专家,临床经验丰富、学识渊博、医德高尚,自天津医学院建立开始,他就将大量精力用于办学,既是医学家也是医学教育家。同时,为人谦和、认真谨慎,是我钦佩的师长。在我调到天津医学院不久,得知各方希望以他为核心,充分利用附属医院内分泌方面的临床优势和基础部相关资源建立内分泌研究所。无论从朱老本人的学术地位和水平,还是附属医院内科与医学院基础部的水平讲,各方面都认为"建所"势在必行,且顺理成章。唯朱老有些犹豫,对是否具备了充足的条件有些疑虑。这是他们这代老专家特有的严谨和对自己的严格要求，值得我们这些后辈尊重和学习。为了打消朱老的顾虑，我以 1975 年建立的天津市急腹症研究所为例，用自己的亲身感受和经验，从研究所对推动中西医结合治疗急腹症取得的研究成果和对事业迅速发展的重要作用，对朱老现身说法，帮助他分析建所的必要性和已经具备的条件，最终消除了他的思想顾虑。在建所过程中我又自告奋勇分担了不少具体工作，于 1978 年建成了天津市内分泌研究所，对该学科成为全国的重点学科起到重要作用。

天津市神经病学研究所　早在天津中央医院时期，赵以成即作为顾问开始了神经外科工作；1952 年他在天津市立总医院建立了神经外科，任科主任，当时为国内第一个独立的神外科室。后在赵以成大弟子薛庆澄①等人努力下，神经外科已是国内一流学科，也带动了神经内科的发展。20 世纪 70 年代末，在探讨成立研究所的可行性时，几位神经外科专家最为积极，并从学科发展角度建议定名为神经外科研究所。但朱校长经过深思熟虑，并反复论证和讨论，最终决定建立神经病学研究所，为研究所的发展预留了更广阔的空间。1980 年 8 月，天津市神经病学研究所正式成立，薛庆澄教授为首任所长。后来天津医学院神经内科出现了一个发展高峰，进入国内前列，由此可以看出朱老对医学发展的前瞻性。

天津市泌尿外科研究所　大约在 60 年代初，作为河北省省会，在天津市河西区建立过河北省立医院，那时由于该院技术力量薄弱、科室不全，我经常被请去会诊。后来，天津恢复直辖市，尚未形成规模的河北省立医院也随之搬走。"文革"中，天津警备区司令部曾将河北省立医院旧

---

① 薛庆澄(1922—1991)，河北省滦县人，1946 年北京大学医学院毕业获学士学位；历任天津医学院神经外科主任、教授，天津神经病学研究所所长，兼任天津市环湖医院名誉院长及北京医学院神经外科教授、卫生部医学科学委员会神经病学委员会、脑血管病专家咨询委员会委员，中华神经外科学会副主任委员、中华医学会天津分会常务理事、天津市神经科学学会副理事长。

址作为办公地点,后经周恩来总理批示,归还地方合理使用。70 年代初,改建为天津医学院第二附属医院,从附属医院(总医院)抽调石毓澍[①]、甘幼强[②]、马腾骧[③]和李庆瑞等作为学科带头人。马腾骧到第二附属医院后任泌尿外科主任,并致力于临床研究,在很短时间内就将泌尿外科工作开展起来,成为国内较有实力的学科。不久,开始筹建泌尿外科研究所。1979 年 4 月,天津市泌尿外科研究正式建成。研究所成立之日,我陪朱老

吴咸中(左)与天津市心脏病学研究所所长石毓澍(中)、天津市泌尿外科研究所所长马腾骧(右)合影

[①] 石毓澍(1918—),祖籍天津杨柳青,1918 年生于北京,心内科著名专家。1945 年毕业于法国里昂大学医学院,获医学博士学位;曾任天津医学院第二附属医院心内科主任、院长,创建天津心脏病学研究所,任所长;后任中华医学会副会长、中华医学会天津分会会长、《中华内科》杂志副主编、中华医学会心血管病学分会常委、《中华心血管病》杂志常务编委、天津市医学会心血管病分会主任委员等职务。

[②] 甘幼强(1920—1986),广西宁明县人,壮族,1947 年毕业于南京中央大学医学院医疗系。毕业后在前中央大学医学院生理系任助教,新中国成立后到天津总医院(后更名为天津医学院附属医院)先后任内科医师、主治医师和内科学讲师。1972 年参加天津医学院第二附属医院组建,任内科学教研室副主任、主任并兼任传染病学研究室主任,1978 年任内科学教授。

[③] 马腾骧(1926—2019),泌尿外科专家,20 世纪 70 年代末创建天津市泌尿外科研究所,80 年代初创立了国内第一个大型血液净化中心,确立了肾脏替代、泌尿系肿瘤和泌尿内分泌三个主要科研方向;科研成果达到国际、国内先进水平。1994 年为表彰他在泌尿外科领域中所做出的突出成就,授予他全国第一届吴阶平医学研究奖、保罗–杨森药学研究奖一等奖。

参加挂牌仪式并参观,朱老看到新建的研究所有那么多科研设备、专职人员,感到惊讶和高兴。在回去的车上他对我说:"必须承认马腾骧是一个能人。"无疑这是对该研究所高水平起点的赞赏。作为天津医学院创建者,朱老非常注重教学,曾经说过"各学科都是医学院的教学学科,不能都去建立研究所,以免影响教学"。我理解他的顾虑,在天津医学院各研究所/室成立时,他曾特别提醒大家,在建立研究机构和从事科研活动同时,也要将教学摆在重要位置。参观泌尿外科研究所,转变了朱老对成立研究所可能影响教学的顾虑,对而后的研究所建立和科研工作非常支持和满意。

天津市计划生育研究所 60 年代后,计划生育为基本国策,为使之得以有效贯彻,科学进行计划生育,各地相继成立科研机构。1981 年,天津市政府批准成立天津市计划生育研究所,具体筹建工作由天津医学院负责,故我介入颇深。临床人员基本由天津医学院两家附属医院的妇产科抽调,实验研究技术骨干多出自医学院基础部。该所原由天津医学院领导,而后转归天津市人口与计划生育委员会领导。该所科研工作在国内同业中曾达到较高水平, 以外用杀精避孕药和节育器研究为特色,同时开展流行病学研究以及临床技术服务。

除了上述几个研究所外,后来第二附属医院内科细分亚专科,石毓澍作为当时国内一流的心内科专家,把握学科发展趋势,从大内科分出独立的心内科,进而建立起天津市心脏病学研究所,使临床研究达到新高度,成为天津医学院能在国内"叫得响"的高水平学科之一。甘幼强专注于感染性疾病的临床研究,也建立起感染性疾病研究室,而后发展为天津市感染性疾病研究所, 成为天津医学院特色学科之一。只可惜甘教授英年早逝,对该学科的发展和整个感染性疾病领域研究都是不小的损失。

建立新附属医院

代谢病医院　在我担任天津医学院副院长期间,通过与日本国际协力机构①合作,建立了天津医学院代谢病医院。该机构大约在 1980 年或 1981 年与天津医学院接触,我为具体接头人。该机构的日方负责人是马场茂明教授,在日本是一位很有名望的糖尿病专家,与朱校长是同行,因此很快就达成展开合作的共识。在"硬件"方面,经过考察和论证,决定建立一家以治疗糖尿病为主的专科诊所、临床中心或医院;同时,送人到日本学习糖尿病最新的理论进展、诊断和治疗原则。这两方面的内容,对医学院该学科的发展都会有促进作用,朱老非常重视这个项目。

吴咸中(左)与著名医学家、医学教育家朱宪彝(右)在天津医学院接待日本神户大学外科教授斋藤洋一先生(中)时合影

① 日本国际协力机构(JICA),成立于 2003 年 10 月 1 日(其前身是日本国际协力事业团,成立于 1974 年 8 月 1 日),是直属日本外务省的政府机构。它以培养人才、无偿协助发展中国家开发经济及提高社会福利为目的实施国际合作,"携手共创美好明天"为该机构的宗旨。中国事务所成立于 1982 年,是 JICA 在世界 101 个国家设置的事务所中较大的一个,以培养人才和支援中国的国家开发建设为事业的中心。

考虑到为进一步发展留下空间，根据朱老的意见，将合作建立的机构定位为代谢病医院，避免被糖尿病所局限。由于当时的附属医院难以挤出基建场地，只得建在医学院校区内，这也便于得到学院基础学科的支持。日方提供全部建院资金，国家、天津市政府和医学院都积极配合，于1992年正式落成开业。由于基础打得较好，朱老又是内分泌和代谢性疾病的顶级专家，这家医院发展得很快很好，为天津医学院在该领域的临床、教学和科研都发挥了很好的作用。

在人员培养方面，建院的同时，由马场茂明教授帮助安排附属医院内分泌科的医生赴日本留学。马场教授本拟安排将送去的人在日本攻读博士学位，以接受较为系统和深入的训练。在沟通时，朱老强调一定使送去的人学到真才实学，这使日方产生误解，将原先的攻读学位改为进修，结果去学习的人非常失望。当时恰好我正在日本访问，附属医院派往日本学习的医生向我说明了情况，并明确提出希望攻读博士学位的愿望，经我向马场教授说明，重新改为攻读博士学位，这位年轻医生经过系统的理论学习和临床训练，获得了真才实学并拿到博士学位。

口腔医院 70年代末，国内很多医学院校都着力发展口腔医学，天津医学院在1974年就设置了口腔系，77和78级各招收了一个班的学生。为了让该系更好的发展，需要建立一家口腔病院作为临床支撑。经过研究，决定在医学院领导层由我负责主抓口腔医院的筹备工作。经过讨论，院址选定在校园临气象台路和同安道交角处，内向校园、外向街道，方便病人就诊，是最为理想的建院场地。那时，由于唐山大地震后遗留的问题还没有完全解决，天津仍有一些市民居住在"临建"中，而拟建口腔医院的校园内地段，也有本校十几户职工的"临建"，需要先动员他们搬离才能动工建口腔医院。我主抓筹建，动员工作自然由我来做。晚饭时段多数职工都在家，于是我挨家挨户进行家访，向他们说明情况，望大家能顾全大局配合校方的工作。回想起来，绝大多数职工都很通情达理，几乎没有人提出过分的要求,更没有出现"钉子户"。当然,我们也为这些"搬迁户"安排了相应的住房,从刚刚建好待分配的职工住房中拨出部分房源,又在校区近卫津路方向专门建立一幢小二楼,使他们都能"居有定所",这样,顺利圆满完成了"搬迁"工作。

然而,口腔医院后来的基建工作并不顺利,材料、施工、配套设备等都被上级监管部门查出不少问题,但最终得到查处和纠正,口腔医院建了起来,于1988年10月开始对外门诊。

重要的国际合作项目

在我担任天津医学院副院长期间,经手了两个重要的国际合作项目的引进,一个是美国医生发起的国际对华赠书项目,另一个是引进日本大冢制药株式会社的封闭式输液系统。

国际对华赠书项目 1979 年,美国的乔丹·菲利普斯(Jordan M. Phillips)教授率领一个妇产科专家代表团访问中国,访问和参观医学院附属医院是他们在天津的行程之一。俞霭峰教授请我以天津医学院副院长身份参加接待工作,由此我结识了菲利普斯教授。菲利普斯教授是美

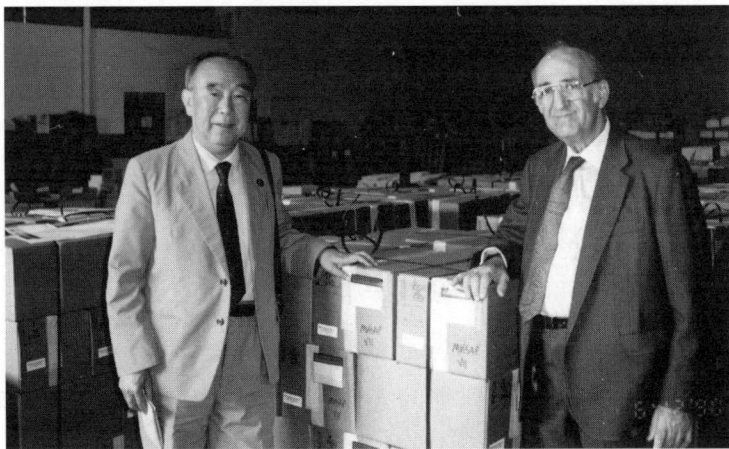

吴咸中在美国接受美国友好人士、加州大学妇产科学教授菲利普斯无偿募捐赠送的医学图书

国加州大学妇产科教授,他从20世纪60年代末开始关注欧洲几位医生通过腹腔镜进行妇科治疗的尝试,随后,他在将这项技术用于临床方面做出了巨大努力。1971年,他与其他三位医生共同建立了美国妇科腹腔镜学会(AAGL),并通过了AAGL教授临床医生腹腔镜妇科手术基本原则,使该项新技术得以广泛应用。为此,他被誉为腹腔镜之父。

在这次与代表团非常友好的交谈中,菲利普斯教授表示非常愿意与中国的同行建立长久的交流合作关系,并特别问及中国急需哪方面的帮助。我几乎不假思索地提出需要医学科技图书,因为我在这方面是深有体会的。那时,"文革"刚刚过去,国家百废待兴,引进国外先进的科学技术,特别是医学前沿理论和技术,是我早已"求之若渴"的想法,但苦于国家底子薄,学校和医院经费拮据,购买图书的预算很少,新版的外文专著价格昂贵,加之没有外汇指标,这就成了连想都不敢想的事情,医疗单位和院校专业书籍严重不足,已经成为制约学科发展的重要因素。菲利普斯教授听了后表示理解,萌发了向中国赠送医学图书的想法,并达成下一步双方共同寻求可行性实施方案的共识。之后他在同我国卫生部领导会面时,提出了向中国赠书的想法,得到肯定和支持。

1979年,菲利普斯医生结束访问中国回到美国后,就与他的夫人玛丽·菲利普斯(Mary Zoe Phillips)行动起来,向全美1200多家医学图书馆、大学、协会和出版社发出向中国赠送医学书刊的倡议书。他们的倡议很快便获得热烈响应,各地捐赠的书籍源源不断地涌入他们位于加州圣塔菲的住所,很快就难以承受了。1981年,"对华医学赠书委员会"(Medical Books for China, M.B.C)在美国获得正式注册,为非营利性的公益组织,赠书活动所需的一切设备、办公费及海运费全部由捐赠者提供,菲利普斯教授为M.B.C主席,他的夫人任秘书长。这确实是热心、能干的一对夫妻,很快建立起相当规模的赠书存贮仓库,许多志愿者和雇用来的工作人员参加到赠书的联系、接收、整理、分单打包、装箱及海运等工作中。随后,募集图书的范围从美国扩展到欧洲,1987年将M.B.C更名为"国际对华赠书委员会"(Medial Books for China International,M.B.C.I),获得的图书种类、数量和质量都大幅度提升,成为更有影响的国际项目。

在中国方面,卫生部和天津市政府决定,由天津医学院和天津市卫生局联合建立天津市接收医学赠书委员会,任命我为主任委员,卫生局曲学申任副主任委员;以天津医学院图书馆为总接收点,并建立集散中心向全国分发赠书。项目启动后,天津医学院图书馆的朱桂蓉、韩宇琪及刘昌宁等老馆长付出了艰辛的劳动, 国内的接收及分发工作也十分繁重,如果没有众多热心和负责的人付出努力,不可能圆满完成。1987年,卫生部曾两次颁发文件,向全国相关单位介绍该项目,获得信息后,与我联系提出需求的单位络绎不绝。

1991年,卫生部召开国际对华医学赠书项目10周年庆祝会,同年在天津召开了全国接收赠书代表会议,制定了改善赠书接收和分发工作的具体办法。截至2004年,在20多年的赠书项目中,共接受赠书66批,即66个集装箱,总重量1320吨,医学书籍200余万册;国内共建立了8个集散中心,将赠书分发到29个省、市、自治区的800多个医药卫生单位。为了将这项公益事业做好,菲利普斯教授夫妇共来中国80余次,我与他们会面研究这项工作也有数十次之多。

80年代,中国政府提名菲利普斯教授为诺贝尔和平奖候选人。2001年, 天津市政府给菲利普斯夫妇授予了天津市荣誉市民称号和金钥匙;同年,国家外国专家局授予菲利普斯教授"友谊奖";2003年,该赠书项目获得"天津市国际科学技术合作奖"。这些荣誉和奖励,是对菲利普斯教授夫妇长期以来对中国所做出的真诚帮助和贡献最好的表彰,是他们应得的尊重。

"国际对华医学赠书"项目最初是由我不经意提出的,当初并没有想到日后它会成为有如此巨大影响的国际项目,这主要归功于菲利普斯教

吴咸中与美国友人、加州大学妇产科教授菲利普斯合影

授在医疗领域的威望和他们夫妇的数十年如一日的热情专注。这个项目使我们成为挚友，我到美国访问时去看他，就住在他的家里，他请我参观了赠书贮存仓库和工作流程，规模之巨大、流程之繁复，令我震撼！我们得到的图书不但越来越多，而且越来越新，质量越来越高，有时一本书有数册，分配起来很方便，解决了国内医学科技书籍的短缺，又省去大量的外汇，菲利普斯夫妇的作为令人钦佩。他们主导的赠书项目感动了我们这些参与者和受益者，也感动了中国的船运公司。他们得知这些"老外"如此热心地向中国捐赠医学图书，即不再收费，义务运送这些书籍到中国。菲利普斯教授和他夫人是与我联系时间最长、接触次数最多、取得成果最大的外国朋友，2006年他最后一次来中国时还表示"生命不息，赠书不止"，没想到两年后他因癌症去世，享年85岁。我们不会忘记他，并愿他的灵魂安息。

引进新一代输液系统 1977年9月，我赴日本参加第二十一届国际外科学会，会上报告了中国中西医结合治疗急腹症现状。会议期间，一家日本的制药企业日本大冢制药株式会社①通过我的一位日本朋友介绍见

① 大冢制药株式会社是一家日本的制药公司，总部位于东京都、大阪市、德岛县鸣门市，该公司于1964年8月10日成立，现时全球拥有约27000名员工。大冢制药集中于制作营养辅助食品，并因其流行的运动饮料"宝矿力水特"（Pocari Sweat）而著名，1964年加入输液事业，输液后在公司中为领导地位。

到了我，并邀请我参观他们的企业。虽然此前我已经访日多次，但主要是与医院和大学的医生和教授交往，还没有参观过药厂，恰好有时间，就接受了邀请。那时的大冢已经是成立近20年的企业了，上万名员工，厂区和生产流程等的管理模式令我感到震撼，毕竟中国原本就落后，又刚刚经历了"文革"，似乎不在同一个时代。在大冢的产品中，最吸引我的并不是他们引以为傲的新药，而是临床每天都要使用的输液系统。作为与临床手术和急腹症打交道最多的外科医生，水盐代谢失衡是主要并发症之一，深知输液疗法的临床重要性。那时国内输液仍然是开放式的，每个医院要自己准备输液瓶、管和针，还要高压消毒，病房中注射、加液常常需要打开输液瓶盖，倒入液体和药物，整个过程烦琐，难以标准化，污染和"热源反应"则是更严重的临床问题。我在大冢首次详细了解了封闭式、标准化和一次性输液系统，确实是耳目一新，认为如能将其引入中国，将使国内的输液系统更新换代，具有极大的临床意义和紧迫感。

其实，大冢也有进入中国的愿望，所以与我的想法"一拍即合"，同意

20世纪80年代后期吴咸中（左一）赴日本讲学

187

共同努力将这新一代的输液系统引进中国。恰逢中国在 70 年代末、80 年代初加大了对外开放的力度,欢迎各类海外企业来华投资建厂。大冢有它自己的渠道和方式申请进入中国,我作为医学专家,从专业的角度说明该输液系统的优越性,做了一些助推工作。1978 年,大冢与国家医药管理总局开始洽谈引进输液技术与合资建厂问题;1980 年,在北京举行中国大冢制药有限公司成立签字仪式,林栋和大冢明彦分别代表中日双方签署了《合资经营中国大冢制药有限公司合同书》等文件。1983 年 6 月 8 日,该公司取得中华人民共和国对外经济贸易部的批准证书;1984 年 1 月,中国大冢获准在天津建立生产基地,同年 5 月中国大冢举行开业典礼,并销售出第一批 10% 葡萄糖注射液 45000 瓶。从那时开始,天津市的医疗机构逐步废弃了老旧的开放式输液技术,使用新一代的输液系统,从而使临床输液工作简单化和标准化,也减少了污染和热源等困扰。

我自首访大冢后,与该企业一直保持着专业性的合作关系,对他们的产品提一些意见和建议,双方的良性互动有一段时间是常态化的。大冢的封闭式输液系统在中国的快速普及,使中国大冢也获得较好的发展,后来它在浙江、广州和苏州也建立了分公司或药厂。2014 年,庆祝"中国大冢"进入中国 30 周年,第一任董事长林栋先生、副董事长大冢明彦先生和我被授予"中国大冢元勋奖",还在南开医院新大楼建了大冢学术报告厅以示感谢和纪念。改革开放初期,中国前后引进成立了 5 家中外合资制药企业,即:中日合资的天津中国大冢、中美合资的上海施贵宝、中瑞合资的无锡华瑞、中比合资的西安杨森及华纳(苏州胶囊),这 5 家医药行业的合资试点企业可谓是进入中国的"首食螃蟹"者。大冢作为这第一批企业中的第一个,虽经历了一些曲折,但这项国际合作项目的成功使中国的输液疗法获得了革命性的进步,各方的努力都是值得的。

赴德国访问开展学术交流 80 年代,天津市曾派出三个医学代表团访问了当时的联邦德国并参加了中医大会,我有幸参加了 1984 和

1987 年两次的出访交流活动。这里着重说一下 1984 年那次出访联邦德国的情况。

1984 年 10 月 21 日至 11 月 17 日，由天津市教育卫生委员会副主任周延昌主任医师、我和天津中医学院附属医院院长石学敏教授组成天津医学代表团赴联邦德国参观访问和对口交流。我当时刚接任天津医学院院长不久。10 月 27—28 日，我们在联邦德国库尔姆巴赫市出席了"中国传统医学研究院"的成立大会及第一届"德国中医学术大会"，会上有来自联邦德国各州、瑞士、奥地利及法国的医生参加了大会。27 日的大会开幕式后，由我做了题为"中西医结合治疗急腹症的新进展"学术报告，在与会代表中引起极大的反响。当时西欧与中国的交流很少，所以在会上第一次听说中国有采取中医针灸、中药非手术方法治愈急腹症的中西结合治疗方法，而且全部治疗都有理论和实验根据，除了临床研究数据外，还有大量实验室动物实验数据，说服力很强，非常感兴趣，与会代表提出了大量的问题，我都一一予以解答，代表们很满意，有些代表还表示今后还要进一步加深交流。接下来，我们对慕尼黑大学医学院、波恩大学医学院及两大学医院进行了参观访问和学术交流。慕尼黑大学医学院院长兼

吴咸中一行在德国库尔姆巴赫市交流访问时与德国友人合影

大学医院大内科主任鲍姆加特纳（Baumgartner）教授是诺贝尔医学生物学奖候选人、著名的肝脏内科学专家、大学 C4 级教授（联邦德国最高级教授）；波恩大学医学院院长冯·埃菲（Von Eiff）教授也是 C4 级教授、联邦德国高血压和肾病学科带头人，还是联邦德国政府和议会的医学顾问。两位教授都在家里宴请了我们。11 月 7 日晚，我们在科隆市工会大礼堂参加了冯·埃菲教授访华和中医报告会，联邦卫生部部长聚斯穆特女士作为嘉宾也出席了会议。会上教授详细介绍了中医在中国的情况，特别是中国政府注重和支持中医和中西医结合的情况，并特意将我介绍给与会嘉宾。参会的嘉宾还有联邦德国基督教民主联盟联邦议会党团秘书长和科隆市市长等高级别嘉宾。

　　11 月 9—11 日，我们前往明斯特大学医学院参观访问和进行学术交流。该校医学院院长范德鲁（Van De Loo）教授也是 C4 级教授，是联邦德国血液病学科带头人。因此，联邦德国及欧洲血液病治疗中心也设在这里。在这里，我提出去外科和手术室参观，德方特意安排了一个外科小手术。这是一个微创外科（内窥镜下手术，我们俗称"打眼儿手术"），当时国内还未开展，所以我很有兴趣，并认为这是很有发展前途的外科技术。于是决心将微创手术引进到中国来，这也是后来南开医院腹部微创外科在国内占有领先地位的原因之一。在外科手术室我还第一次看到医生和护士所用的一次性帽子、口罩及手套，感觉很好，就收集了一些，带回天津后交给有关工厂供研究使用，为后来一次性手术用品在国内使用和普及起到了一定作用。

　　这次出国访问交流收获很多很大，不仅学到了很多新知识，我还为南开医院争取到了在联邦德国克罗纳赫市医院外科进修的名额，后来南开医院有两名外科医生来联邦德国这家医院学习进修。因为这次出访是在中国改革开放初期百废待兴时期。因此很有成果，也给我留下了很深印象。

第十六章

接任天津医学院院长

难得的"搭档"

1984 年 3 月,我被任命为天津医学院院长,从朱宪彝老校长"接棒",成为天津医学院建校后的第二任院长。朱校长是医学界为人所敬仰的德高望重的老前辈、老专家,也是著名的医学教育家,从他手中接过天津医学院院长之"棒",我心中确实有些忐忑不安,但又由于我已经做了5 年多的副院长,对天津医学院有了较全面的了解,在朱老领导下也做成了一些事情,对各学科带头人、骨干和各部门负责人也比较熟悉了,感觉已具备"天时、地利、人和"的有利条件,因此也比较有信心做一个称职的院长。上任当日我暗赋诗一首:"市委领导下令文,千斤重担顿加身。胸怀一片振兴志,何惧夕阳近黄昏。举目求贤三伏渴,鼎力任能五内真。尚望诸君多进教,净身洗耳候佳音。"这首诗反映出上任伊始时信心满怀、希望干出一番事业的心情。同时,也能认识到自己的担子不轻、责任重大,既需要自己倾尽全力,也要注意与各方合作,借助团队力量将工作做好。

吴咸中在全校大会上做报告

当时我所面临的新挑战至少有：其一，高教战线是"文革"重灾区，百废待兴，困难重重；其二，天津医学院为新中国成立后的第一家医学院，经过近30年发展理应进入全国高等院校先进行列，但现实仍有差距；其三，天津医学院为第一个试行院长负责制的高等学校，无经验可循，需要"摸石头过河"。另外，"文革"中高校很多工作停滞，欠债颇多，特别是关系到教职员工切身利益的，如职称、学衔评定，福利待遇及住房分配等，似乎有"还不清的债"，这些都是需要认真对待并逐步给予合理解决，所以今后的工作绝不会轻松。

所幸的是，在我做天津医学院院长期间，组织上给我安排了一位很好的"搭档"——党委书记杨青同志，他是一位"进城干部"，很年轻就参加了革命工作，解放战争中曾做过大量"支前"工作；他为人正派、个性淳朴、待人真诚，认真做实事而不争名利，真是一位很难得的合作伙伴，虽然我俩的经历完全不同，但我们之间很谈得来。他大约是在1979年从天津市体育学院副院长的岗位调到天津医学院来的，分管后勤工作。那时国家刚刚开放，仍然处于物资供应短缺状态，学校食堂常常成为师生们不满的焦点。杨青调来之前我们就听说，他将体育学院的食堂和后勤工作搞得非常好，这在强调伙食营养的体育院校来说，获得好评实属不易。他来到天津医学院后，很快就将食堂搞得有声有色，获得各方面好评，后勤工作其他方面也随之大有改观。在我俩同任副职期间的相处中，我认为他确实是一位有想法、讲实干、求实效的好干部。以后在我们作为合作搭档一起主持天津医学院的 5 年中,我俩各司其职,各展所长,默契配合,共同努力,为天津医学院各方面工作的顺利推进创造了良好的条件,这是一段很美好的记忆。

管理体制全面改革

我上任不久,天津医学院开始施行院长负责制,我院是天津第一家进行这种制度改革的试点单位,与高等院校全面改革同步进行。院长责任制是一种领导体制的改革,目的是通过明确的分工以提高工作效率,试点单位首先要认真筹划、反复斟酌制定出原则,再通过实践进行逐渐完善,进而在相关单位推广。由于没有先例,上级领导只能提出原则性要求,试点单位边实施边修改。

为此,我们首先制定了从院长、书记到系主任的职责、权力、义务,以及在实施过程中相互保证的监督机制等;另外,建立了教职工代表大会制,形成了院长、党委、教代会三者间的协同关系。这在当时还是非常新颖、有激励进取作用的新鲜事物。不久,又成立了学生工作处,改革了学生助学金为奖学金制度;成立了院长基金委员会,制定了基金管理条例;并拟定了全院教师定编、定员聘任制、工资改革、职务补贴和奖金发放等试行办法。这些现在看起来不算什么,但当时确有耳目一新的感觉。

在改革原则和草案出台后,即积极推进,使管理体制改革得以落实。在人事制度改革方面,实行定编定员和人才流动,教师聘任制、工人合同制,干部则实行任期制、下放干部任命权限、逐级任命和逐级管理等制度;在学生管理方面,明确了学生工作处的职权范围,如招生、学籍管理、奖惩、生活管理、思想教育和分配等制度;在财务管理方面,明确了注重经济效益、克服平均主义、鼓励多劳多得,开源节流等;在薪酬制度方面,建立了奖励基金组织,实行职务补贴、岗位津贴、浮动工资等制度;在后勤管理工作中,建立了服务公司,向企业化、独立核算、自负盈亏等的经营管理模式过度。

教学、科研、医疗是医学院校的三项重要任务,但教学为高等院校的基本任务,以其为主导,将三个方面统一起来,形成相互结合、相互促进的关系,这是向现代化高等教育迈进的关键。同时,这也是贯穿办学和学校发展全过程的一项长期任务,我们的工作,仅仅是开个头而已。

吴咸中校长陪同前来医大调研的领导同志参观

在教学改革方面:扩大教研室的权限,教研室主任有人事、经济和奖励的权力,包括聘用副主任和各级教师;为适应当代医学发展,改革课程和教学内容,精选必修课、增加选修课,压缩课时、增加实验课,提高学生动手能力等;实行教学方法改革,摒弃灌注式、开展启发式或讨论式教学,提高学生学习能力;加强临床教学,协调基础课和临床课比例等,以提高教学质量。

在科研改革方面:研究所和研究室实行有偿合同制,自由选择课题、自愿组成研究组;国家、市、校等科研课题实行招标制;充分利用基础学科优势,组织多学科、多专业联合攻关,形成合力,争取获得高水平科研成果。

在医疗改革方面:将附属医院的医疗工作与临床教学相结合,切实提高临床教学质量;医院工作要方便患者,扩大医疗服务范围,分配方式体现多劳多得;医疗业务要立足于提高医疗质量,改进服务态度,实行医疗综合评价,按质量进行考核;大力开展医疗科研活动,积极应用新技术,设立推广新技术奖。

加强教学、科研和学科基础建设

我任院长时期是国内高等教育转型和高速发展的一个阶段，院系增加、招生数量增加和教学方式的更新，都对教学设施提出新的要求。但那时改革开放还没有带来显著的"红利"，学校仍以国家拨款为主，要办的事情很多，无奈经费紧张，只能精打细算，本着艰苦创业、勤俭办学的方针逐步完善教学设施。根据我的建议，首先根据能获得的经费，精打细算编列计划预算；经费使用先通过办公会讨论确定，按计划分配；在实际使用中如出现偏差进行适当调整；年终进行全面总结，为下一年更合理地使用经费提供参考。

1984 年，天津医学院的在校生为 3000 名，其中研究生 300 名。专业设置有医学、卫生、口腔和护理四个系，计划在将这四个系办好的前提下，扩大定向专业招生，包括八年制医学班、儿科专业、法医专业，并计划在二至三年内开办医学电子专业、营养和食品卫生专业、医学管理专业，可谓雄心勃勃。为创造相应的办学条件，我们开始着手为护理系和医用电子专业建设教学楼，约 4000 平方米；建医学院教学中心 10000 平方米。为了满足医疗和实习需求，两个附属医院需要从 1400 张病床发展至 2000 张，资金和基建都需要解决。另外，本科生和研究生的住宿也十分紧张，计划在两个附属医院建设 6000 平方米的学生宿舍。这些当时看似难以完成的计划，但在我任期内借助各方面的共同努力，都基本实现了，这是值得自豪的事情。

要想改善教学和科研条件，除了争取必要的财政经费，"开源"也十分重要。从 1983 年到 1987 年，天津医学院承担了国家自然科学基金项目 34 个，得到款项共 110 万元，这在那时是不小的一笔经费，能够解决不少问题。另外，使用贷款也是当时"开源"获取资金的一个有效途径，我们竭力争取。例如，从世界银行获得了 200 万美元的贷款，建起了中心实验大楼,还有配套的163万元人民币,用于人才培养和交流。还从澳大利亚获得了50万澳元的援助,加上几十万元国内配套经费,用作代培、办班、横向科研合作、医疗和教学等方面。

吴咸中在了解药理实验分析

在科研和学科建设方面,20世纪80年代初,我们就做出了建立和发展"五所、十室、两中心"的发展规划,可谓雄心勃勃。至1983年我接任医学院院长前,已经建成了四个研究所,即内分泌研究所、计划生育研究所、泌尿外科研究所及神经病学研究所,拟以附属医院放射科为基础的放射诊疗研究所,正在筹建中。当时附属医院以吴恩惠[①]为首的放射医学团队在国内实力很强。经过精心的筹备,放射诊疗研究所于1986年在天津正式成立。至此,完成了建立"五所"的计划,为天津医学院后来科研工作水平提升和重点学科建设打下了良好的基础。

在基础医学方面,至1984年,医学院已经建成的研究性实验室有:流行病学研究室、实验肿瘤研究室和免疫学研究室;已建成的临床研究

---

① 吴恩惠(1925—2009),辽宁绥中人,放射医学专家、天津医科大学教授、享受国务院政府特殊津贴专家。1948年,毕业于辽宁医学院获学士学位;新中国成立后,历任天津医学院附属医院放射科主治医师、主任、副院长、院长。1955年,在国内首次提出"颅脑径线测量法""钙化松果体定位法"。

实验有：传染病研究室和心血管疾病研究室。筹建中的研究室有：营养与食品卫生研究室、中西医结合研究室、消化系统疾病研究室、实验外科研究室和化妆皮炎研究室。经过各方努力，这几家筹建中的研究室在后来的两三年内均相继如期建成。

另外，在 80 年代初，天津医学院还建立了电镜中心和同位素中心，在当时既具有特色又有较强的实力，为天津医学院的科研活动提供了很好的支持。

重点学科的建设与教学设施、科研所等建立不一样，它必须要经过一个逐步发展才能走向成熟的。重点学科建设是教育和科技改革的产物，是从 80 年代初开始提出的，并将其作为衡量高等院校水平的核心指标之一。国家推出"重点学科建设"的主要目的，是逐步提高全国高等教育水平的战略性举措。那时，全国共有 1016 所高等院校，除几十所院校人才密集、科研能力强和具有一定国际知名度外，多数院校的水平仍然较低，根据 1985 年年底的统计，有 300 余所大学没有副教授，500 多所没有教授。因此，重点学科建设是我任天津医学院院长期间主抓的一项工作，这是一项没有先例可循的新鲜事物，具有一定的挑战性，但能够成为这项尝试的参与者和领导者，更是一种幸运。

确定重点学科有三条标准：其一，已被国务院学位委员会批准有权授予博士学位者；其二，具有研究特色，在全国有较高学术地位且被上级有关部门批准者；其三，国家急需发展的学科，本单位已经具备较好的发展基础。根据这些指标和天津医学院的实际情况，将基础较好和符合国家急需发展的学科列入重点规划项目，在今后工作中给予资源倾斜和重点扶持，这些学科有：内分泌、心血管、传染病、泌尿外科、中西医结合临床急腹症、放射医学、神经病学、妇产科和康复医学，并提出力争在 5 年时间内使大部分学科进入全国重点学科行列。当时的天津医学院虽然属于第二类院校，但在博士生导师数量方面在全国医学院校中排在第十

吴咸中全身心投入学校全面建设发展规划中

位，与二医大和上海中医学院并列；前面的9所院校有协和、上一医、北医、上二医、同济、中山、华西、四医大和湖南医学院，它们基本上都是第一类医学院校。因此我在全院大会上鼓励大家要充满信心，只要上下齐心、共同努力，天津医学院的重点学科建设一定能够搞好。

通过认真学习和研究国家"重点学科建设"的原则和内容，天津医学院内部就重点学科建设要完成的5项任务达成广泛共识：第一，培养高质量的本科生和研究生，有条件的还要接受国外访问学者、进修生或研究生；第二，积极申请和承担国家和市级重大科研项目，以项目带学科；第三，积极参与本学科质量教科书编写和撰写学术专著；第四，开展学术交流，使本学科成为国内乃至国际学术交流基地；第五，各重点学科的实验室要为全院的发展做出贡献。在开展学术交流方面和接受国际访问学者和研究生方面，我提议请石毓澍、薛庆澄、吴恩惠和马腾骧几位教授的学科先行先试，积累经验，并为其他学科树立榜样。

由于重点学科建设是全院的大事，我要求在推进工作中必须注意各部门之间的配合，不同学科协调发展。为此提出要处理好四大关系：其一，重点学科与非重点学科的关系，前者并非处处都好，后者绝非一无所长，应该取长补短，共同进步；同时也要看到，今天的非重点学科经过努力，仍可以成为明天的重点学科。其二，重点学科与研究机构及重点实验室关系，强调重点学科的实验室并非学科的"私有财产"，要成为全校重点学科建设的一部分,要有全局观念。其三,自力更生与申请国家拨款相结合,先干起来,自筹资金或通过横向合作先获得启动基金,同时申请各类科研基金和项目,不能坐等"天上掉馅饼"。其四,重点学科建设与其他工作的关系,在完成本职工作的基础上进行重点学科建设。

重点学科建设能否做好,关键因素仍然是人才问题,注重人才梯队的建设,才能使重点学科持续发展。为此,我向全院特别强调了做好这项工作的重要性,并做出全面部署,提出具体要求:①要求各重点学科和潜在重点学科制定建立学科人才梯队的五年计划,并由学术带头人负起责任,亲自起草人才引进和培养计划。②要合理使用人才,精心培养人才是长久大计,合理使用人才是当务之急。同时,也需要秉持开放的态度,促进人才交流,特别是双向交流,积极引进特别需要的人才,宽容对待"外流"人才。③为人才培养和成长创造良好的工作条件和社会环境。这也是一件非常重要的事情,做好非常难。首先应该尊重知识、尊重人才,相互之间则应该互相尊重、互相学习、互相支持和互相补台。中青年要"尊老",虚心向他们学习,汲取他们的学识、经验和学风;老专家要"扶幼",热心扶植和培养年轻一代,甘为人梯。

经过数年的努力,在我任医学院院长时期规划的重点学科建设项目,有几个学科实现了成为国家重点学科的目标。其中包括:朱老创建的内分泌与代谢病学科,它依托内分泌研究所、代谢病医院和总医院内科,很快成为国内领先的学科,并于 1996 年成为国家重点学科,1999 年被批准为国家教委"211 工程"子项目。泌尿外科则在马腾骧教授带领下,依托天津医学院第二附属医院泌尿外科和泌尿外科研究所,在国内泌尿外科领域中名列前茅,在 1996 年被批准为国家重点学科,1999 年获批"211 工程"子项目。我领衔的中西医结合临床外科学科,在经过 20 多年积累形成了较为丰富和可靠成果的基础上,于 1989 年被国家教育委员会批准为国家重点学科;1994 年被国家人事部批准为博士后流动站;1997

年被国务院学位委员会批准为中西医结合一级学科博士学位授权点；并分别在 1997、2002 和 2007 年成为国家教委全国"211 工程"建设子项目；2005 年又被天津市批准为天津市"重中之重"建设学科。至此，中西医结合临床外科的学科建设达到了顶峰。

吴咸中(右一)与著名外科专家虞颂庭(右二)在天津医科大学校庆典礼上

在改革开放的大潮中

从 1983 年到 1991 年，在我担任天津医学院副院长、院长期间，国内的联合办学、国际的学术合作、机构共建等活动非常活跃，我作为院长必须寻觅和把握这样的机会，充分发挥牵头人和推手的作用，为学院的教学、医疗和科研获得动力。

生物医学工程系的创建　与南开大学合作建立八年制医学专业获得成功，对我们通过院校合作开拓新学科提供了成功经验。随着分子技术的成熟和广泛应用，生物医学发展到全新的境界，催生新的技术和学科,高等医学教育需要开拓新的领域或学科,适应甚至支持这波科技变革。1984 年,南开大学筹办物理医学与康复医学专业,我们表示出联合办学的兴趣和意愿,并对他们提供了支持。在那段时间,天津医学院与南开大学、天津大学建立了良好的合作关系,根据各自优势和发展设想,寻求合作办学的机会。同时,天津市领导同意我们提出的医、理、工相向渗透,创办面向未来新科学技术学科的思路。

这一年,南开大学分校决定将医用电子系拨给天津医学院,使我们获得了从纯粹的医学向外发展的"踏板"。经过认真讨论和评估,决定与天津大学联合开办生物医学工程专业,这是一个跨学科的新专业。天津大学负责理工方面的教学和师资,天津医学院负责生物和医学部分,学制 4 年,毕业后授予理学士。主要为科研、医疗和研究设备研发及维护等方面培养高级人才,填补由于生物医学高速发展造成的学科空白。1986年,天津医学院生物工程系正式成立并开始招生,这是国内最早开设该专业的院校。1996 年和 2003 年,分别获得了硕士和博士授予权,2012年,成为博士后流动站。这个专业发展得非常好,是天津医科大学具有特色、在国内有较高水平的学科,为国家培养了生物工程方面的人才。

人工晶体移植中心的建立　林少明[1]教授是一位世界著名的眼科专家,特别在人工晶体植入方面享有盛誉。我第一次见到他们夫妇是在1986年金秋时节,他带领一个手术小组在天津举办人工晶体植入培训班,这是他首次来天津的"光明"之旅。1978 年,他二访天津并举办第二期培训班,执教的除"林家军"之外,还有澳大利亚和英国教授,使"光明"之旅更具国际化。

---

　　[1] 林少明,新加坡华人,生于中国香港,为新加坡国立眼科中心医学主任;被北京医科大学、厦门大学医学院等多所中国著名高校聘为客座教授,亚太眼科学会、国际眼科学会曾向他颁授最高荣誉奖章。1991 年,在天津倡导成立了中国天津世界人工晶体植入培养中心。1993 年以来,融资 86 万美元用于厦门眼科中心大楼工程的启动及医疗设备购置,获厦门市政府授予"荣誉市民"殊衔。

1988 年 4 月，天津医学院附属医院眼科袁佳琴[①]教授告诉我，林教授拟从国际筹款在天津医学院建立人工晶体培训中心，希望以此为基地在中国推广该技术。我觉得是一件大好事，当即表示全力支持，并请袁教授和附属医院院长江德华[②]教授给予配合，与林教授进一步商讨具体细节。经过初步协商，1988 年国庆前夕，林教授夫妇来津商量中心建设问题，会谈直截了当，一无客套二无虚词。该次见面就将中心名称、性质、选址、国外集资、施工时间及开幕日期谈妥，效率极高。中心定名为"世界人工晶体中国天津培训中心"，简称"TC"。同日，顶着连绵秋雨，踏着泥泞，进入施工中的实验中心大楼，观看为 TC 准备的场地。其位于天津医学院南大门右侧，与当时的一片池水相接，同新建的口腔医院隔门相望，是校区内难得的黄金地段，林教授非常满意。大家一致同意建一幢具有东南亚风味的西式小楼，TC 将成为天津医学院校园中一个独特的景观。

林教授希望在 1989 年下半年完成基建，并尽快开幕启动国际交流和培训。我很支持他的想法，并表示主要资金及时到位，我们全力配合，有望如期完工。当年 11 月底资金到位，1989 年 3 月开工，用了 190 天新楼建成，9 月 29 日开幕并召开了学术会议。从意向提出、计划商定、资金筹集、基建和开幕，效率之高令到会的国内外专家赞叹不已。这是我任职期间各国际合作项目中商务谈判时间最短、建设速度最快、全过程效率最高的项目，留下美好的记忆。

---

① 袁家琴，博士生导师、教授、国务院政府津贴获得者。1943 年，毕业于贵阳医学院后，从事眼科临床、教学、科研工作近 70 年。1989 年，与国际知名眼科专家林少明教授合作，引进国外人才技术资金在天津医科大学创建世界人工晶体中国天津培训中心，已培训全国眼科医师 5000 余名，并接受亚、非、澳洲眼科医师进修，推广人工晶体植入术治疗白内障技术，在国际上产生重大影响，被第 26 届国际眼科大会列为世界 20 个重要眼科中心之一。

② 江德华(1931—1996)，神经内科专家、天津市神经病学研究所所长、天津医科大学教授、总医院神经内科主任、博士生导师，天津医学院附属医院院长；40 多年来，江德华教授把全部的精力和心血倾注在神经疾病的医疗、教学和科研上，是国内较早涉足神经化学领域并颇有建树的著名专家，知识渊博，在全国神经病学界享有很高声望和威信。

TC 建成是一个新的起点,林少明和袁佳琴两位教授密切合作、功不可没。林教授多次亲临指导,培养出大量人才,使中国在该领域获得跨越性发展。1999 年,TC 扩展医疗服务门类,包括青光眼、屈光手术、角膜病、视网膜玻璃体病及糖尿病眼病等,升级为眼科中心。TC 曾获得"国际科技合作成果奖",2002 年,又被评为"科技兴国示范基地",这些荣誉当之无愧,林少明和袁佳琴两位教授贡献尤为突出。

在我担任天津医学院副院长、院长时期,学校对外国际交流的广度和深度不断加强。我特别要求学院的各部门一定要奉行务实的国际交流原则,重视国际水平的大合作项目,对外交流不能流于形式,而是要踏踏实实,通过合作出成果,通过合作提高水平。因此,任何人参与对外交流,必须认真对待,做到去前有准备,回来有总结、有汇报和有分享。当然,这首先要从我自己做起,认真遵守该原则。那段时间,建立起内分泌研究所与澳大利亚研究机构的合作,实现了人员互访,在甲状腺疾病、钙磷代谢疾病等领域开展合作研究,并将国内没有的绒猴引进学校,用于实验研究。护理系与加拿大相应机构合作办学,教学骨干进修学习时将很多收获随时融入本校的教学改革。积极利用意大利国家贷款,引进 CT 等先进的放射诊断设备,并派送技术骨干赴意进修学习。与法国在放射诊断和物理治疗方面达成深度合作关系,促成包括医学院在内全市多家医院的青年技术骨干去法国进修学习。另外,还与瑞典法玛西亚-LKB 合作,在天津医学院建立起科研仪器设备展示和维修中心,为本市甚至全国范围内科研新技术的使用和维护提供服务。

提高职工待遇和改善住房条件

逐步提高职工收入,是改革时代的一个重要主题。1983 年,我全面主持天津医学院工作时,学院职工平均工资仅为 75.42 元;1985 年为 86.21 元;1987 年为 110.04 元;故 5 年内平均工资增加了 66%。根据那时的物价,职

吴咸中(右)向伊朗卫生部部长(左)介绍中西医结合急腹症外科情况

工收入的增加对改善生活还是能够起到作用的。在那以后,随着改革开放的深入,职工收入的增加幅度和速度都显著提高。1985年以后,高教系统职工的收入逐渐向多样化发展,在工资和奖金的基础上,又出现了酬金。当然,酬金是"多劳多得"的体现,局限在具有创收能力或机会的群体,"教书匠"们也可以通过校内和校外的讲课或兼课费赚"外快",同样有勤劳致富的权利。在这个群体中,1985年的平均酬金为94.6元,1987年是230.5元。用当时的历史眼光看,增加幅度还是比较可观的。

"文革"中,国家在居民住房建设方面完全停滞,改革开放后逐渐偿还这些欠债也不是件容易的事。至1984年,天津医学院及两家附属医院,职工住房非常困难,无房和困难户,即两代或三代同住一屋的家庭有900余户,要解决他们的最起码的居住困难,需要建设30000平方米的职工宿舍,这在当时是一个难以想象的巨大挑战。经过多方面努力,至1987年,医学院建成7000平方米职工宿舍,相当一部分职工的居住条件得到改善;两个附属医院也通过自建和购买方式,解决了不少职工的住房问题。当然,建成职工宿舍是好事,但合理分配使人人满意不可能,能让多数职工满意也实属不易。在那个时代,分配职工住房是一件头痛的事情,尽管成立了分房工作小组,制定了看似合理、透明的分配办法,但我作为医学院院长,也不得不花费不少的精力和耐心领导这项工作,解决争议或作解释和劝解协调工作,实事求是讲,这真不容易。

第十七章

生活在改革开放新时代

国泰民安的日子

1978 年 11 月，中国共产党十一届三中全会召开，会议确定了"解放思想，实事求是，改革开放"的思想路线，中国开始进入了新的历史纪元。经过"拨乱反正"和"落实政策"，"文革"造成的影响和余毒在被逐渐肃清，人们开始心情舒畅地工作、学习和生活。在改革开放大潮的影响下，祖国进入了一个日新月异、天翻地覆新时代。具体到我们这样一个知识分子家庭来说，子女们能够通过正常途径考入大学或进一步深造，是一件期待已久的大事。1978 年，二女尚纯考上了北京协和医院妇科的研究生，成为"文革"后第一批研究生；女婿罗更前考上了南开大学中文系，二人双双进入高等学府在塘沽成为美谈。同一年，长子尚为也考入天津医学院医学系，离开天津市儿童医院检验科技术员的工作，成为 78 级医学生。1980 年，次子尚全考入天津中医学院，也进入了医学的大门，这些对我们家来说是非常珍贵的机遇。想起来很有意思，我们对子女择业从无刻意要求，但他们却殊途同归，我家成为医学之家。

尚纯硕士研究生毕业后留在北京，在新成立的国家计划生育委员会科研所从事研究工作,是中国第一代计划生育科研人才,后来分别到新加坡和瑞典深造,主持了多项世界卫生组织(WHO)的科研题目,事业上发展很好。她丈夫从南开大学毕业后,先在新华社《瞭望》杂志做了一段采编工作,后转至新华社体育摄影部,在体育摄影方面颇有造诣,成为中国摄影家协会副主席。

尚为 1983 年医学院本科毕业后,报考了内科传染病专业硕士研究生,进一步深造,在感染性疾病和临床微生物领域发展他的事业。他在天津医学院第二附属医院工作两年后考取教育部公派留学资格,于 1998 年赴瑞典做访问学者,稍后转为瑞典卡洛林斯卡研究院博士研究生;在津医二附院内科工作的儿媳陈婕次年携孙子吴钒去瑞典与尚为团聚,也在该研究院做研究工作。后来,他们一家转到美国发展,尚为在洛克菲勒大学从事临床微生物学研究,陈婕在康奈尔大学医学院泌尿外科做科研和培训住院医生工作。1995 年,我和丽蓉曾去美国与他们一家三口相聚一个月。

改革开放的前 10 年,也是丽蓉中西医结合事业向巅峰发展的黄金10 年。1981 年 10 月,中心妇产科医院扩建完成,中西医结合科正式建立,设病床 24 张,收治不同患者进行中西医结合治疗。1985 年,该院获准成立中西医结合妇科研究室,丽蓉开始了中西医结合常见病治疗疗效、作用机制和药物剂型改进等各方面的研究。同期,由于患者明显增加,中西医结合科的病床增至 28 张,但仍不能满足临床需要,只得在天津师范学院卫生院额外开设 40 张病床。在门诊方面,形成更年期、不孕不育、功能性子宫出血等多个独具特色的中西医结合专项门诊,日门诊量超过 100 例,卫生局不得不制定专门的物价以控制门诊量的继续攀升,这足以证明她在自己事业上所取得的成就。经过 20 余年努力,丽蓉的中西医结合事业发展至顶峰。在她带领下,天津市中心妇产科医院中西医结合科完成多项课题,获得卫生部和天津市科委评发的很多奖项;

著书立说、发表科研论文,数量和质量俱佳。她个人也因此被认定为天津市中心妇产科医院中西医结合科的创立者、奠基人,也是天津市中西医结合妇产科的开拓者和带头人。特别值得一提的是,1993 年和 1998 年天津市中心妇产科医院中西医结合科连续两届被评为"天津市中西医结合工作先进集体",她的努力得到应有的回报。

"拨乱反正"使国家在政治和经济上逐渐步入正轨,改革开放使人民生活开始得到改善,每个家庭的生活也开始好起来。1980 年,三女尚勤生下一子,取名郝小萌,为我和丽蓉增添了一个外孙。1983 年尚为与他的同学陈婕结婚,1985 年生下一子,取名吴钒,我们有了孙

吴咸中在著书立说

子。尚纯于 1984 年生下女儿罗昊,是我们的第二个外孙女。1987 年 1 月,小儿子尚全也与他的同学张菁结婚。至此,五个子女均已立业和成家,我和丽蓉都感到欣慰。1990 年,小儿尚全和张菁有了女儿,取名吴锦,我们有了孙女,至此,我家"凑齐"了孙子、孙女和外孙子、外孙女的"完整系列",对我和丽蓉来说,也算是儿孙满堂了。

从 20 世纪 80 年代后期,改革开放给中国人民带来巨大的变化,所有家庭生活水平得以逐步提高;各类生活用品越来越丰富,市场呈现繁荣景象,与物资短缺时代形成了巨大的反差。就住房而言,由于家中不断"添丁进口",我从 1969 年年底后多次换房搬家,先是用鞍山道 97 号的两个单元换了马场道 206 号一套新建单元房;1974 年,天津市为落实知识分子政策在昆明路 117 号给了两间房子,使居住条件有所改善。这套

房子原是天津著名资本家吴颂廷的私产,建筑非常考究,我们住的房间阳光明媚、宽敞舒适。后由于一家人分住马场道 206 号和昆明路 117 号两处有些不方便,大约在 1976 年春与一位老干部对换,搬入浙江路 16 号,那里原是开滦煤矿英国籍工程师和高级管理人员的公寓。改革开放初期,我们又搬至鞍山西道"蛇形楼"。再后来住房商品化,我先购买了水蓝花园的公寓,而后又在浩天·天骄源购房,每次搬迁都使我们的居住条件得到明显改善。

进入 21 世纪后,我们家庭生活随国民经济的高速发展进一步提升,享受到了国家改革开放的"红利",可谓衣食无忧,应该已达到"小康"水平,年轻时做梦也无法想象的生活如今成为现实。大半生辛勤工作和事业上的孜孜以求得到应有的回馈,无怨无悔! 随着尚彬做了姥姥,尚勤当上奶奶,我和丽蓉成为曾祖父母,享受到四世同堂的天伦之乐,夫复何求?

铭记在心的最后一次谈话

1984 年,我担任天津医学院院长后,尽管工作非常繁忙,但经常抽空去看望校长朱老,听取他对学校各项工作的想法和意见。那时他虽已退居二线,仍然十分牵挂学校和研究所的工作,时常来学校走动看看。1984 年 12 月,我从联邦德国访问归来,得知朱校长近来身体不好但仍坚持工作,有些担心,急于去探望他,并想说服他住院治疗。12 月 18 日,我在办公室见到了他,如往常一样,办公桌上满是翻开的杂志和书籍,他正在认真地审阅和修改几份内分泌所的报告。他饶有兴趣地听了我的访德见闻,并说:"我们对联邦德国的医学教育情况了解不多,看一看有好处,可供我们改革参考。"很快他就将话题转向内分泌研究所,针对存在主要的问题、解决办法和研究所的接班人选等问题谈了他的一些意见,我认真记下,答应与杨青书记商量后尽快解决。在交谈中朱老再次强调:"有些教师可以教学为主，兼做科研；研究所的人员则以科研为主，兼做教学，二者不能截然分开。"

我将从德国带回的一个带灯光照明的放大镜送给他，朱老微笑着说："大家都关心我的视力，我的视力确实越来越差，用普通的放大镜都看不清了，看杂志上的小字就更困难了。"我知道他左眼的视力只有0.1，但每天仍坚持大量阅读，朱老这种永无止境的求知精神和坚强的毅力，令我发自内心地敬佩。谈了工作后，我恳求他住院治疗休养一段，他笑着说："我现在还可以，先不住院了，新楼病房走廊里都加了床，我不愿意再去占一张，等需要时再说吧！"万万没想到，这竟是我与朱老校长的最后一次谈话。

12月25日上午，我忽然接到朱老病情突变的电话，立即与杨青书记驱车赶到他家，站在门口的司机沈师傅已泣不成声："老校长不行了，不行了，怎么办？"朱校长离去的消息让我们每个人都泪如雨下，但谁也无法改变这个悲伤的结局。根据他的遗愿，由谭郁彬教授①主持做了尸检，这是一位医学巨匠对医学科学的最后贡献。老校长去了，在他即将离开我们之前，想的仍然是事业、工作、他人，而却将自己置之度外，他的崇高精神永远激励我们向前。

朱校长一生从事医学临床、科研和教学工作，他在新中国成立之初创办天津医学院后，对培养医学事业接班人工作尤为重视，他始终认为，医学院校本质上是学校，是学生接受教育、获得知识的场所，培养合格的医学生是基本目的，他坚持将教学工作放在首位，曾多次表示："学校需要科研能力强的教师开展科研工作，同时需要基础理论好的老师做好教

---

① 谭郁彬（1924—），病理学专家、天津医科大学教授、硕士研究生导师。1948年毕业于中央大学医学院，1950—1953年在北京协和医学院病理学系进修。曾任天津医学院病理教研室主任、基础医学部主任、天津市内分泌研究所所长、中华医学会病理学会常委、《中华病理学杂志》常任编委、《天津市病理学》主任委员、《国外医学·内分泌分册》总编、《中华内分泌代谢病杂志》编委等职。

学工作;因此,教书匠我也要。"我非常同意他的观点,在医学院工作期间始终将教学工作作为第一要务。我在朱校长身边学到了很多东西,在以后的工作中,将他的办学思想、科研精神继续发扬光大,将更多的心血投入到天津医学院的发展建设中去。

"以人为本"办教育

作为医生,最珍视人的生命,始终将抢救人的生命放在第一位。我回到医学院从事医学教育工作,同样将尊重人的理念贯彻到教育教学工作中去,我认为,只有"以人为本"才能办好教育。我父亲是一个旧式读书人,尊崇儒学,秉持"中庸之道",我自幼受其熏陶,意识中亦有烙印。少时喜读古人经典,处事稳重、不走极端、待人平和是我的信条,这或许源于魏晋李康的《运命论》,我曾将该文中的"木秀于林,风必摧之;堆出于岸,流必湍之;行高于人,众必非之"抄录下来放在我办公桌玻璃板下,以时刻牢记;并以"谦虚谨慎,好自为之"告诫自己。后来"钱学森之问"①,也对我产生极大影响,经常思考我们的教育体制、管理理念、教学方法、评价体系等距离"面向现代化、面向未来"的战略目标还有多远?应该怎么努力实现?我调到天津医学院担任领导职务后,教学育人成为首要工作,这些更成为我每日必"三省"的问题。

当时医学教育、高教管理、医疗领域新进展,有太多的新知识、新东西要学习、要掌握,否则无法做好院长的工作,为达此目的,唯一的办法是迎难而上,加强学习,在不断充实自己的同时,以勤补拙,加倍努力,才能将各方面的工作做好。为此,我重新安排了自己的工作时间表:"一年当两年,一日三单元(上午、下午、晚上),假日干半天(那时仅周日休息)"。那段时间确实非常忙碌,白天处理日常工作、开会和授课,周日上

---

① "钱学森之问",是钱老生前在各种场合不止一次提出的问题:"为什么我们的学校总是培养不出杰出人才?"

午在附属医院或南开医院查房,有时还要亲自去手术室上手术或指导,晚上读书学习,时间总是不够用,但也是最感充实的一段时光。

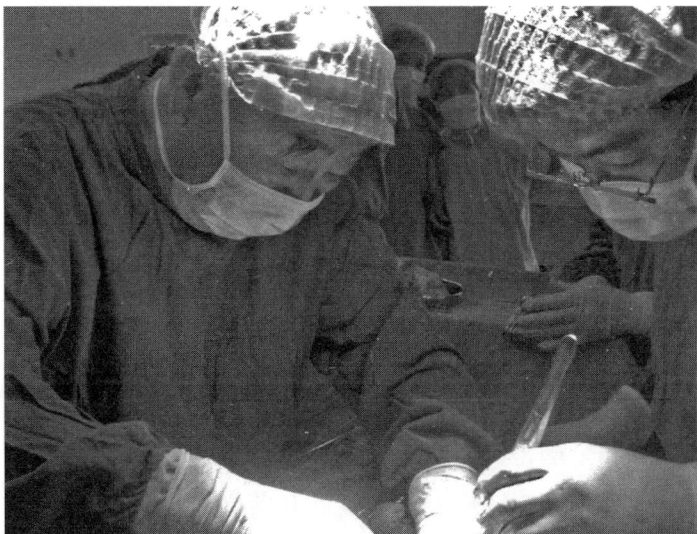

吴咸中为学生做手术示范

我认为,大学校长应当成为合格的教育家,不是有了官帽就算有了资格。要做到这一点,必须保持学者本色、杜绝官僚习气。我一贯认为,办好大学必须依靠教授、教师和专家,他们常年工作在教学、科研和医疗第一线,有丰富的经验、深刻的体会和务实的想法,认真听取他们的意见,充分调动他们的积极性才能把各项工作做好。因此,在整个院长任期内,我定下"破门而入"原则,告诉工作人员,"只要我在办公室,任何一位教授或教师找我谈工作,无须预约"。以这种方式,保证了我与他们同事和朋友般的工作关系,从而随时得到第一手信息,做出正确判断及有效解决问题。

在教学方面,我坚持深入课堂了解情况。主要是以听课方式,无论基础课还是临床课、大班课还是小班课,我都选择具有代表性的课程去听。对课程、教师、课堂效果等尽可能全面了解,也观摩过一些实验课,这些第一手资料对我的工作和开展教学改革都很有帮助。

在坚持听课的同时,我还尽量抽时间亲自授课,以带动教学。尽管在负责天津医学院全面工作后,行政事务、外事活动、学科建设和医疗工作非常繁忙,分身乏术,但我仍然尽可能坚持给本科生授课,主要讲"外科总论"和"肝胆外科"。在我的带动下,几乎所有教研室主任都分担一部分课程,体现出学校重视教学工作的气氛。

医学院校与理工科院校相比,教学内容多、需要死记硬背的多,"趣味性"性差,甚至使一些学生产生"厌学"情绪,这是教学改革中要解决的问题之一。除了精简内容、缩短课时和引入必修、选修课等措施外,提出了当代医学由生物医学模式向生物心理社会医学模式转变的新思路。在医学院校课程设置方面,也设法加入心理、伦理和社会科学等内容。例如,我对心理学这一新学科就较为重视,建立了教研组,先期的李振涛教授等在天津市和全国范围得到好的发展,成为有一定影响的学科。

除心理学外,我还在天津医学院首开医学史课,这也应该算是教学改革的成果之一。我对历史有一定的兴趣,对医学史则情有独钟。欧文·旺根斯丁医生(Owen H. Wangensteen)①是我崇敬的外科巨匠,20 世纪 50年代初,发明了胃肠减压术,对腹部外科治疗和术后恢复意义重大。其晚年则专心研究医学史,成为医学史大家。作为外科医生,我深感其发明的胃肠减压术对我临床实践的帮助;作为医学教育,我从他医学历史著作中了解了外科领域的发展过程,从而"以史为镜"透射出未来发展趋势,为自己的事业带来灵感。因此,根据我的建议,在天津医学院添加这门课程作为选修课。在这门课程中,我讲中医的发展进程,金育杰老师讲授现代医学发展史,课程很受学生们欢迎。同时,我还有意识地在"讲史"过程中进行医德教育,以中医两位"温病"大师叶贵和薛雪互不服气,感情用

---

① 欧文·旺根斯丁(1898—1981)是一位美国外科医生,他发明了旺根斯丁管,用吸力治疗小肠阻塞。据估计,在他去世时这项创新已经挽救了 100 万人的生命。他在美国外科医生学院(ACS)创立了外科论坛,并以其外科教学而闻名。在他晚年,他对医学史表现出浓厚的兴趣,并与妻子共同撰写了多本关于这个主题的书籍。

事为例。叶贵的诊室取名"踏雪斋"，薛雪则在"扫叶庄"中坐诊，导致医术上难以相互交流和探讨，阻碍了温病领域发展的故事，引导学生们心胸开阔，尊重同仁，通过取长补短充实自己。另外，我还引用几位麻醉术发明者为排名而争得"你死我活""对簿公堂"，更有郁郁而终者的历史悲剧，强调在学科建设、人才培养及科研合作中淡泊名利、团结协作的重要性。

教学改革中，爱护学生、重视学生意见也是一个重要方面，我认为这是教育理念的改革。我在教育理念方面是比较传统的，主要表现在"尊师"和"爱生"两个方面，在这方面与朱老校长非常相似，都将教学、教师和学生作为办学的根本。对于教师，我定下"破门而入"的规矩；对于学生，我认为即使学生有缺点、犯了错误，也要尊重他们，批评和处分学生也应该以教育和爱护为出发点，不要让学生感到自己身份卑微、绝望和自暴自弃，这也是给学生创造良好学习环境不可忽视的方面。尊师和爱生做好了，教师才能尽职尽责地教，学生才能积极愉快地学，学校的主要工作也就做好了。

随着改革开放的深入，学生们的思想也趋于活跃，善于独立思考和勇于发表意见，这是新一代学子的特点，应该给予重视和鼓励，这对提高

吴咸中在讲授中西医结合科研思路与方法

办学质量有帮助。因此,对学生们提出的意见要认真对待、耐心解释和及时回复。1984年,我收到80级几位不愿署名的同学的信,对学校"统考"成绩不佳及考试作弊的现象做了分析,并提出了课时太多、学生自主时间少和灵活学习能力差,考试、考查及必修和选修课界限不明显、轻重不分,考试作弊严重但处理不利,以及师资水平差等问题;同时,他们也对考试作弊之风刹不住的原因提出了看法。对于这封来信,我非常重视,认为他们是以主人翁的态度投入到教学中来,应该给予肯定和鼓励。为此,利用中秋节晚上的时间写了一封回信,除了对他们提出的意见给予答复外,还提出相应的解决办法,并将我的回信以"一封充满主人翁思想的来信"为题,刊登在《天津医学院校刊》上,希望各部门重视学生们的意见,积极解决问题,创造全校共同努力提高办学水平的氛围。

1983年,教育部组织了医学院校毕业班的全国"统一考试",这是医学教育改革的一项内容。考试分为基础和临床两套试卷,以"多选题"为主,全国同一天考试,然后按统一答案评分,与过去各校自主组织考试方式截然不同。但最有压力的,还是公开各校成绩,这样一来就有了一个客观的可比性指标,可以在某种程度上反映出学校的教学水平和声誉。然而,毕业班最后一年是较为紧张的一年临床实习,临床实践的学习对学生毕业后成为医生有十分重要的影响。我个人和学校的部分领导担心过度关注毕业"统考"会影响学生们的实习,从而达不到毕业生应该具备的起码实践能力。因此仍然按教学大纲进行实习,没有停下来进行专门的"应试"训练。但是很多医学院校与我们的态度不同,对"统考"非常重视,甚至提升到为本校"荣誉而战"的高度,特别是北医、湘雅、中山、沈医等部属重点医学院校,花费了大量人力和时间进行"应试"训练,对实习工作造成极大的冲击。但由于毕业"统考"成绩有可能影响学生毕业后的择业,因此我们学校在教师和学生中都出现了应该认真准备"统考"的呼声,对我们形成了不小的压力。

　　面对这种情况，天津医学院似乎也不能仍按原先计划继续实习了，需要做出调整以适应这项改革。但我仍坚持将毕业生的整体水平放在首位，不能让"统考"过度冲击临床实习，以致他们工作后再重新"补课"。何去何从？为此，我们决定对"统考"议题进行认真调研和评估，成立了专门的"教学研究室"，由朱舜仁老师为主任，以教学、实习与考试的关系为课题，进行专项研究。通过分析、研究和评估，决定以在不严重影响实习活动的前提下，增加"应试"培训，并尽可能使这些培训"贴近实战"、追求时效性。78级毕业班参加了第一次全国"统考"，成绩较那些部属重点院校有一定差距，但在地方院校中排名前列，我个人和多数师生对这样的结果是基本满意的，说明我们的教学效果还是过硬的。

　　我在天津医学院工作期间，恰是改革开放大潮兴起的时候，开放使我将天津医学院办成国际化大学的想法付诸实施获得机遇。在那段时间，各种类型的国际交流异常活跃，走出去、请进来，完全改变了过去相对封闭的办学方式，通过与发达国家的交流在教学、医疗和科研的方面获得新理念、新知识和新技术，使学校各个方面工作受益匪浅。积极派送留学生和访问学者，提高了本校专业人员的水平；同时，也使天津医学院的名字远播海外，无论在美国、日本还是欧洲，我都能够感到"桃李满天下"的温馨。从80年代中期开始，国内掀起出国进修和留学热潮，有公派的、自费的，短期观摩、访问学者及攻读学位的，各种各样，成为当时的一种风尚。天津医学院的教师可通过报考"教委公派"统一考试途径，获得高级访问学者和普通访问学者出国深造的机会，前者为期半年，但必须是副教授资格；后者要求本科或研究生毕业后工作两年，出国学习时间为半年。当然，也可通过其他基金，如世界银行贷款、笹川医学奖学金等出国深造。在大批学子获得出国深造机会的同时，国内也出现了对各方面"人才流失"的担忧，故出台了一些限制和管理办法。如按需派遣、严格挑选，研究生毕业后先立足国内、按期归国，重点学科保证国内工作和学科发展、严格限制，以及控制自费留学生数量、减少国家公派和适当扩大单位公派数量等。

吴咸中（中）接待来访的德国医学代表团

包括两家附属医院在内的各类出国人员的审批，最后都要由我这个医学院院长做出是否放行的决定，在一段时间内待批的申请非常多。如果严格掌握"管理办法"，很多年轻人需要等待一段时间，但有些情况恰好是"虚位以待"，错过机会很可能就"失之交臂"了。而在那段时间高教系统仍然处在恢复元气或步入正轨初期，部分科系并没有达到少了谁就无法正常开展工作的地步。我认为，与其机械地严格坚持原则，不如在有机会条件下放他们出去见见世面或许更好。因此，对每一份申请我尽可能做到根据具体情况灵活掌握，即不影响所在科系的工作，不严重违背"管理办法"的大原则，尽可能满足申请者的意愿，放他们出国学习深造。总的来说，我对青年人出国学习，本着理解和宽容的态度，基本不设障碍。后来我出国访问时，不论在日本还是美国，经常碰到天津医学院经我手"放生"出去的学子，他们仍对我当初的"宽容"表示感谢，我则为他们在国外学有所得感到欣慰。

第十八章

中西医结合研究喜获硕果

20 世纪 70 年代到 80 年代后期,是中西医结合治疗急腹症逐步深入阶段,由于思路明确、工作努力和各方面支持,到 80 年代末基本实现了预期目标。当时我在给医学院硕士研究生做导师时,在他们的研究方向上就提出了 3 个层次 6 个方向的要求,即:

1.胆胰和胃肠疑难病研究:这是中西医结合治疗急腹症的"入门级"研究方向,可为向高层发展奠定稳固的基础;

2.急腹症主要治则和方剂学研究:这是中西医结合治疗急腹症的"进阶级"研究方向;

3.腹部微创外科学和中晚期恶性肿瘤研究:这是根据国际发展趋势而出现的"高端级"新研究方向。

上述 6 个主要研究方向看上去各异,但最终将汇聚于普通外科难治性疾病的中西医结合防治及相关基础理论研究这一总目标。这 6 个研究方向都有巨大的发展潜力,包含大量的具体研究课题。在研究课题与研究方向的关系方面,强调"单个成件,组合成套"的思路;同时,将研究生的研究课题融入这些研究方向,既能使学生们获得各具特色的培养和训练,也能使中西医结合治疗急腹症在 6 个方向共同推进,促进向总目标的持续发展,期望一举两得的

效果。在此基础上，我于 1989 年又提出了"在高层次上开展中西医结合"的战略目标，主要包括 5 个方面：

1.临床诊治的高层次结合：采用先进的诊断技术，做出明确的定位、定性及定量诊断，不断深化辨病与辨证的研究；中西医结合治疗，要取得优于单用西医和中医的治疗效果；通过临床及实验室指标的动态观察和研究，揭示疗愈机理。

2.医、理、药的系统结合：从临床治疗、剂型改革到机理探讨，形成可重复、系统性科研成果；对已取得临床疗效的治疗方法、方剂和药物进行实验研究，获得机制上的证实。

3.对于"难病"的治疗：发挥中西医结合优势，方法上有发展，疗效上有突破；进而摸索规律、确定治则和方药。

4.理论研究的发展和创新：应用现代实验室手段，对中医的"证"和"法"等理论精髓进行证实和研究，特别是坚持对急腹症常用"八法"进行深入的研究和理论探索。

5.中西医齐头并进：紧跟国际发展步伐，积极引进最新诊断和治疗技术，建立和发展微创外科。

经过近 20 年努力，结合培养研究生，在这 5 个方面开展了广泛而深入的临床实践和研究，取得了丰富的研究成果，发表了数百篇学术论文，汇总于 3 册论文集，即《吴咸中论文选》（1997 年）、《思路与足迹：吴咸中论文选续集》（2005 年）和《攀登与感悟：吴咸中论文选第三集》（2011 年）。下面对研究成果做些简述。

临床诊治的高层次结合

80 年代后，对溃疡病急性穿孔、急性肠梗阻等胃肠急腹症诊治方面的进步，主要表现在使用现代技术进行动态观察和疗效评估，如通过肌电图、呼吸运动曲线观察病情、疼痛和对针灸治疗的反应；利用 X 线造影、B 超和纤维胃镜进行诊断和观察病情变化，对病变性质、程度、疗效和愈合过程获得客观数据和解读，为选择手术或非手术疗法提供明确的依据。

在实验研究方面，从简单的实验观察提高到利用动物模型进行针对性研究，如以"家兔可复性机械性肠梗阻模型"，对完全性和不完全

中西医结合事业起步时期科研人员在简陋的条件下开展实验与药物研究

性肠梗阻进行定时、定量观察，以及肠梗阻解除后的病理生理改变及药物的影响等研究；另外，寻找和鉴定可用于胃肠急腹症诊断、疗效观察和预后评估等的血清标志物，如观测血清肌酸激酶和无机磷变化与急性小肠缺血的关系、胃动素对消化道运动功能的调节作用，以及"大承气汤"对血浆胃动素的影响等。

医、理、药的系统结合与研究

对临床实践中获得显著疗效的中药、方剂和其他祖国医学治疗方法进行实验研究，以获得实验室证实，进而探讨其作用机制，是高层次中西医结合的内容之一，在以下几个方面获得突破性的成果：

中药治疗胆道急腹症疗效研究　通过对胆石症患者胆汁物理性质和化学成分观测，研究了胆结石的形成机制及中药对胆石形成的影响；利用大鼠动物模型，观察了雌二醇在实验性胆囊结石形成中的作用，并

对中药复方茵陈蒿汤预防胆结石形成及其作用环节获得实验证实。

以胆道灌注测压和胆道录像为主要技术,观察了利胆、理气中药和针灸在胆系疾病治疗中对人体Oddi氏括约肌的影响,证实了松弛括约肌为主要机制;进而通过胆囊超声断层扫描和测定肝胆汁流量,证实了中药促进胆汁分泌、针灸降低肌张力的作用,从而使胆囊体积增加,为优化治疗胆石症的"总攻"方案提供了依据。

在古人经验的基础上推出了"利胆灵"新方,使用疏肝利胆、清热利湿中药治疗黄疸获得了显著疗效;通过观察服用"利胆灵"后的症状、体征、肝功能酶学、靛青绿(ICG)滞留率及减黄率等指标的变化,阐明了该药的治疗效果。

中药治疗常见外科感染研究 传统的中药汤剂和丸剂服用不方便,难以量化和标准化,向现代医学药物剂型转化也是中西医结合研究内容之一。南开医院药物研究室对治疗阑尾炎的中药方剂进行了改革,研制出"阑尾三片",即清解片、化瘀片和巴黄片,在证实治疗效果的同时,比较了片剂与传统汤剂的疗效,并对"三片"的使用方法进行了探讨。在实验研究方面,观察了体外抗菌作用对小鼠吞噬功能的影响,以及对肠血流量和小肠黏膜上皮细胞更新的影响等,证明了"三片"对急性阑尾炎、溃疡病急性穿孔、急性肠梗阻、急性胰腺炎及急性胆囊炎的治疗效果。

在大量体外抑菌试验和动物实验基础上,根据中医理论和验方推出新方剂"厌氧灵",通过对腹部感染患者的临床观察,证明其为理想的抗厌氧菌药物,具有预防术后感染、促进胃肠道功能恢复等作用;同时,对其作用机制进行了实验研究,观察动物模型肠黏膜下血流量及炎症因子的变化,动物模型的死亡率、腹腔脓肿形成情况等指标,证实和研究了"厌氧灵"降低早期腹膜炎的死亡率和晚期脓肿形成率的作用机制,为中西医结合的深入实验研究奠定了基础。

机体对中药治疗的应答研究 西药的临床应用,多以现代医学的药效学和药代动力学资料为依据;而中药在这方面还基本上处于空白。从80年代中期,我们即开始了对中药的药代动力学、宿主的应答及与药物的相互作用的研究。如通过观察手术患者用活血化瘀药复方红花注射液后血液流变的变化,进行临床疗效证实和机制研究。使用放射性同位素标记技术,观察活血化瘀药对大鼠腹腔内纤维蛋白渗出和吸收的影响,为其临床疗效提供了实验室依据。

通里攻下药"大承气汤"是治疗肠梗阻的有效方剂,观察服药后动物模型血管活性肽(VIP)的变化,证实其通过在生理和病理状态下对 VIP 的双向调节发挥疗效。

对中药有效成分的研究　对于中药有效成分的研究,是中西医结合向高层次发展的另一个里程碑,是具体和深入认识祖国医药学的尝试。丹参素被认为是中药丹参的有效成分,使用细胞分离和培养技术检测细胞因子,证实了丹参素通过影响单核巨噬功能而增强机体防御功能和抗炎的作用。为深入研究其活血化瘀药的作用机制,通过观察其有效成分丹参素和大黄素对人单核细胞 IL-2 和 IFN-r 分泌的影响,证实了这两种药物能够协同植物血凝素(PHA)激活单核细胞分泌 IL-2 和 IFN-r,进而增强机体免疫功能。上述工作是中西医结合实验研究达到细胞和分子水平的标志。

中药"板块"学说研究　对于中药的研究,我们经历了临床疗效观察、实验室疗效证实、作用机制研究及有效成分药效学研究等过程,在获得可喜成果的同时,对于中药学的研究有了自己的认识,即"按治则归类进行中药研发"的"中药板块学说",基本要点如下:其一,根据治则对中药进行分类研究,所有方剂可归于"补、和、攻、散、寒、热、固、因"八阵或治则;其二,代表治则的中药可看作是一个或几个板块,以板块为单位进行药理学研究更合乎逻辑;其三,根据板块定义,按临床使用组方和药味比例,通过不同的提取方法制成实验药剂进行研究;其四,在单治则研究取得认识后,开展治则间相互作用的研究,使治则和中药学研究与临床用药相对应的方式进行。

对"难病"的临床诊治和研究

胆胰急腹症 包括重型胰腺炎、急性胰腺炎、原发性硬化性胆管炎等,为严重的腹部疾病,属中医的"难病",是高层次中西医结合的重点目标。首先,对重型胰腺炎综合治疗的效果进行了临床观察,着重对手术和非手术疗法及中医辨证施治等的探索;其次,对出血坏死性胰腺炎的临床表现、实验室检查、并发症和治疗方法及效果进行了对比观察,

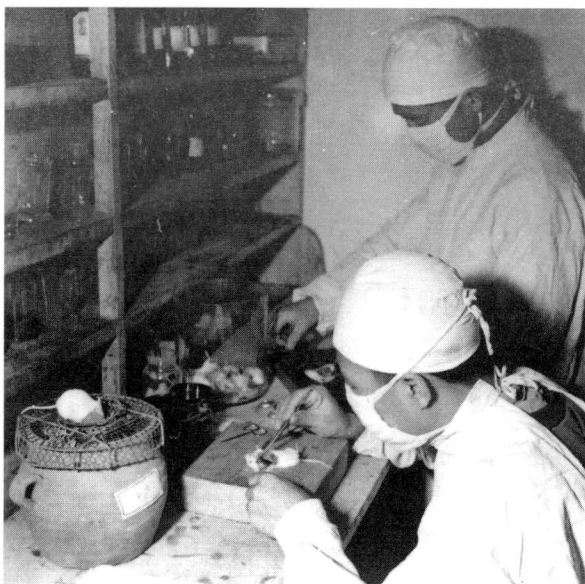

70年代天津中西医结合实验室科研人员在简陋条件下进行通里攻下法的药物研究

特别是制定重症度标准、分析发病诱因及合并症的预防与治疗等议题。

到90年代,对于重型胰腺炎的临床研究,西医在保守治疗使用了最新策略,中医治疗则根据分期辨证选用中药、针刺等治法。另外,对死亡病例进行了专门研究,就严重伴随病、一般情况与存活组的异同、器官功能衰竭、治疗方法和疗效进行了深入的讨论。在急性胰腺炎实验研究中,通过大鼠急性胰腺炎模型,研究了不同程度急性胰腺炎生物标志物和酶学变化,如早期坏死因子(TNP)、内毒素(LPS)和胰酶(AMY)等;同时,通过建立胰腺癌K-ras基因突变检测方法,探讨用于诊断和鉴别诊断的可

能性。

　　高层次的中西医结合临床实践，必须有相应的现代医学诊断和研究技术作为支持，如经十二指肠纤维内窥镜逆行胰胆管造影（ERCP）、经皮肝穿胆道造影（PTC）或引流术（PTCD）等，结合 B 型超声波扫描断层（B-US），建立起胆道疾病联合检查模式，并将这些技术应用于胆胰急腹症的临床实践和研究。

　　内毒素研究　全身感染是急腹症严重并发症之一，细菌内毒素在感染中的作用是重要议题。因此，我们对内毒素血症及内毒素诱导产生的介质，清热解毒方剂对内毒素血症的治疗作用进行了研究，包括建立细胞培养、细胞毒和分子检测等技术，观察和阐明了内毒素（LPS）、肿瘤坏死因子（TNF）、前列腺素 F1α（PGF1α）及血栓素 B2（TXB2）等活性因子相互间的关系，对内毒素在感染发病过程中的作用获得了系统性认知。

　　在中药治疗内毒素血症的研究中发现，"大承气汤"可以明显"纠正"内毒素血症的各项异常指标，如 TNF 检出率下降、内毒素减毒率提高和并发症发生率减低，承气合剂的治疗效果归因于直接或间接地抑制巨噬细胞 ACP 和 TNF 的释放过程。

理论研究的发展和创新

　　中医的辨证与西医的诊断虽是对应关系，在方式和内容却大相径庭，前者超越了具体的疾病，代表了中医精髓中明显区别于西医的另一部分。使用现代科学手段对"证"进行研究，希望在传统中医精髓和现代西医认知之间架起桥梁，并探讨以现代医学的"语言"对其诠释和表述的可能性。在这方面我们取得了以下一些成果：

　　电脑辨证的尝试　中医辨证要依据望、闻、问、切获得的症状、体征、舌苔、脉象等，容易受医者主观体会和经验等因素影响，缺乏客观指标，影响"施治"的准确性。在电子计算机进入医疗工作早期，我们即进行了电脑辨证的尝试,通过与清华大学计算机中心合作,对307例胆道疾病进行中医和电脑辨证的平行研究,获得了96.1%的一致性,向以现代科学手段进行辨证论治迈出第一步。

胃阴虚证 主要见于胆道、肠道、胰腺和胃部等手术后患者,通过获取血浆内毒素浓度、免疫功能、舌温、血灌注率、电导指数、血液流变学等指标,对甲状腺、肾上腺皮质功能和血液中消化道激素测定,以及检测胰腺外分泌功能、观察胃粘膜组织形态学变化等,获得了"胃阴虚证"的客观共性特征。

脾虚证 多见于胆囊炎、胆石症、急性胰腺炎、慢性腹泻、消化溃疡及乳腺癌等患者,进行末梢血T细胞亚群分类、淋巴细胞体外白细胞介素2及唾液中分泌型免疫球蛋白A测定,发现脾虚证者细胞免疫功能低下、免疫调节机制紊乱、消化道免疫功能较差。

血瘀证 包括气滞血瘀、湿热血瘀和气虚血瘀三型,通过对这三组患者的微循环及血凝指标、流式外周血淋巴细胞亚群、T细胞超微结构、血清免疫球蛋白和补体水平等进行检测,结果显示:气滞血瘀型,免疫功能正常;湿热血瘀型,细胞和体液免疫系统应答活跃;气虚血瘀型,TH细胞降低、T5细胞升高,电镜下T淋巴细胞超微结构异常。

中医的"治法"与西医的治疗方法是截然不同的概念,具有各自的内涵,故"法"是中医的精髓之一,对中医的"法"进行临床证实和实验研究,是高层次发展中西医结合的重要内容。我们在这方面取得以下成果:

活血化瘀法 为中医八法之一,临床上凡"血瘀作痛、血凝成块"等证皆适于该法。在急腹症治疗中,适用于各类急腹症早期某些功能性疾患,如胃肠、胆道功能紊乱等;各类包块,如炎症性、出血性包块、腹腔包裹性积液等。配合止血药物还可治疗出血性病变,如消化道出血;也可作为辅助药物治疗胆道结石。临床和实验研究证实,该法通过改善腹腔脏器的血液循环、抗凝、提高纤溶系统酶活性、防止血栓形成、促进腹膜吸收、抗炎、免疫、调节代谢、促进组织修复，以及抗菌、镇痛、降低门脉压等机制发挥治疗作用。通过观察丹参为主的活血化瘀方剂对实验性腹膜炎的治疗作用，证明活血化瘀药能够明显降低实验动物死亡率，加速腹腔内渗出的纤维蛋白原吸收，结合"化学性清创术"清除腹腔内的感染与消散而起到治疗作用。对于急性化脓性阑尾炎、溃疡病急性穿孔、盆腔炎和急性阑尾炎等伴发或继发腹膜炎，临床和实验室指标的变化均反映了活血化瘀药优于常规法的治疗效果。活血化瘀药的作用机制，是对白细胞募集、细胞因子释放、细胞黏附分子 mRNA 表达、微循环、血-脑屏障的调节和影响。

通里攻下法 又称"下法"，是"荡涤胃肠、攻实祛瘀、泻热逐邪"的一种疗法。所以"凡邪在胃肠、燥屎内结、邪热相搏，以及痰、饮、寒、积、瘀血、宿食等邪实之证皆可用之"。根据"六腑以通为用"的原则，该法尤以寒下法被广泛用于治疗急腹症中的炎症性、梗阻性及血运障碍性疾患。这一指导思想与西医的传统观念不同，但大量的临床观察和实验研究均证明，通里攻下的治法或方剂，至少通过三方面的机制对不同疾病发挥治疗作用，即增强、调整胃肠道运动功能，抗菌、灭活内毒素，逐除肠道菌毒性对重要脏器的保护作用。下法可进一步分为寒下、温下和润下，可用于各类急腹症、感染、肾功能衰竭、肝炎、糖尿病和血液系统疾病等，是中医精髓中"异病同治"的典型代表，使用现代技术的研究，对该"法"已有较广泛的了解。

寒下法药物作用机制 大承气汤、承气合剂及单味大黄等寒下药，通过降低细菌 DNA 合成率发挥体外抑菌作用；继之，使用大鼠动物模型证实，寒下药与内毒素刺激后产生的细胞毒作用协同，抑制大肠杆菌增值而治疗感染；进而，通过体外热诱导法观察到"大承气汤"等寒下方剂能够增加细胞膜稳定性、抑制红细胞的溶解，起到质膜保护作用。另外，利用电子自旋共振技术(ESR)，证实寒下药能够清除内毒素诱导所产生

2002年"通里攻下法在腹部外科疾病中的应用及基础研究"获中华医学会颁发的"中华医学科技二等奖"

的自由基,抑制细胞内信号传递、防止细胞过度活化,并降低内毒素活性,发挥对感染的治疗作用。

自20世纪末以来,我们对"下法"全面展开了临床和实验研究,代表性的临床研究包括:"大承气汤"和针刺治疗胃肠运动功能障碍性疾病研究;通里攻下法对SIRS/MODO的治疗价值研究;通里攻下法在腹部外科中应用的临床疗效与机制探讨研究;大承气颗粒对腹部大手术后内毒素及细胞因子变化的影响研究,以及中医通里攻下法对多器官功能不全综合征时肠道屏障功能保护作用的实验研究等。

总之,对"下法"的临床与实验研究,证实了其通过"胃肠效应""腹腔效应"和"整体效应"发挥治疗作用,也阐明了中医"六腑以通为用""肺与大肠相表里"等学说的科学价值和阳明腑实证的病理本质,揭示了中医

"釜底抽薪、急下存阴"治法的科学内涵,提示了内毒素(LPS)可能是"肺与大肠相表里"的介导物质,并突破了《伤寒论》应用"大承气汤"应"痞满燥实坚俱备"和"小承气汤""小试其间"的约定,在急腹症"阳明腑实证"的早期即果断应用峻下、急下通里法,疗效显著,丰富并拓展了"伤寒下不嫌迟,温病下不厌早"的临床经验,拓宽了"可下之证"的应用范围和应用方法,这是对中医学临床实践和理论探究的重大贡献。

理气开郁法 是针对气滞血瘀的治则。肝郁气滞是急腹症常见的病因和病机,据此立方用药,获得"疏畅气机、宽中解郁、行气止痛、降逆止呕之效"。在临床上主要用于急腹症早期,大多属于功能性或机械性的轻型及炎症性疾患,常与活血化瘀、清热解毒法配合使用。理气开郁法及药物的作用机制较为复杂,迄今为止我们在这方面的研究显

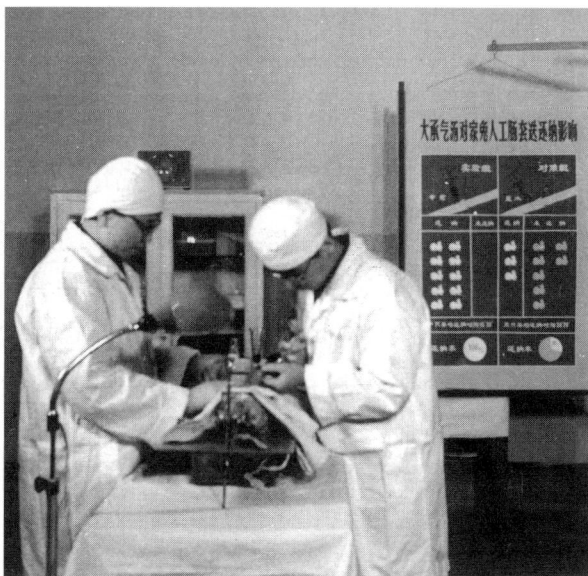
科研人员在进行"大承气汤"的药物研究

示,其对中枢和植物神经系统功能、胆道系统分泌和运动、胰腺的内外分泌功能、胃肠活动、分泌和血流,以及免疫功能等均有调节作用。代表性的研究包括,清胰汤对急性胰腺炎大鼠的保护作用、金铃子散的抗炎作用、痛泻药和芍药甘草汤的抗炎作用、理气开郁板块方对慢性应激大鼠下丘脑和胃 P 物质的影响对炎症介质的作用等研究。

清热解毒法 在中医治则中主要用于里实热证的治疗,也是急腹症较为常见的症候。该法的三个方剂在急腹症治疗中使用较多,在获得显

著疗效的基础上,对其中的两个进行了剂型改革和机制研究:"热毒清"由金银花、蒲公英、大青叶和鱼腥草组成,通过对免疫功能的调节,抗内毒素及抑制内毒素诱生细胞因子,保护生物膜和细胞器,对重要脏器的保护等机制发挥治疗效能。"厌氧灵"由黄连、黄芩、木通、大黄和甘草组成,具有抑制细菌生长,影响炎性细胞分泌,增加小肠血流量等作用,从而治疗厌氧菌和混合菌感染,并能防治腹内感染和减少腹腔脓肿形成。通过大量实验观察和对腹部外科患者的治疗效果,证实"厌氧灵"可以有效降低血浆内毒素水平、改善临床症状和促进患者康复。

在中医或中西医结合治疗中,同时使用两种或两种以上的治法或方剂是常见的情况,了解其可能发生的相互作用,具有实际应用和理论研究价值。代表性的有活血化瘀中药对清解通下中药增效作用的实验研究 I-V,活血化瘀与通里攻下法研究,即活血承气合剂对小肠缺血再灌注家兔小肠及肺组织 NF-κB 活性的影响,活血清下法对小肠缺血再灌注大鼠小肠细胞凋亡的影响,以及活血化瘀中药对通里攻下中药治疗大鼠不完全性肠梗阻增效作用的研究。

第十九章

中西医结合学科发展之路

突破瓶颈，加速发展

自 1954 年毛泽东发出"西医学习中医"的号召之后，中国的中西医结合就开始踏上了披荆斩棘的艰难探索之路。在经历了一段轰轰烈烈的热潮之后，到 20 世纪 80 年代前期，全国的中西医结合"运动"落入低谷，我一直坚持在天津开展的中西医结合治疗急腹症事业也一度出现停滞和徘徊现象。据说，那时天津市领导曾想将我从医学院调回到南开医院，以保证中西医结合急腹症事业继续发展。我认真分析后认为，出现停滞和徘徊的原因有二：其一，受国内大环境因素影响，即走中西医结合之路还是走"中医现代化"道路，始终存在不同看法，这必然会对中西结合事业产生干扰；其二，南开医院本身底子薄，资源有限，自 60 年代初大量引进人才后，几个学科齐头并进同时发展，各方面条件已经难以满足中西医结合事业进一步发展的需要。这两个原因成为制约中西医结合急腹症事业发展的"瓶颈"。为此，针对存在问题我们做了两方面的努力：

一是辨明方向，坚持不懈：为了解决如何走中西医结合"道路"的问题，通过认真学习、研究相关文件和有关学术论著,首先在思想上取得共识;同时,我们先后组成调查组到 11 个省市 15 座城市 33 个单位进行了实地调查,共举行了 25 次座谈会、与 303 位同行进行了讨论,广泛地征求了中医及西学中人员的意见和设想。在这些工作基础上,我们确信:中西医结合事业有着光明的前景及广阔的道路,但要让它继续前行达到更高水平,还要坚定信心,付出艰辛的劳动,并经过长期不懈的努力实践,才能走出一条中西医结合发展的正确之路。

二是调配资源,保证发展:在南开医院创建中西医结合研究基地初期,有近 30 名"西学中"医生、中医或西医调入,形成了一个人才聚集高峰。经过近 20 年的努力,各学科在中西医结合方面都获得了长足发展,如疮疡、皮肤和内科都成为本市甚至国内具有特色和一定实力的学科,不足之处是,南开医院有限的空间和临床资源难以支撑所有科室共同发展,必须重新优化组合。为此,我提出部分科室"走出去"独立发展的建议。经天津市卫生局批准,我要求各学科根据自身进一步发展需要,拿出自己认为比较好的解决方案。在 1980—1983 年间,我们将疮疡科转给河西医院,内科充实到南开区黄河道医院,皮肤科转给当时的天津市第六医院(后成为该院核心科室,改为天津市皮肤科医院);还有一些个人,分别充实到胸科医院、天津医院等。无论科室和个人,调整后都得到较好的发展;而留下来的科室,特别是外科,在资源上得到一定程度的改善,使后继的发展成为可能。现在看来,当时部分科室"走出去"和资源重组优化的举措完全正确。

学科与亚学科的创建

中西医结合治疗急腹症从起步到发展成为一个独特的学科,经历了艰难的发展过程,总结起来有几点体会:首先,1975 年天津市急腹症研究所成立,使中西医结合急腹症获得了实验研究的平台,实现了从临床观察和研究向临床和实验研究齐头并进的跨越,可以说,这是学科发展的一个里程碑。其次,我调入天津医学院后,将南开医院与天津医学院联系得更紧密,使之成为准教学医院,南开医院因此从单纯的医疗服务向医、教、研综合化转型,这对提高南开医院整体水平和中西医结合治疗急腹症向学科化发展都重要意义。同时也说明,我从南开医院调到医学院工作非但对中西医结合事业没有影响,反而使之得到了加强,具体成果如下:

1984年,中西医结合外科成为天津医学院第一批"博士点"后,南开医院急腹症临床外科和天津医学院附属医院外科组成了中西医结合临床外科学科,1989年被批准为国家级重点学科。1997年后,该学科连续被列入国家"211工程"建设项目,上升到更高的水平;2004年,该学科被列为天津市"重中之重"学科。这几个跨越式的发展节点,对中西医结合急腹症这一特色学科发展都起到助推作用,具有里程碑意义。

天津市领导在听取吴咸中关于发展中西医结合事业的建议

在中西医结合临床外科学科整体发展过程中,也形成了几个在国内具有领先水平的亚专科:

全国中西医结合胆胰病诊疗中心 该中心于1993年经国家中医药

管理局批准建立,由南开医院胆胰外科、微创外科、外科 ICU、内镜中心、超声诊断中心及急腹症研究所基础部组成,崔乃强任主任。2002 年,该中心获得国家中医药管理局颁发的"重点专科项目建设奖";2004 年,该中心的"通里攻下法在腹部外科疾病中的应用及基础研究"获得"国家科技进步二等奖";同年,国家人事部、卫生部、中医药管理局授予该中心"全国卫生系统先进集体"称号。

全国中西医结合胃肠疾病诊疗专科基地 该基地在 1999 年天津市卫生局批准的南开医院重点专科基础上,于 2007 年获得国家中医药管理局批准建立,周振理任主任。该基地以中西医结合、内外科联合为特色,开展中西医结合治疗胃肠病的基础与临床研究,主攻复杂性肠梗阻、重症腹腔感染等的中西医结合治疗。2003 年,该基地建立了首家临床肠内营养培训中心,是中华医学会肠内营养学会的挂靠单位。

全国中西医结合急症诊疗专科基地 该基地于 2007 年获国家中医药管理局批准,由南开医院急症科、外科 ICU、内科 ICU 共同构成,崔乃强为主任。实行中西医结合、多学科交叉方式,采用中医药提高对危、急、重症的治疗水平。

天津市微创外科中心 2003 年由天津市卫生局批准建立,也是国家重点学科中西医结合临床外科学科较新的组成部分,是国内最早开展内镜、腹腔镜微创治疗肝胆胰疾病的医疗单位之一。

天津市中西医结合肿瘤综合治疗专科基地 于 2006 年成立,以中西医结合综合治疗消化道良、恶性肿瘤为主攻方向,即介入、中药、手术及免疫治疗合理使用为特色。

除上述几个亚学科外,还有两个亚学科是应该随着条件的成熟考虑建立的:

一是中西医结合研究院。中西医结合在天津市有较好的基础,有三项成果在全国范围内有很大影响,即中西医结合治疗急腹症、小夹板治

2004 年吴咸中(左一)出席在天津举办的第二届国际内镜腹腔镜学术研讨会并做报告

疗骨折和中西医结合"三衰"急救医学。早在 1998 年 2 月,天津市卫生局批准了由天津市第一中心医院、南开医院和天津医院联合提出的《关于三院联合组建天津市中西医结合研究院的请示》,并同意由我任该院院长、刘兵任常务副院长,沈彬和徐澄为副院长。稍后,"联合研究院"成立了院务委员会及综合办公室,也建立了学术委员会及聘任了副主任委员和委员。由于没有办公场地,该院暂为松散型机构。2006 年 11 月,天津市卫生局中医处向局领导请示,"拟将原松散型的中西医结合研究院建为实体的中西医结合研究机构,并挂靠在南开医院"。现在这件事还没有完全落实,还需进一步推动。

二是中西医结合肿瘤治疗中心。随着世界科技和医疗水平的发展,中西医结合临床治疗与深入研究,应该向攻克肿瘤病症方向发展,理由:其一,肿瘤是目前发病率最高的疾病之一,而且死亡率居高不下,治愈这种顽症社会需求巨大;其二,中西医结合治疗急腹症外科作为国家重点学科,攻克腹部肿瘤是当仁不让的任务,南开医院是急腹症外科重点学科的载体,有责任将其作为学科发展的重点项目研究;其三,从南开医院自身发展看,肿瘤学内涵丰富、研究潜力巨大,可以成为该院科技创新和经济增长重要方面,因此,在南开医院成立中西医结合肿瘤综合治疗中心应该加快步伐。

再遇良机,好事多磨

改革开放使国家发展获得巨大的动能,方方面面都发生了日新月异的变化,医疗卫生领域的发展也令人目不暇接。中西医结合治疗急腹症是全国重点学科,南开医院是第一家中西医结合医院,无论是学科发展和医院建设,都得到了各级政府的大力支持。南开医院起步时基础较差,但经过 1985 年、1989 年和 1999 年三次扩建,具备了一定规模,医疗服务能力和水平也达到三级医院的标准。然而,至 21 世纪初,南开医院的"硬件"对于支撑学科发展和满足医疗需求,很快就显示出"力不从心",再次成为进一步发展的"瓶颈"。市委和市政府对于扩大医院规模、改善医疗环境和提高服务水平十分重视,做了大量的意见征询和调研工作,认定南开医院、中心妇产科医院和天津医院拥有在全国有影响力的专家,一些学科独具特色并有明显优势,加强"硬件"建设是保证这三家医疗机构持续发展的关键因素,应该给予特别支持。

2006 年 6 月 7 日,市委对于南开医院和中心妇产科医院的扩建做出明确批示:要求天津市卫生局抓紧落实"南开医院、中心妇产科医院在市土地收购中心收购液压集团部分土地建设新院区"。2006 年 7 月 26 日,与天津市结构调整土地收购中心签订了土地补偿协议,划归土地 70 余亩,土地补偿费 1.5 亿元人民币。2006 年 9 月 21 日,市规划局批准了《建设项目选址意见书》,确认了购买到的这 70 余亩土地用于南开医院扩建。同年 10 月 26 日,市发改委发布[2006]78 号文件,批准《关于南开医院扩建工程项目建议书》立项,核心内容为新征土地 5.2 万平方米,住院病床 800 张,建筑面积 8 万平方米;总投资人民币 5.5 亿元,医院自筹 1.5 亿元,其余 4 亿元申请银行贷款。2006 年 11 月 20 日,市规划局审定了新医院总平面图。上述的一系列批示和文件,充分显示了市委和市政府对南开医院扩建和中西医结合事业的大力支持,迈出实现南开医院扩建愿望的第一步,这块场地就在当时南开医院的对面,是公认的市中心"黄金地段",也是我梦寐以求的建院新址,南开医院和急腹症研究所上下无不为获得这样的发展良机而欢欣鼓舞,我也深感幸运和无比喜悦。

2006 年吴咸中(右一)陪同市领导听取南开医院扩建方案

启动扩建方案,首先要自筹大约 1.5 亿元作为土地补偿费用于获得建院的土地"所有权",然后再以土地为"抵押"向银行申请贷款,解决建院的大部分资金。然而,在那个时期,由南开医院一次性拿出 1.5 亿元的资金几乎不可能,南开医院在急腹症方面虽然影响力巨大,但医院的总收入并不高,多年来我们注重中西医结合外科的高、精、专的发展,而没有将医院的收入放在首位。为了筹措这笔钱,我与当时南开医院的领导班子可以说是绞尽脑汁,多方奔走四处求助。但因一时筹措不到资金,扩建工程迟迟不能起步,而且得知当时市卫生局为减轻压力,拟将南开医院已获批准的800张病床压缩到600张,这个出乎意料的决定令我难以接受。2007年4月,我应国家中医药局的邀请去北京参加第二批重点中西医结合医院的评定,听取了11所中西医结合医院的汇报,了解到各地对中西医结合事业的支持和扶植,及全国重点中西医结合医院已达22所,占全部中西医结合医院的10%。相比之下,南开医院的扩建之事更让我感到有些焦虑。

从北京回到天津后,我于4月27日立即给天津市卫生局主要领导写信,结合在北京开会时听到的情况,陈述了我的意见,力图说服卫生局支持南开医院扩建工程。然而,5月3日卫生局局长来到南开医院宣布了一个新的决定:"南开医院的新房子不建了,旧房出卖,与中医药研究院等五个医疗单位合并。"这种方案再次出乎我的意料,或许这是出于卫生局对天津市医疗卫生资源整体布局的考量,但与我的扩建思路和市里的精神相去甚远,故当即表示不能接受。5月9日,卫生局党委书记来到南开医院,再次进行说服,依然不欢而散。在我看来,他们这种态度是仅仅将南开医院作为一家普通的医院,"合并"方案是设法解决资金困难、协调整体医疗布局的权宜之计,但他们忽略了南开医院是全国中西医结合事业的旗帜,所以令我很感气愤。这个情况不知怎么被市委有关领导知道了,5月11日晚间一位市委领导给我打来电话,强调市里要把南开医院"办大办强"的决心没有改变,并示意已经向市卫生局传达了同样的意见。情况似乎出现了转机。

艰难求助,峰回路转

从大局讲,天津市整体建设资金不足是事实,完全可以理解,"合并"也不失是南开医院进一步发展的路径之一。卫生局作为南开医院上级领导,院领导在这个问题上也不能与上级"对着干"。由于建设资金难以筹措,南开医院领导班子内部也有人对"合并"方案表示同意,并开始进行具体的评估和规划。

为了进一步了解情况,我亲自去"合并"办院的新址实地考察,并建议南开医院方面对几家潜在合作医疗机构的基本情况进行认真、细致和系统的调研和分析,然后对"合并"可能产生的相互影响和最终的后果做出评估,调研内容包括:人员、业务、收支、资产和负债等情况。通过对这些数据和资料的对比分析,我得出结论,"合并"不可能收到南开医院带动其他五家医院共同发展的效果;反之,南开医院很可能被拖垮,几十年在中西医结合领域积累的优势将会在不长的时间内被耗尽。因此,我仍坚持在市里划归的场地独立扩建院区,以保持南开医院的特色,进而为实现快速发展而努力。

为了实现理想,我采取了"两条腿走路"的方式,开始多方求助。2007年6月,我上书天津市委书记和市长,就振兴天津市中西医结合事业提出建议,也希望他们关注南开医院的现状和扩建中遇到的困难,以求得政府的支持。2007年12月,又写信给分管文教卫生的市委领导,向他陈述南开医院在扩建资金方面遇到的具体困难,希望他施以援手,帮助我们克服困难,尽快开始扩建工作。当然,我个人及南开医院当时的领导班子都与市卫生局保持畅通的意见交流,根据调研和分析结果,阐明我们的观点,陈说利害,希望卫生局能够理解并接受我们坚持的南开医院独立发展的立场。

与此同时,试图通过引进社会资本的方式来解脱困局,最主要的是与天津泰达投资股份有限公司探讨合作办院的可能性。双方花费了大量的时间与精力,就合作政策、合作方式、经济效益、医院贷款及合作医院的性质和运营进行了深入的交流,对可行性进行评估,颇具开放和创新的魄力,尽管最终没有实现,但交流过程本身使双方受益匪浅。

2007年,我们花费了大量的时间,想尽办法解困,尽快启动扩建方案。我们考虑了几种可能途径：其一，通过贷款建房，同时争取获得"全国十家中医临床基地"项目资金，最后卖掉老房子还贷（2~3亿元），这是最为理想方案。其二，通过贷款购置土地，与香港地区合作办院，但这里关键是政策问题。其三，通过贷款购置土地，办股份制医院，通过发行股票获得建设资金，但这样风险大，也有不少政策羁绊。其四，不贷款，不建房，争取进入"全国十家中医临床基地"，在原地发展，这样虽稳妥，但缺乏跨越式发展动力。总之，这一年是在"有病乱投医"的纠结、无奈和绝望挣扎中度过的，令人烦心。

2008年春节前夕，市委书记来家中慰问，体现了党和国家对我们这些老专家的尊重与关怀。既然见了面，肯定要聊一聊奋斗了大半生的医疗生涯，特别是中西医结合事业。气氛轻松而温馨，与领导们交流得非常愉快，印象也深刻。慰问结束时，我将一封事先写好的信《关于振兴天津市中西医结合事业发展的建议和请求》亲自交给了市委书记，他答应进一步了解后给予回应。这次慰问，点燃了南开医院扩建的希望之火。

春节过后，市委书记的秘书打电话告诉我，书记已经看过我交给他的信，并首先为我在耄耋之年仍关心天津市中西医结合事业的发展和南开医院的扩建，表示感谢和问候；同时，对我挂念的南开医院新院区建设问题，市委和市政府将给予支持，积极推进。市领导这样的回应，无疑使陷入僵局的南开医院扩建事项获得转机，令我感动和兴奋。

市委书记明确表态后，责成主管副市长协调相关部门解决南开医院扩建的问题，也指示市卫生局就该议题组织论证，对南开医院下一步发展提出确定性方案。从那时起"合并"方案就没有再被提起，市卫生局、南开医院和我个人，都明确地聚焦于南开医院独立发展的方向，2007年的那些纠结、烦恼和无奈终于结束了。2008年9月3日，市政府召开了专门会议，研究南开医院改扩建有关工作，参加会议的有市发改委、市财政局、市卫生局和南开医院的主管负责人。南开医院为这次会议准备了汇

吴咸中在天津市南开医院扩建工程开工奠基典礼仪式上发言

报材料:《关于天津市南开医院中西医结合事业发展情况的汇报》。会议由一位分管副市长主持,对南开医院扩建事项进行了认真讨论,确定了扩建方案,并表示市政府将按照特例,即特殊贡献、特殊地位、特殊要求,解决南开医院扩建遇到的问题。政府将拨专款 1.5 亿元用于新院区土地购买费用,并将南开医院改扩建工程列为中央项目,包括中央投资 650万元,全部资金保证在 2008 年 12 月 10 日前到位。项目总投资为 5.5 亿元,其中政府拨土地款 1.5 亿元,医院旧址置换 1.2 亿元,申请银行贷款2.8 亿元。我梦寐以求的南开医院扩建正式步入轨道。

有了政府的大力支持,医院扩建的场地、资金和开工前的法规问题都解决后,建一所什么样的医院就成为主要议题。因此,在设计和规划方面我投入了很多精力,将过去几十年对国内外医院建设的见闻、工作过程中的体会,以及征求各方面专家的意见等,全盘端出与设计人员共同讨论,希望在设计上有参考作用。同时,也对本市和外地的新建医院进行

政协天津市第十二届委员会主席邢元敏与吴咸中院士

参观考察，针对电力、燃气、给排水、冷暖供给、排换气等进行认真的调研。天津建筑设计院对南开医院的扩建项目非常重视，由一位很有成就的资深设计师领衔，与我们积极互动，对我们提出的要求和建议尽可能满足，合作高效而愉快。在整体设计上，我特别强调，"楼道要够宽，病房要够小"。前者，基于病床、手术床及医疗急救设备进出顺畅，减少患者不适和争取时间；后者，随着时代发展患者对救治环境要求也提高了，再搞8~10人一室的大病房跟不上发展了。因此，南开医院新院区一般每间病室2~3张病床，病房中的卫生间和生活设施也费了不少心思。另外我认为，高级病房在未来是必需的，设置了两个高级病区，一半以上的病室为一张病床，还有特需的套间。南开医院是产学研一体化的医院，除医疗的考虑外，新院区设计中必须兼顾科研、教学和学术方面的条件。为急腹症研究所设计了专用场地，小、中和较大的会议室用于不同规模的教学、会议及病例讨论，并配以多媒体和远程信息及图像传输系统。当然，容纳数百人的学术报告厅也是不可缺少的。在各类建材的选择方面,一再向有关方面负责人提出为"百年大计"考虑,选用真材实料,厂家和货色都要经得起时间的考验。最为关注的议题之一,就是新大楼的电梯需要多少部。电梯是"生命线",数量和质量必须保证,否则后患无穷。总之,在设计时尽可能有"超前"意识,希望新院区启用后50年,至少30年内不会落伍,不需要大的改造和升级。

在院区内特别留出足够大的绿地,使患者住院期间能有一个较好的室外活动场所,享受新鲜空气和阳光,利于他们康复。我还强调,医院的大门要开得"正",主要道路要够宽,为就医者设置合理数量的停车位,更要考虑随着医院的发展避免造成大门前拥挤,影响公共交通,等等。同时,南开医院作为全国第一批重点中西医结合医院,祖国医学的元素、中西医结合的特色必须彰显;再有,医院的文化、多年来艰苦奋斗的精神也要反映,以提醒后人并希望发扬光大。为此,建议在院区绿地中央,设"国医亭",内奉李时珍、张仲景、扁鹊、孙思邈和华佗几位医圣,供大家瞻仰和纪念。大门口放置"院训石",镌刻"中西合璧,日新月异"八个字,它是南开医院的"院魂"和不断进取的精神。

南开医院,凤凰涅槃

经过将近三年的争取和准备,2008年12月30日举行了开工典礼,距离实现南开医院再获"凤凰涅槃"的愿望又近了一步,令人兴奋。2009年1月,与建设银行签订了贷款合同,授信贷款额度2.9亿元,扩建所需要的大部分资金得到解决。基建的具体工作主要依靠南开医院的领导班子来做,卫生局的主要领导也多次来南开医院施工现场视察、督促和指导。关键性、根本性的大问题解决后,我就比较超脱了,坐在旧院区我的办公室中就可以看到施工现场。于是我专门准备了一架望远镜,几乎每天都要观察一下施工进度,差不多每周去一趟工地现场"督导",心情就像父母期待子女快快长大一般。

开工后仍有一些烦心的事:一是开工前夕,近旁的邻居忽然提出投诉,说南开医院的扩建工程"伤害了他们的权益",要求经济补偿。这在南开医院过去的基建中从来没有遇到过,社会真的"进化"了,费了些周折解决,得以继续施工。二是通过招投标选择电梯,一个名不见经传、以维修为主业的公司竟意外中了标,这是由 25 部电梯组成的医院运转的"生命线",交到这样的企业手中实在令人担忧。后经多方协调,市建委介入重新招标,最后由一家值得信赖的厂家中标,问题得以解决。尽管有些"插曲",但南开医院的扩建工程基本上顺利推进。到 2010 年年初,主体工程完成,进入内部装修、各类设施安装及家具和设备引进阶段,又用去了将近两年的时间,直到 2012 年年底,医院大部分迁入新院区,南开医院"硬件"这次终于以跨越式发展实现了脱胎换骨的改变,全院上下欢呼雀跃,也完成了我多年来的一大心愿。

2008 年 1 月 14 日,我荣幸获得"2007 年度天津市科技重大成就奖",并获得 50 万元奖金。受到南开医院热火朝天扩建工程气氛的影响,我决定将这笔奖金捐赠给南开医院用于扩建工程。如此巨大的工程,这区区50 万元不过是"杯水车薪",但我愿意以此表达我的心意,滴水汇入溪流才不会干涸。南开医院领导班子非常重视,专门"发文"予以表彰,并决定将这笔捐款专门用于学术报告厅的内装修, 还将该学术报告厅命名为"吴咸中学术报告厅",这笔捐款用得很合理,希望南开医院的后继者,能够永远坚持学术传统,继往开来。

由于市政府特批了 1.5 亿元购买土地,舒缓了南开医院的筹款压力,于是我们想将 2008 年为解决新院建设资金而置换出去的南开医院旧院区"赎"回来。虽然旧院区建筑老旧,但毕竟是我们起步之地,心中还是有些依依不舍。我们算了笔账,根据南开医院扩建后的发展预期,以还贷方式将旧院区保留下来,还是可行的。我个人和南开医院都想用这个方式争取一下，这个想法也得到市卫生局和市政府的支持。2010 年 5 月，南开医院向天津市卫生局提交了《关于南开医院旧址保留的请示》书面文件，争取将老院区留下来，与新院区整体规划，建成规模更大、水平更高的新医院。2011 年 1 月，南开医院收到天津市发展和改革委员会对卫生局提交的《关于调整南开医院扩建工程建设方案的批复》，同意南开医院留用旧院区的申请，并明确了调整后的扩建方案，保留下的旧院区作为"中西医结合研究院"实验研究用房及部分"中西医结合肿瘤综合治疗中心"医疗用房。同时，也对调整后整体扩建的投资及资金来源做了说明。这对南开医院的扩建项目来说，真是一个意外的惊喜。

当初，南开区政府和区国资委与南开医院签订"土地置换协议"后，对这块土地的使用做了认真的调研和规划，据说是要建一座高端酒店，已经做了一些设计和准备工作。但得知南开医院旧院区留用获得批准后，没有抱怨和刁难，表示"当初同意土地置换，并非看上了黄金地段，帮助南开医院解决扩建资金是南开区的第一目的"，故留下仍作医疗和科研使用，他们认为是物尽其用，乐观其成，这也是南开区政府对我们的大力支持，深深被他们感动。

第二十章

我经手的几个疑难病例

抢救重症"国际反帝战友"

大约在 1970 年前后，那时我刚从"牛棚"中出来，以普通医生身份在南开医院工作。一天医院通知，有一位"国际反帝战友"生命垂危，将从塘沽某医院转至南开医院外科救治。虽然我当时仍处于"被审查"中，但卫生局一位女军代表特别指定这个病人由我负责抢救工作。

很快患者被送到南开医院外科，经对患者背景和病情的了解，得知病人来自友好国家，那里的人民正进行着殊死的抗美卫国战争，他是被派到中国工厂接受培训的，结业后将回到祖国继续为抵抗美帝国主义的侵略而工作。然而他在培训期间患上急性阑尾炎，送到当地医院诊治却被误诊，没能获得及时和正确的治疗，病情急剧恶化，生命垂危。军代表一再嘱咐"如果不能挽救反帝战友的生命，我们都无法交代，国家的形象也将受到损害"。这让我无论在政治上还是医疗上都感到压力巨大。看到患者后，除了压力又让我增加了几分担忧，无论是因医疗水平还是责任心因素造成的误诊，数周的疾病折磨使患者原本并不健硕的躯体更加骨瘦如柴，非常虚弱，几乎是奄奄一息，若要让他

"起死回生",确实得有点真本事才行。

出于医生的本能,我顾不上各方压力,只有集中精力、全力以赴救治,才有可能争取到最好的结果。在当时我尚在"被审查"的情况下,那位军代表将这样的特殊患者交给我救治,其魄力值得钦佩,她对我的信任也令我深受鼓舞。我对患者进行了认真检查,由于误诊,发炎的阑尾没有及时切除,造成广泛性的腹腔内脓肿,大小不一的脓肿遍布在腹腔内,短时间内搞不清具体位置和数量,处理起来都不知从何下手,几乎没有遇到过如此难缠的病例。同时,患者全身感染症状严重,体质虚弱,随时都可能全身衰竭,这是手术时必须特别要注意的。

在当时医疗条件下,外科专门腾出一间病室,并对该患者实行专医、专护。我请内科的周仲杰大夫同我配合,希望以内、外科手段并用将患者从死亡线上救回来。腹腔内的脓肿是主要矛盾,而那时的检测手段很落后,使用的第一代超声波检测仪是通过横竖两条波线对病变进行定位和定性,其效果与现今的 B 超技术无法相比;腹平片 X 光检查方法也无法与现今的 CT 相比。我们只能依靠有限的检查手段和临床经验,认真和慎重地诊断病情,采取不同方法逐个处理腹腔内的脓肿,再加上恰当的全身治疗,经过数周的努力,患者病情逐渐缓解,竟然活了过来并最终治愈出院了。这次合作也让我对周仲杰大夫有了进一步了解,他基础知识扎实,处理问题思路清晰,是一位很好的内科医生,给我留下非常好的印象。卫生局军代表因对我们这次抢救"反帝战友"十分满意,特从卫生局车队调拨了一辆轿车,专供南开医院使用,以资鼓励。

切除巨型肿瘤

1972 年"文革"期间,一家解放军医院为一位贫下中农妇女切除了一个较大的卵巢肿瘤,在那个"突出政治"的时代,这件事很快成为一个"文革"政治事件被放大渲染。原因是过去"城市老爷卫生部"不顾劳动人

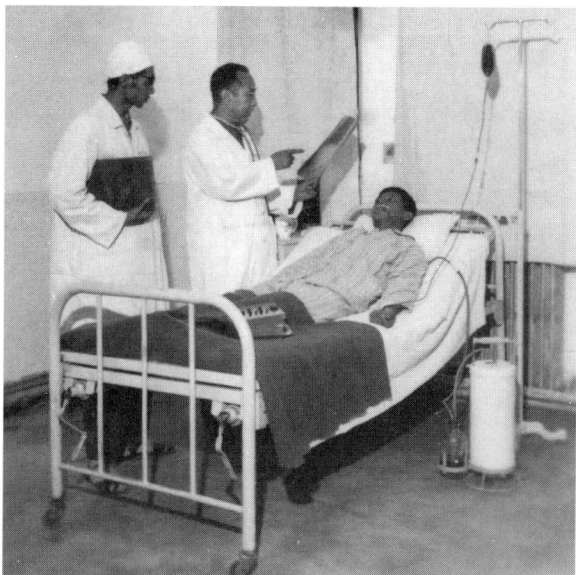

吴咸中(中)用中西医结合方法抢救国际友人

民死活,将肿瘤"养大"而不予救治,只有到了"文革",才被"亲人解放军"为"劳动人民"解除了病痛。报道一出,一时间全国上下纷纷效仿,开始了轰轰烈烈寻找大瘤子的"运动",以实际行动批判"老爷卫生部",并为劳动人民解除病痛。在这种大背景下,一枚硕大的肿瘤进入了南开医院的视线。患者刘某某,时年 32 岁,家住天津市和平区,8 岁时发现多发性结节,13 岁时腰背部最大肿块已达排球大小;20 岁出头时肿瘤之巨已经使患者无法站立、卧床难以翻身,且整体健康情况非常虚弱。病患曾多方求医救治,但因其家庭出身不好,加之手术难度较大,没有医院愿意承担治疗风险。因之,南开医院获得此病例,并非是在"找寻大瘤子运动中"捷足先登,而是无人愿意问津这块"烫手的山芋"。出于医生"救死扶伤"的职责,我们决定顶着政治和医疗风险收治这名患者。上级领导得知后,对我们提出三点要求:一是手术可以做;二是手术后不能宣传;三是主刀术者规格要降低,即不能由我"操刀"。但手术前一天中央新闻电影制片厂因到南开医院采访中西医结合事迹,从而知道了我们次日要切除该肿瘤,不知出于何种考虑,他们要拍摄手术全程,并要求由我主刀切除这枚巨瘤。

这枚肿瘤之巨是我从来没有见过的:上下长 80 厘米,最大周长 140 厘米,与腰臀部连接的蒂部周长 95 厘米;患者入院时总体重 106 千克,肿瘤的重量应占总重量的大部分。1972 年 12 月 13 日，患者被收住院，经过诊断，肿瘤被确诊为神经纤维瘤，医院告知将予手术切除治疗，患者本人和家属都颇感意外，但也十分兴奋和感动，因为此前已被多家医院拒之门外。入院后，我们先对患者进行了 12 天加强营养治疗，使其体重增至 116 千克，健康情况也有所改善。手术前，我们经过认真讨论确定了手术方案，包括选择何种体位等细节都反复斟酌。12 月 25 日，在静脉麻醉下对神经纤维瘤进行切除术。尽管术前做了大量准备工作，但术中还是遇到一些困难。其一，肿瘤血运丰富，特别是静脉粗而壁薄，极易大量失血，术中多次因血压骤降而被迫中止手术，只好补充血容量，待血压回升后再继续手术；其二，肿瘤的包膜情况不一，有的部位完整，有的部位不完整，剥离难度不一。手术全程共耗时 4 小时 15 分钟，输血 3700 毫升，可见手术之难、出血之多。切下来的肿瘤重达 64 千克，确实如入院时所估计的，肿瘤重量超过患者实有体重 12 千克。

术后患者的恢复也并非一帆风顺，问题之一是，手术切掉了多年来伴随患者的巨大肿物，他的机体短时间内难以适应，特别是心脏功能，术后 7 天内心率过快，经常在 160 次/分钟，而后逐渐好转。问题之二是，手术过程对患者打击明显，在没有感染情况下经常发烧，并有多器官功能衰竭（MODS）的表现，这是患者的应激反应。再有，患者初步康复下地行走时也遇到困难，由于手术切除了巨大肿瘤，身体"负荷重量"突然减轻，患者出现"失重"现象，再加上多年来形成的平衡习惯被打破，患者向前倾倒、站立不稳等，经过较长一段时间适应和锻炼，才能正常站立和行走。

1972 年 3 月 9 日，患者出院时体重增至 62 千克，整体健康情况大幅度改善，体力和精神也非常好，具备了重返工作岗位的条件。截至 21 世纪初，我们一直关注类似肿瘤的切除和治疗情况，被报道最大的同类肿瘤仅 40 千克，我们这例仍处于首位。

一针"四两拨千斤"

大约在 1973 年或 1974 年,我接到立即赶赴广州市为一位领导紧急会诊并参加治疗的通知。于是我与罗连城大夫马上动身飞往广州,下飞机后直接前往病房了解病情,开始会诊。

患者是广东省革委会的一位主要领导,50 岁刚过,正值壮年。因患降结肠癌于一周前在该院施行了结肠癌切除手术,是由一位深孚众望的外科老专家主刀的。手术指征、术式选择、术前准备及手术操作均无懈可击。术后五六天时发生腹痛、腹胀并伴有局限性腹膜炎的体征,而腹胀不断加重成为突出问题。该省名医几乎悉数到场进行了多次会诊,在诊断上比较一致,认为是吻合口有渗漏,引起腹膜炎。在治疗方法上却有不同主张,主要有三种方案:一种意见是仅做腹腔引流;一种意见是需要做结肠造瘘;还有一种意见主张切除原吻合部位,重新做吻合术。省市领导难于决定,医院和医生们承受巨大压力,只得请"外来和尚念经"。

我和罗大夫听取了经治医师们对病情的详细介绍,并仔细做了全身检查。最让我感到吃惊的是该患者的腹胀很严重,全腹呈球状,叩诊皆为鼓音,肺肝境界难以扣出,从呼吸情况分析,膈肌亦被推向上方;同时,测不到移动性实音,肠鸣音也很难听到,但压痛很轻,肌紧张并不明显,全身炎症反应也没有想象的严重。在了解病情后,我头脑中很快产生了不同于其他医生的看法:不是腹膜炎与肠麻痹,是气腹,非常严重的气腹!要跳出前面会诊的结论,换一种思路去确诊治疗。当时已经是深夜,做一次腹平片 X 光检查比较困难,更何况还要搬动病人上下楼折腾,已到了时间不等人的地步。于是我当机立断,向院方提出了我们对病情的判断,并建议立即行腹腔穿刺。尽管院方对我们的判断和治疗措施感到意外,但接受了我们的建议。腹腔穿刺由罗大夫实施,一针下去,大量气体夺孔而出,患者的腹部如撒了气的皮球,顷刻瘪了下来。在场的院领导、家属和医护人员赞叹不已，原先紧张的气氛轻松了许多，大家都为治疗取得进展而欣喜，我也为自己的判断得到证实而高兴，这一针使患者躲过了再挨一刀的风险。大量气体排出后，我又检查了腹部体征，认为腹腔渗液不多，炎症范围也较局限，建议院方可按照治疗溃疡病急性穿孔的原则进行中西医结合保守治疗。治疗非常有效，几天后拔出胃管，患者开始少量进食，不久胃肠功能恢复，患者基本康复出院了。

在我们离开广州前，当时广东省革委会主任亲在广州的老字号泮溪酒家设宴致谢，场面非常隆重。也许外界会认为如此排场一定有"贵宾驾到"，其实不过是在宴请一位"郎中"而已。事后我和罗大夫聊起此次广州之行，我们认为，广东同行的"误诊"绝不是水平和经验问题，而是由于患者的特殊身份给医生造成的精神压力，使诊断出现"荒腔走板"情况，这也是医者需要借鉴的。

一场虚惊的"小肠瘘"

20世纪70年代初，辽南地震后不久，一位王姓女士因重症胰腺炎住进当地的一家解放军医院。按照当时的治疗惯例，医生为她做了早期手术，在小网膜囊内放置了胶管引流。术后病情一度好转，小网膜囊的引流物已开始减少。但术后两周患者再度发热，左上腹及腰背部亦感到胀痛。经治医生对患者进行了脓腔造影和腹部X光等检查，发现除脓腔之外，在上部空肠及结肠都有造影剂出现，怀疑有小肠和结肠瘘形成。由于担心病情会进一步恶化，患者、家属和医生均处于紧张甚至有些恐慌状态，专门组成了治疗抢救组，我也被急电招来会诊。

在对患者病情有了充分了解后，根据我的经验和对重症胰腺炎手术及并发症的了解，我做出了判断。重症胰腺炎出现肠瘘偶尔有之，但多见于严重坏死及感染的患者，这种情况下往往是因手术切口裂开，肠管暴露于切口之下易受损伤，或因长期引流，引流管与肠管直接接触及压迫所致。在我看来，该患者并不具备肠瘘形成的条件，基本否定了经治医生们的判断。然而，要让大家接受我的判断，需要对在小肠和结肠出现的造影剂做出合理解释。我认为，在重症急性胰腺炎时，不可避免地有部分胰腺组织坏死，使胰管与小网膜形成通道，在加压注入造影剂时会少量通过胰管进入小肠，再经过 2 至 3 小时，已进入小肠的造影剂会下行至结肠。大家听完后基本接受了我的解释，并按照我提出的方案保守治疗、密切观察，几天后病情缓解，怀疑为肠瘘的虚惊解除。稍后，位于降结肠后的脓肿也被"揪出"，切开引流后病情好转出院。一年后王女士复查时，发现在小网膜囊形成了一个假性胰腺囊种。为此，她专程来天津南开医院求治，经内引流等治疗后痊愈。

"隐藏"的阑尾

1988 年夏，根据卫生部老部长崔月犁的建议，该年度的中西结合学会工作会议在新疆乌鲁木齐举行，大多数理事都赶来参会，盛况空前，会场气氛十分热烈。一天晚饭后天气凉爽，大家都在宾馆院内散步闲谈，轻松而悠闲。忽然来了一位并不熟悉的新疆同志找我，请我即刻去某医院紧急会诊。"人命关天"当然不容耽搁，我立即随来人去医院，径直走进手术室，马上进入"角色"。

到手术室后了解到，当天下午该院外科为自治区的一位领导施行阑尾切除术，虽然不是大手术，由外科主任亲自操刀以示重视，但没能找到阑尾而无从下手。于是出身外科大夫的院长亲自"披挂"前来救场，但也不得要领，经主任和院长两位三个多小时的"深挖细找"，阑尾仍不知所踪，如外科俗语所说"下不来台"了！

听后，我亦不敢怠慢，迅速更衣、洗手、上台，仔细查看了肠管粘连情况，询问了他们两人的手术路径，以作为我"另辟蹊径"的参考。他们寻找阑尾的方法是不同的：一是从前向后找，分开粘连组织找出阑尾；二是从内向外找，先找到末端回肠，沿回肠以"顺藤摸瓜"方式找阑尾。他们的思路没有错，但花费了很多时间分离粘连组织后仍然没有找到阑尾。当我了解到患者曾有肠结核病史后，知道他们找不到阑尾的原因了，即阑尾很可能被结核造成的肠管粘连所包裹而难以找到。为此，我躲开粘连较严重的末端回肠，直接从右侧腹壁分离出盲肠，充分分离盲肠后，从盲肠末端去寻找阑尾根部，结扎及切断阑尾根部，再牵引阑尾远端，紧贴阑尾浆膜分离和剪开周围组织，终于将这支"隐藏"的阑尾成功切除。

我"上台"不到半小时结束了手术，新疆的同行们感到如释重负，并由衷地赞叹手术"漂亮""麻利"，并深表钦佩。这次会诊能够解决问题，我是依靠丰富的经验和灵活的方法，前者靠积累和总结，后者则说明一种方法无效时，应及时改变路径，不能"一条道走到黑"。这种不同方法的转换或配合，不但在治疗疑难病症中需要，即便在一些常见病治疗中也会遇到，故应该在实践中学习，在不断总结经验中逐步提高，才有可能成为一名通常达变、运用自如的好医生。

为老作家延寿

孙犁[①]是一位全国知名的大作家，他的代表作《白洋淀纪事》被选入《百年百种优秀中国文学图书》，代表了他在中国文坛的影响力。1993年，他因几个月的胃部不适、短期不断呕吐住院治疗。较长的病情使这位八旬老翁疲惫不堪、形体消瘦，在精神上也使他心情烦躁，并时常表现出悲观情绪。综合各方检查资料，得出不愿接受的诊断——胃癌。主管医师认为胃癌已经是中晚期，能否行根治术很难预测；加之孙老的年龄和体质

---

① 孙犁（1913—2002），河北衡水人，现当代著名小说家、散文家、"荷花淀派"的创始人，先后担任过《平原杂志》《天津日报》文艺副刊、《文艺通讯》等报刊的编辑，一生作品颇丰。新中国成立后，历任中国作家协会天津分会副主席、主席，天津市文联名誉主席，中国作家协会第一至三届理事、作协顾问，中国文联第四届委员。

因素,治疗方案难以确定。在孙老看来:不做手术治不好,做手术也治不好,又何必"挨此一刀"呢?他甚感压抑和绝望!

在这种情况下,我和鲁焕章大夫应邀参加会诊,邀请方希望我们助一臂之力。通过对诊断、病情及患者情况的认真分析,我提出两点意见:一是八旬高龄虽为不利因素,但细胞增殖更新的速度减慢,对癌细胞来说亦然,故孙老的肿瘤可能因此而生长较慢或分化较好。孙老经几个月病情消耗虽已显消瘦,但尚未达到"恶病质"程度,如有效施以全身支持疗法,能够承受手术治疗。二是腹部检查可以摸到鸡卵大小肿块,但移动性较好,尚未与周围组织固定,切除的可能性较大。另外,我还举出几位老人治愈胃癌和结肠癌的实例来说明。最终主管医师、孙老和其家属都接受了我提出的积极治疗方案。

我和鲁焕章大夫受命"执刀",仅一小时多一点,肿瘤被顺利切除,术后恢复很快,各方皆大欢喜。孙犁老先生出院之前,我还"班门弄斧"赠诗一首:"年逢八旬动刀兵,腹内顽疾一扫空。养精漫步跨世纪,蓄锐争当百岁翁。"20世纪末,我曾到孙老家看望过,健康状况很好,回忆起术前的纠结,彼此都很开心。2002年手术过了10个年头,他因其他疾病逝世,但毕竟实现了他跨世纪的愿望。

救了同行命的意外收获

2005年,南开医院收治了一位患急性重症胰腺炎的病人,名叫张玉华,他本人是位外科医生,又是山东德州市中心医院的副院长。作为同行,他深知急性重症胰腺炎是不治之症之一,死亡率非常高,而且大部分在短期内就会死亡,故得知诊断后感到极度的恐惧。

急性重症胰腺炎的治疗,是我们要通过中西医结合攻克的难关之一,至90年代中期,就积累起较多的经验,在业内已经很有名气了。因此,患者是慕名、也抱着最后希望而来的。张玉华是夜间被转入南开医院

1995年吴咸中(前排右三)出席在银川举行的第三届全国胃肠外科学术会议

的,腹腔内已经发生了危险的变化,并已经进入了中度昏迷状态,我和崔乃强大夫一起接诊。

在必要的西医检查和中医辨证后,中西医结合综合保守治疗是唯一的选择,治疗方案是用通里攻下的中药为患者灌胃洗肠,这样可以排泄体内的毒素,同时还能保护肠屏障,减少细菌与内毒素的入侵。在具体用药方面,基于我们多年临床实践的积累,与中医用药明显不同。以攻下作用猛烈的大黄为例,一般的中医一天最多用到30克,但我们每天可以用到60克,每天用药次数也多。大病就得下重药,否则难以奏效,我们敢这样用药,基于经验积累和中西医两方面对"证"和"病"的深刻认识。我们的治疗方案迅速遏制住患者进入可怕的感染期,并很快进入恢复期,仅用了9天时间,就从重症监护室转到普通病房。

张玉华清醒后得知没有做手术就从死亡线回来了，认为是一个奇迹，对中西医结合的疗效有了切身体会。出院一年后，他来到南开医院看望医护人员时，表示这次治病的经历，使他彻底改变了对中医中药的看法，也促使他做出了一个重大决定，将中西医结合治疗急腹症引进德州市中心医院，并且定期派外科医生到南开医院进修学习，从此加入了中西医结合的行列。

在周总理抢救组的 18 天

1975 年 12 月 20 日左右，我正在南开医院工作中，突然接到通知，要求迅速到北京参加重要会诊，并有专车接送。这次对行程要求之急迫前所未有，令我十分诧异。到北京后，被迅速送到一家从未到过的医院，后来才知道是解放军 305 医院。在医院的接待室里，随着匆匆的脚步声，著名外科医学专家吴阶平①教授走了进来，他表情严肃，没有寒暄，直视着我的两眼，异常沉痛地告诉我说："患重病的中央领导是周恩来总理。""周恩来总理！"闻听此言我非常吃惊。吴阶平教授接着告诉我说："总理患的是膀胱癌，已经做了几次手术，现在可能由于肿瘤扩散，使肠管粘连，发生肠梗阻，已经有两三天没有大便。现在腹胀严重，还不时出现阵发性的疼痛，医疗组请示中央政治局同意，决定采用中药为主来治疗，安排你来的任务就是采用中西医结合疗法解决肠梗阻。"

看了 X 光片子后，我意识到总理的病情是非常严重的。稍后，吴阶平教授陪同我一起去见周恩来总理。见到他时我很惊讶，这与我几年前开会时见到他的样子完全不一样了，那时尽管他因工作繁忙而面色有些疲

①吴阶平(1917—2011)，原名吴泰然，号阶平，江苏常州武进人，自小于天津长大。1942 年，毕业于北京协和医学院，获得医学博士学位；1947 年，赴美国芝加哥大学留学，次年回国。新中国成立后，他就职于北京医学院，曾率医疗队参加朝鲜战争。1972 年，出任周恩来医疗小组组长，为其诊治膀胱癌，是中国科学院和中国工程院双科院士。

惫,但在跟我谈话时仍神采奕奕,双眼炯炯有神,看到眼前的情景,我不由得心里感到难过。我做了检查,腹部能听到很强的肠鸣音。别看周恩来总理的身体是那样的虚弱,但他的双眼依然那么炯炯有神。吴阶平教授走近床边,俯下身去贴在总理的耳朵边用手指着我说:"这是天津的吴咸中大夫,他来参加医疗组工作!"周恩来总理非常困难地点点头,手臂艰难地动了一下,似乎是想握手又似乎是想让坐,我连忙示意说:"您不要动,好好养病!"我本想好好安慰周恩来总理,可是看到他那种状态,鼻子直发酸,什么话也说不出来!

那天晚饭后,吴阶平教授就立即安排我参加会诊讨论。在讨论会上,我根据病历的记载、身体检查的情况、诊脉的结果,提出建议。我说:"总理患病已久,按照中医辨证来看,属于本虚标实,必须在采取扶正治疗的同时,给予通里攻下法治疗。"尽管确定了治疗原则,但考虑到总理身体已经十分虚弱,在用药方面确实有顾虑,斟酌每一味药,反复推敲剂量的大小,不敢使用大黄、甘遂类效果猛烈的下药,担心他受不了。最后决定以"小承气汤"为主方,再加用几味行气消胀的药物作为治疗方剂。我们建议的治疗方案和药方,经过医疗组组长吴阶平及吴蔚然等人的慎重研究以后最终同意了。

当晚的后半夜,护士将煎好的药端给总理服下,我们坐在屏风外面的沙发上,静静地等待着,我不时地站起来,从屏风旁的空隙里,观察着总理服药后的反应。30分钟过去了,60分钟过去了,病房里没有看到或者听到总理排便、排气的迹象,看起来,这服药没有对总理的肠梗阻产生作用。

转天的早晨,只躺了一个多小时的我就起床了,用凉水擦了把脸,马上参加了第二次会诊讨论。这时候邓大姐来到了会场,她好像看透了我们的心思,和蔼可亲地告诉我给总理治病,该用什么药就用什么药,该怎么治就怎么治。邓大姐的一席话打消了我的顾虑,坚定了我的信心,对治疗进行了大胆调整。方剂中加入大黄、厚朴、枳实和甘遂，还加上新斯的明穴位注射，名副其实的中西医结合综合非手术治疗。

当我看到护士把新煎好的药汤一勺一勺喂给总理，心情仍然非常紧张，期待药物调整后能够奏效。两个小时过去了，屏风后面终于传来了响动，看来总理想排大便啦！我从屏风旁的空隙里，观察着情况，总理的警卫员行动起来了，两个人搀扶着总理小心翼翼地向卫生间走去。又过了一会儿，警卫员从屏风后边闪身出来，年轻的脸上溢满了笑容，高兴地说："成功了！"警卫员说完话返身回去，我跟过去，走近病床，身穿蓝白色竖条病号服的总理，在两位警卫员的搀扶下，慢慢地、艰难地移动着他虚弱的身体走向病床。看到我，他连连向我点头，双眼露出了感激的目光。

这时，中央领导同志都来看望总理。当卫生部领导、医疗组的领导向中央领导同志汇报情况，请求进一步的指示时，我也破例参加了。邓大姐特别关照，让我坐在中央领导同志的旁边。我将两次用药的情况做了简要的汇报。

同样的攻下治疗又用了三四次，虽然都能起到排便排气的作用，但由于腹腔的肿瘤扩散，肠梗阻仍反复发生，病情就越来越重。中药已经不能够解决问题了，医疗组讨论决定，请示党中央及毛主席，决定再给总理做一次手术。邓小平、叶剑英等中央政治局领导同志慎重研究以后，又请示毛主席，毛主席批准了再次手术的方案。再次手术以后，总理由于身体过于虚弱，在麻醉药的麻醉有效期过去后，一直没能苏醒过来。

总理不幸逝世的那天早晨，大约 9 点刚过，紧急电话通知医疗组的所有成员前往总理病房。我们清醒地意识到，我们崇敬的总理可能要与人民永别了。虽然这是谁也不希望发生的事情，可这又是无法逾越的时刻。

回想 5 年前在全国中西医结合会议上，承蒙他的接见，汇报了我在中西医结合治疗急腹症方面所做的工作，回答了他提出的问题，并聆听了他真知灼见和高屋建瓴的指示，犹历历在目；他对中西医结合急腹症工作成就的肯定，及来自各方面后续的支持和推广，使几乎中断的中西医结合工作获得重生，我个人的命运发生巨变、事业得以发展，心中念念不忘，但从来没有想到有幸为他治病。这次难忘的 18 天经历，尽管最终是无力回天，但毕竟是用周总理肯定的中西医结合方法为总理解除过病痛，心中感到宽慰；他对中西医和工作的支持和他的音容，永远铭记于心，鼓舞我在中西医结合的道路上不断进取。周总理去世后，为医疗组全体成员专门安排了遗体告别仪式，邓颖超大姐对所有医疗组成员表达了诚挚的感谢，并送给每人一套照片留作纪念。

第二十一章

晚年的两个殊荣

中国工程院院士

1996 年,我已年届 71 岁,按中国传统说法,已是"随心所欲,不逾矩"的"古稀之年"了。然而就在这一年,中国工程院首次按其制定的院士遴选程序进行院士增选工作,而我,有幸在这次增选中荣获了中国工程院院士的称号。

为了这次增选,1995 年,各省市和部委就行动起来,遴选和推荐工程院院士候选人。这是一项新的工作,没有成熟的经验。第一步是以省市为单位进行初选,根据专业与学部对口的原则,推出部分候选人,先在本省市范围内比较,取各专业或学科最优者推荐到工程院角逐。天津市的初选工作由市政府牵头,市教育委员会负责文教卫生系统院士初选的提名工作,我有幸获得了提名,并顺利通过天津市的初选,获得了参加中国工程院院士增选的资格。

通过天津市的初选我了解到,对院士的增选是非常严格的,体现在以下几方面:其一,高标准、严要求,既注意学术水平、科技成就,也十分关注学风和道德,尽可能做到客观、公正的判断;其二,站在国家高度、超越各种局限,超越本专业、本学科、本领域、本部门、本单位,没有地区照顾或

258

专业学科照顾,"宁缺毋滥";其三,大幅度差额选举,由各省、自治区、直辖市、国务院各部委、各直属机构、解放军三总部、中国科协等部门遴选出的有效候选人,由工程院对口学部的在任院士作为推荐人,对有效候选人的专业积累、学术成就和职业操守进行系统介绍,再由各学部进行比较、讨论和评判,最终以不记名投票方式做出决定。因此,进入工程院增选程序后才是真正的"角逐"。

二哥吴英恺是从前学部委员转至工程院为数不多的几位"元老级"院士之一,他得知我已经入围增选,非常高兴,但特别告诫我"无须过于在意结果,参加遴选即为佼佼者,得之可喜,失之不悲"。二哥的意见我完全同意,所以以淡定的心态对待这件事情。

中国工程院提供了准备"候选人提名书"的基本要求,南开医院主要负责准备申报材料,各级领导、科室和部门都积极、认真地参与,特别是我的两位弟子崔乃强和周振理在医疗和学术部分做了很多具体工作,使申报材料翔实丰满、逻辑清晰和重点突出。现在回想起来,那时对"候选人提名书"内容的要求简明扼要,朴实无华,与后来的各类材料动辄就是厚厚一大本相比,要务实得多。"候选人提名书"的核心内容,是我的"主要成就和贡献",包括四个方面:①我为中国普外发展做出的贡献;②创建中西医结合治疗急腹症诊治体系;③危重急腹症的中西医结合治疗;④建立中西医结合基地、培养高级人才和扩大国际影响。对于这四方面的贡献,由9项获奖成果、2项重大项目研究报告、10篇不同时期代表性论文和10部学术专著作为具体支持,材料总篇幅虽然不很大,却是我大半生"悬壶济世"和学术追求的结晶。

进入工程院院士增选阶段,需要一位院士对候选人进行推荐和介绍,这也是至关重要的一个环节。吴阶平院士欣然做我的推荐人,令我深感荣幸。他是外科前辈,德高望重,在国内外享有盛名。更为难得的是,他是周恩来病重时期的抢救组组长,我参加该组工作与他朝夕相处的18

天中,足以加深彼此的了解和熟悉,他也是中西医结合治疗急腹症显著疗效的亲历者。由他介绍我的背景和贡献,特别是中西医结合方面的成就,最有说服力,容易获得院士们的接受和认可。毫无疑问,吴阶平院士是一位强有力的推荐人,对我的入选非常有帮助。

中国工程院在 1994 年成立后,在第二次院士大会上决定增设医药卫生工程部,该部当时仅有院士 30 名,多数是从中国科学院转过来的原学部委员,都是中国医药界的翘楚、业内泰斗和令人尊敬的前辈。我参加的是第三次院士大会召开前医药卫生工程部单独进行的增选,仅有 20 个名额。由于有两位老院士故去,那次增选后的医药卫生工程部也仅仅有 48 位院士,是中国医药卫生界中名副其实的"塔尖"。

提交到第二次院士大会上六个学部的有效候选人共 959 名,通过院士选举过程后有 186 名当选,占有效候选人的 19.4%。医药卫生工程部这次增选,在 89 位有效候选人中有 20 位当选,占比为 23%。经过如此严格的遴选过程,我能从众多实力雄厚的候选人中胜出,成为 48 位医药卫生领域院士的一员,感到十分庆幸和自豪。

1996 年 2 月,我接到中国工程院院士证书时,已经 70 初度,在惊喜之余不能不考虑今后还应该做些什么。院士证书上耀眼的 31 个字需要认真品味、正确理解和牢记于心:"中国工程院院士,是国家设立的工程技术方面的最高学术称号,为终身荣誉。"毫无疑问,荣誉来源于贡献,这是国家和学界对我大半生医疗和学术事业的肯定和褒奖,来之不易,值得珍惜。应该将这份荣誉作为新的动力、新的起点,增强历史责任感,引领自己的学科团队,带好自己的学生,做出新的成绩,获得更好的成果,以回馈这份殊荣。

当上了院士,情况大不相同,尊重处处可见,邀请纷至沓来,充分显示出对院士具有"中国特色"的尊重。很多场合都希望请一位院士以提高"档次",有时与专业和学术风马牛不相及,纯属"装门面"。更有寻求商业利益者,将院士这个"最高学术称号"作为炒作的工具,被滥用的情况时有发生。因此,我当选工程院院士后,在市里和不同部门举办的庆祝会和座谈会上都明确表达了我的态度:第一,院士的"帽子"虽然戴在我的头上,但荣誉是集体的,包括各级领导、医科大学和南开医院的一贯支持,特别是多年来学科成员们的不懈努力;第二,严格按工程院院士章程要求自己,努力实现院士应尽的义务,正确使用院士权利;第三,在不断提高自身学术水平的同时,做好对所在单位、地区的咨询、建议与服务工作;第四,严于律己,不因当选院士向组织提出不合理的要求;第五,希望大家支持我不滥用院士的荣誉和头衔,进行过度宣传和商业目的炒作。

同时,我在不同公开场合也做出承诺:一要继续当好人梯,为培养德高医粹的人才殚精竭虑;二要继续当好参谋,更好地为工作在一线的学术带头人出谋划策;三要继续跑龙套,在横向联合上穿针引线,为学科交叉合作当好媒人,为改善学科条件发光发热。2005 年,我年满 80 周岁,进入耄耋之年,但"烈士暮年,壮心不已"的意志不减。按照中国工程院的制度,进入 80 岁即成为资深院士,与工程院相关的工作和社会活动有所减少,使我多了一些精力和时间投入中西医结合学科的发展和南开医院新的一轮建设。

"国医大师"

本以为我在 71 岁荣获中国工程院院士,已经是晚年难得的殊荣了,是对我的最高奖赏了,但没想到,在 2009 年我 84 岁时,又荣获一个殊荣——"国医大师",这实在是出乎我的意料。

"国医大师"是新中国成立以来,中国政府在全国从事中医临床工作(包括民族医药)的老专家中评选出来的国家级中医大师,均为我国德高望重、医术精湛的名医名家,"国医大师"为终身荣誉称号,享受省部级劳动模范和先进工作者待遇。开展"国医大师"评选和表彰工作,有利于弘扬中医药优秀文化,有利于促进中医药学术思想和临床经验的传承,有利于振奋中医药行业精神、凝聚行业力量,有利于营造全社会关心支持中医药事业发展的良好环境。

首届评选工作于 2008 年 10 月 28 日正式启动,候选人均为省级名中医或全国老中医药专家学术经验继承工作指导老师,同时还要具备品德高尚,获得社会广泛赞誉;为发展中医药事业做出突出贡献;中医药理论造诣深厚,学术成就卓越,在全国及行业内具有重大影响;从事中医临床或中药工作 55 年以上,在群众中享有很高声誉等条件。

首届"国医大师"评选工作开始后,我个人并没有十分关注,认为是中医中药领域的事情,我个人是从"西学中"起步的,经多年努力成为中西医结合工作者,虽然是两种医学都涉足的"两栖类"医生,但更加侧重于西医。我之所以能够当选"工程院院士",是由于我以现代医学的方法学和理念,结合中医的精髓进行了临床实践、机理研究和理论探讨,并获得了具有说服力的成果。如果说,我当选工程院院士是对我在西医领域及中西医结合急腹症事业成就的肯定,那么评选"国医大师"则是对中医药领域中佼佼者贡献的肯定,而我或许是"局外"者,未必能够得到中医药界的认可。因此,在开始阶段我个人没有参加评选的意愿。但卫生部中医药管理局、天津市科委等领导机构都鼓励我参加,南开医院的领导班子也非常积极,愿意作为推荐单位支持我参加这项前所未有的评选活动。于是我个人抱着试试看的心态参加了申报和评选工作。

南开医院根据当时评选"国医大师"应具备的条件进行了针对性的准备,申报材料主要涵盖了我中西医结合工作的方方面面,除用于"国医大师"评选的角逐外,对我个人也是一次系统的回顾和总结。其中:

代表性著作和译著:选用了自 1970 年到 2008 年我主编和参编的专业书籍 13 部,内容包括中西医结合急腹症、普通外科,甚至泛医学领域,其中不乏获奖和在国外出版的作品。

参加和指导的重大科研课题：选用了 9 项，时间从 1984 年至2007年，有天津市、卫生部及国家中医药管理局等的科研项目。

曾获奖励：包括各种不同奖项总计 13 项。

献计献策：这部分包括三方面的内容，其一，1980 年，我与其他 11 位专家联名提出建立中西医结合研究会，对推进中西医结合的研究意义重大。其二，分别于 1982 年、1989 年和 2007 年，针对中西医结合所处当时发展状况，发表的几篇调研报告、思路和方法，以及应该采取的战略方针和实施计划等，对坚持中西医结合大方向具有建设性的文章。其三，20世纪 90 年代后期，我与其他几位院士联合向国家主管部门就中西医结合高等教育、中西医结合工作者职称评定体系、中西医结合医院建设，以及中医临床研究基地建设等议题提出的建议。

学术思想与技术经验：总结出四个方面，其一，创立和不断完善中西医结合治疗急腹症新体系；其二，中西医结合治疗腹部疑难急性疾病取得重要突破；其三，首倡"以法为突破口、抓法求理"的中医理论研究方法学；其四，发挥中西医结合重点学科建设的示范作用。

学术传承：培养了近 60 名博士和硕士研究生，自 70 年代初，为全国培养了一大批中西医结合医疗和学术骨干。

2009 年，首次举办了"国医大师"评选工作，30 位从事中医药工作的

2009 年吴咸中院士荣获"国医大师"称号并出席"国医大师"表彰大会(后排左二)

老专家被评为第一批"国医大师",我意外当选,成为首批获得此项殊荣者之一,在高兴之余,还有"无心插柳柳成荫"的感觉。6月19日,由人力资源和社会保障部、卫生部和国家中医药管理局在京举办了首届"国医大师"表彰暨座谈会,为我们颁发了"国医大师"称号荣誉证书。

荣获"国医大师"对我来说与荣获工程院院士感受是不同的,前者更偏向是国家层面对中医工作者毕生事业获得成功和贡献给予的充分肯定和最高荣誉。首批获此殊荣者,都是中医顶尖级人物中的大家,确实是"凤毛麟角",我能位列其中更有一种发自内心的荣幸和自豪感(见附表)。平心而论,我作为中西医结合工作者,在数十年的中西医结合生涯中,对于祖国医学确实做到了认真学习、倾心实践、努力深入和积极开拓。因而能入选"国医大师",是国家和中医学界对我中西医结合事业中"中医部分"的肯定,说明我的中西医结合之路选得对、走得正,过去的努力和辛劳是有价值的,让我感到非常欣慰。

晚年生活

我从 1977 年开始担任天津医学院副院长,1984 年任院长,1991 年改任名誉院长至 1994 年,在这 17 年中,还同时担任着很多社会职务:天津市中西医结合急腹症研究所所长、天津市南开医院名誉院长、中华中医学会副会长、中国中西医结合研究会副会长、中华医学会副会长、中国中西医结合学会会长等。可以说,这时期是我一生中经历最丰富、工作最繁忙和收获最丰硕的一个时期。值得欣慰的是,我凭借对理想的坚持、对责任的担当,克服一个又一个困难,较好地履行了我的职责。

十几年前,为祝贺天津中医药大学建校 50 周年,应张伯礼院士邀请撰写了《殚心竭力半世纪,中西合璧一目标》一文,回顾了我的中西医结合之路,并将从中获得的深刻感悟与同道和后学共勉:首先,中西医结合经历了兼容并用、优势互补、结合创新三个阶段,而实现结合创新,是高层次中西医结合的标志,实现了中医理论与现代医疗实践相结合、以实验研究等现代方法阐明中医理论内涵,进而在理论上有所发展和创新;次之,成大事者须知科学精神和人文精神相结合,要善于团结合作、协同攻关,学科带头人要有高瞻远瞩、海纳百川的能力和胸怀,成功出于长期集体劳动,个人只不过是其中的一个代表而已;再次之,学科建设是永恒主题,实现中西医相结合、临床与基础相结合、医学与药学相结合、主干学科与公共技术平台相结合的合理结构与功能,是事业发展的保障。

今年我已九十有五,真乃高寿,几乎实现了我"若能再活一百岁,还要大干五十年"的宏愿,也是幸运之事,快哉!常有人问我的长寿之道"秘籍",若说没有"养生之道"或"长寿秘籍",大家肯定不信,特别是我又是搞中西医结合研究的;但要说有,还真不像大家所想的那样。在这里我仅就长寿之道谈一些我个人感悟和体会,供友人和后辈参考。

生活简朴,起居规律　受家庭影响,我自幼养成生活简朴的习惯。一日三餐,坚持多吃粗粮,少食荤腥厚味;即使节日聚餐或公务宴会,也都有所节制、点到为止。得益于此,至今我的体重比较稳定,代谢指标均在正常范围。

规律的起居,是身心健康的基础,能保证人体各系统的平稳运行。我早晨6点半前起床,散步半个多小时,每晚11点半前入睡。条件允许时,每日午睡一小时左右。将每天的时间用于工作和学习,是我一直以来的习惯。工作时坚持"一年当两年,一日三单元(上午、下午、晚上),假日干半天"。近几年无须每日工作,但仍然坚持每周出一次门诊,每月参加一次外科大查房,适当与人交流,仍用一定时间学习、上网或写作,保持大脑和思维的健康运行。

宠辱不惊,处事淡然　在我的记忆中,幼时家中最常用的对联有两副"知足者常乐,能忍者自安","向阳门第春先到,积善人家庆有余",其中蕴含着父母的谆谆教导。多年来,无论面对多大的荣誉,我都不敢据为已有。我常对自己说：在病人面前，我是个医生，医乃仁术，应施惠莫图报；在学生面前，我是个教师，育人为本，应身教重于言教；在组织面前，我是个党员，遵守党纲党章，要事业至上，鞠躬尽瘁。

人生在世，无非是一碗饭、一张床，保持平和心态最重要。对于"文革"期间所受到的不公正待遇，我极少提及。对曾经关心帮助过我的同志，永不忘怀；对曾有过激言论甚至不敬行为者，宽容原谅。让自己在物欲横流的当今，宠辱不惊，处之淡然，相信"无德损寿，少欲添寿"，成为一个身心健康的长者。

事业为重，乐从中来 我是个天生的忙人，秉性使然，责任所驱。从事中西医结合治疗急腹症的研究以来，有困难，也有挫折，但总是在前进，我也一直享受着每次进步带来的喜悦。古语说"仁者寿，智者乐"，我把它诠释为："寿而为仁，乐以达智；寿乐兼享，善莫大焉。"过去10年，虽已耄耋，对于南开医院新大楼建设、中西医结合研究院运行和中西医结合综合肿瘤治疗中心筹建，大到资金筹措，小到具体设计，无不操心尽力，我却乐此不疲。人生最大的快乐莫过于宏愿实现，我的喜悦之情难以言表，正所谓老有所为、老有所乐吧！

情趣不减，童心永存 花甲之后，我有意识地培养一些新的兴趣，借以调节生活、恢复青春活力，不是养生，却胜似养生。兴趣一是收集钥匙链。每逢出国考察或外出开会，我都要收集能反映当地文化风情的钥匙链，花钱不多，携带方便。目前已积累过千，算得上琳琅满目、洋洋大观了。兴趣二是收集近代条幅国画。虽说是"小打小闹"，但也不乏珍品。上自王学仲的草书、范曾的横竖条幅、孙其峰的雄鹰、陈立夫的赠言，下至新人王明亮、崔寒柏等的作品。兴趣三是学用电脑、摄影、录像。现在，电脑已成为我阅读及记录的重要工具，而且乐于拍摄家人、同事和学生们的活动影像。兴趣四是尝试养鸟驯鸟。向遛鸟的老人学养画眉，颇得其乐。友人送来两只鹩哥，有时间同它们对话几句（简单的问候语），也其乐融融。

科学养生,道法自然 遗传和生活习惯是影响长寿的重要因素。现在,社会上兴起了一股保健养生热,有利于促进全民保健意识的增强和健康素质的提高。但是科学不能以搞运动的形式来推广。应如《黄帝内经》所言:"法于阴阳,和于术数,食饮有节,起居有常,不妄作劳。虚邪贼风,避之有时,恬淡虚无,精神内守,病安从来。"即要遵循自然规律,循序渐进,通过持久深入地推动,使科学的养生知识逐渐成为人们的共识,进而成为整个社会的生活方式。

这些养生之道仅是我个人的感悟和体会,与大家共勉,祝大家健康长寿。

寄语与感言

多年来,总有人会问我一个同样的问题:"你是靠什么力量在这么困难的条件下把中西医结合工作坚持下来的?"我几乎是不假思索地答复:"一是爱国主义思想,保护国民身体健康是从医者的使命与责任,作为医生要为祖国争光,就要结合中国的实际情况,汲取中西医学之精华,弘扬祖国医学之所长,走出中国特色的医学之路;二是科学态度,西医和中医虽然理念、体系、方法有所不同,但它们救病治人的目标是相同的,我相信只要坚持严肃的科学态度,它们最终会是殊途同归的;三是献身精神,不论做什么事总会有风险的,为事业敢于献身冒风险才能取得成功,这种精神鞭策着我要坚持将中西医结合这个事业做好,使之成为中国新医学;四是历史责任感,在无限的科学发展长河中,每一代人都有自己的历史责任,对于中西医结合事业来说,我们这一代人的历史责任是开拓了这项事业,希望这项事业能坚持不懈地传承下去,并且人才辈出,为这个伟大的事业承担起自己的历史责任,贡献自己的力量。"我深信,这种思想理念是我们这一代老知识分子所共有的精神力量。从辩证唯物主义和历史唯物主义的观点看,随着历史的发展,我们所取得的学术成果终将会被新的成果所取代,我们身上的光环也必然会逐渐转移到下一代继承者的身上,但这些精神力量应是永恒的,不仅是老一代人所共有,也必将为后来人所发扬。

1993 年吴咸中(中)、尚天裕(右)、王今达(左)三位教授荣获天津市卫生局颁发的"中西医结合创业奖"

这次天津市口述史研究会邀请我以口述的方式撰写自传,算是一种激励、一种挑战。口述历史自然是由亲历者讲自己经历过的历史,讲还能记得清楚的历史,讲那些应该弘扬或引为教训的有价值的历史。为此,讲什么? 怎么讲? 我还是经过了一番思考,因为我几乎是经历的百年沧桑,可讲的事情太多了,但要成书就不能事无巨细,总还得挑有意义的说,于是上面所讲的比较概括、言简意赅的几种精神便是我这部自传的中心思想。如果我的口述自传能准确而具体地传达出心中的信息,同时如果读者的反馈也能令我有意外的收获和鼓励,老夫幸矣!

中西医结合是中国医学发展的重要途径和方法,具有鲜明的原创性和中国特色与优势,"坚持中西医并重,促进中西医结合"是我国新时期卫生健康方针,并已列入国家法律①,但在中西医结合取得举世瞩目的成绩时,仍然不时遭受质疑、非议,学术争鸣无可厚非,政治上的偏颇则不足取。有些专家曾很儒雅地称"中西医结合是被忽视的优势",有些人则不无讥讽地说中西医结合专家是"一代完人",就连屠呦呦教授获得的诺贝尔医学与生理学奖,究竟是中医学的成绩还是中西医结合的成绩,也闹得沸沸扬扬,有时常令人迷惑不解。在这次空前的抗疫大战中,中西医结合已经成为防控救治的亮点,为防控救治取得阶段性成果做出了重要贡献,同时也为国际社会提供了中国智慧和中国方案,中西医结合再次以强有力的事实和舆论被全社会公认,一批大有成就的新领军人物站到了历史舞台上。正如古诗所说:"沉舟侧畔千帆过,病树前头万木春","长江后浪推前浪,世上新人超故人"。历史永远是实践者创造的,我们永远对未来充满希望,对青年充满希望。

口述历史促使我回忆历史,也让我以感恩的心态面对过往发生的一切。我感恩这个时代,感恩党和国家,感恩在中西医结合这个舞台上和我并肩作战的前辈、同事、友人和学生们,感恩我的家庭长辈、兄姊、老伴和子女们。我还要向陈可冀院士、邢元敏书记、郝希山院士致以特别的谢忱,他们撰写的序言使本书大为增色,不仅是由于他们激扬的文字,更在于他们真挚的情感。这不仅是由我来口述历史,而是由大家共同书写历史,如果没有天津市口述史研究会的热情邀请和鼎力合作,这一切皆无可能,谨此致以崇高的敬意。

---

① 2017年制定的《中华人民共和国中医药法》。

附：首批荣获"国医大师"名单

健在的首批"国医大师"			
姓名	出生年	工作单位	专业特长及主要成就
苏荣扎布	1929–	内蒙古蒙医学院	蒙医药治疗心脑疾病、高等教育创建者
李济仁	1931–	皖南医学院	内、妇科疑难杂症，尤善痹、痿、肿瘤等
李辅仁	1919–	北京医院中医科	老年病、呼吸、脾胃等疾病
张学文	1935–	陕西中医学院	急性中风诊治，"颅脑水瘀证"为专长
周仲瑛	1928–	南京中医药大学	擅长"风痰瘀热毒虚""复法大方"
唐由之	1926–	中国中医科学院	金针拨障术和睫状体平部的手术
路志正	1920–	中国中医科学院	胸痹心痛及慢性疑难病症
颜正华	1920–	北京中医药大学	中药学家、中医教育家
吴咸中	1925–	天津医大、南开医院	腹部外科专家、中西医结合治疗急腹症
已故的首批"国医大师"			
姓名	生卒年	工作单位	专业特长及主要成就
王绵之	1923–2009	北京中医药大学	内、妇、儿科疑难病症和外感热病
方和谦	1923–2009	首医大朝阳医院	伤寒，呼吸、心脑血管及肝胆疑难杂症
张镜人	1923–2009	上海第一人民医院	热病，创调气活血法治疗慢性萎缩性胃炎
任继学	1926–2010	长春中医学院	脑病、心病、热病，及中医急诊学
裘沛然	1913–2010	上海中医药大学	中医、经络理论研究，疑难杂症治疗
李玉奇	1917–2011	辽宁中医药大学	擅内科、精胃疾，特别是慢性萎缩性胃炎
强巴赤列	1929–2011	西藏自治区藏医院	藏医药及天文历算学家
何任	1921–2012	浙江中医药大学	湿温急证、胃脘痛、崩漏等疑难杂病
陆广莘	1927–2014	中国中医科学院	首批"中学西"，中医基础理论研究
班秀文	1920–2014	广西医药研究所	擅长治疗内、妇、儿科疑难杂病
朱良春	1917–2015	南通市中医院	内科杂病，特别是风湿和肿瘤
贺普仁	1926–2015	北京中医医院	针灸，毫针、放血、火针疗法的应用
徐景藩	1927–2015	江苏省中医院	脾胃病的诊疗、善用调升降、宣通、润养
郭子光	1932–2015	成都中医药大学	伤寒论汤证新编、日本汉方医学精华等
程莘农	1921–2015	中国中医研究院	深谙针灸理论，善治内、妇科疑难杂症
王玉川	1923–2016	北京中医药大学	《内经》及中医基础理论研究
颜德馨	1920–2017	上海中国医学院	"衡法"治则，活血化瘀法治疗疑难杂症
张灿玾	1928–2017	山东中医药大学	黄帝内经文献研究、针灸甲乙经校注等
李振华	1924–2017	河南中医学院	脾胃病、脑病，中医治疗流行性乙脑等
邓铁涛	1916–2019	广州中医药大学	脾胃学论治重症肌无力、心脑及胃肠等
张琪	1922–2019	黑龙江中医药大学	肾、肝、心、脾胃等顽固性及疑难重症

第二十二章

永远的手足情谊

如父的长兄

我的大哥吴执中（号英年）于 1906 年 3 月 14 日生于新民县潘家岗子村。我父亲 17 岁结婚，18 岁得长子，即我的大哥。我与大哥正好也相差 18 岁，从年龄上可算得上是如父的长兄。其实，更重要的是，大哥对弟弟妹妹们生活上的关心、呵护，学业工作上的帮助、指导和表率作用，甚至超过父亲的能力所及，使我们受益终身，感激不尽。

大哥从 1924 年考入奉天医学专门学校（即后来的沈阳盛京医学院，人们常说的"小河沿医学院"）至 1980 年病逝，56 年间，学医、从医、教医、创医，有三个当之无愧的头衔，内科学专家、医学教育家和我国职业病学的创始者和奠基人。

经过 7 年正规的医学教育和实习，大哥从盛京医学院毕业后即选择到北京协和医院内科继续深造，在完成了一年的研究生培养和其后一年的住院医师时间后，大哥回到盛京施医院内科工作。由于盛京医学院是由英国苏格兰传教士司督阁医生创办的，仅仅 4 个月后，医院又给大哥去苏格兰格拉斯哥大学医学院进修的机会。进修期间，经过

大哥吴执中与二哥吴英恺

严格的考试,大哥获得了皇家医师学院格拉斯哥分院院士的荣誉称号。在伦敦大学附属盖氏医院进行考察后,大哥于1935年春回国,先后在沈阳盛京施医院和北京协和医院内科工作。扎实的基础理论学习和专业技能训练,加上丰富的临床实践,使大哥成为训练有素的内科医生,为其后的医学教育和创立职业病学学科奠定了坚实的基础。

张孝骞①是我国著名的内科学专家、消化病学的奠基人和医学教育家。张孝骞祖籍湖南,在北京协和医院工作多年,在其回湖南湘雅医学院任院长时,邀请大哥随行,任教务长兼内科主任,足见师长对大哥的信任。1937年6月,在震惊中外的七七事变前夕,大哥南下到达长沙,开启了职业医学教育的生涯,但随着战事的蔓延,使他面临威胁生命的艰难挑战。大哥于1950年9月离开湘雅医学院,在湘雅医学院工作的13年间,经历了1938年从长沙至贵阳和1944年

---

① 张孝骞(1897—1987),内科专家、医学教育家、中国消化病学的奠基人。毕生致力于临床医学、医学科学研究和医学教育工作。1921年,在湘雅医学院专门学校毕业,留校担任内科学助教,湘雅医院住院医师、总住院医师;1938—1948年任湘雅医学院院长。1955年,被推选为中国科学院生物学部委员,1962年,被任命为协和医学院副校长,1978年以后,任中国医学科学院副院长,并长期主编《中华内科杂志》。

从贵阳至重庆,以及 1945 年从重庆返回长沙的三次搬迁。每次搬迁的打包、运输、抵达后的建设、安置和复课,需要大量的组织协调工作,路途上还可能有土匪的打劫,危机重重。大哥辅助张孝骞院长,脚踏实地、任劳任怨地精心安排,妥善落实,在全校师生的共同努力下,使第一次搬迁在迁出日(1938 年 7 月 1 日)的 3 个多月后(同年10 月 24 日)即正式上课。在极端艰苦的条件下,大哥不仅认真教学,而且关心学生的生活和健康,深得学生的尊敬和爱戴。1950 年,卫生部调大哥回沈阳,重新组建沈阳中国医科大学时,湘雅医学院的学生集体请愿挽留大哥,大哥以为大嫂治病为由离校后,学生又派代表追到北京,在中山公园会面谈判,情真意切,令人感动。

大哥于 1950 年 10 月到沈阳中国医科大学任教务长兼内科系主任,并在附属医院任内科教授,主要主持消化、呼吸专业的医疗、教学、科研工作。这时的中国医科大学刚把原满洲医科大学、原盛京医学院和原属部队的短学制专科性质的中国医科大学合并起来,教学体系和人员配置都还没有调整理顺。大哥作为教务长,从临床工作和教材入手,一方面坚持实践第一、病人利益第一的原则,另一方面积极编写、翻译了一系列教材,不仅满足教学需要,还据此编制了各种临床工作常规,提高了医疗质量。

1957 年,卫生部颁布了职业病范围与管理办法的文件,宣布建立职业病专业,51 岁的大哥受命负责中国职业病专业的创立工作。1956 年 8 月至 1958 年 12 月,大哥在苏联列宁格勒(今圣彼得堡)及莫斯科进修职业病学,回国后组建了中国医学科学院劳动卫生研究所（1966 年改称"卫生研究所"）并担任副所长。为支持大哥的工作,二哥吴英恺从阜外医院辟出专门的病房,收治职业病患者。大哥致力于研究所的专业建设和人才培养,带领研究所的研究团队,与全国各地职业病防治队伍协作,从我国最常见的职业病入手,很快就在尘肺的防治、铅中毒、苯中毒、汞中毒及农药中毒的诊断、治疗和预防方面取得成果,使我国职业病的专业水平得以快速提高,并在 1980 年他辞世前,基本形成全国职业病防治网络。20 多年来,大哥不辞辛苦深入矿山、工厂,直接为一线工人的健康服务,哪里出现职业病或中毒事件,他就奔向哪里,为此深受工人爱戴。

　　大哥虽然性格温和,但却是位内心满腔热血的爱国青年。曾听父母讲起,大哥在读医学院期间,曾有一两年的时间与家里失去联系,母亲很是焦急,经常暗自流泪,也常问卦求签算命。有一天,当时在哈尔滨工作的父亲居然在街上看见大哥的背影,但喊他不应,还疾步走开了。父亲断定那就是大哥,安排我的一位堂叔终日在街上寻找,终于有一天清早在公园里找到在那里念俄文的大哥,于是把他拉到父亲处,死死守住。至此,家人心悬已久的一块石头才算落了地。原来是五卅运动后,中国"大革命运动"走向高潮,大哥逐渐接受了新思想,积极参加了民主革命活动,并加入中国共产党。1927 年 3 月,因党组织遭受破坏,大哥和他的同学白希清(新中国成立后曾担任中国医学科学院院长)转移到哈尔滨,进入政法大学以学习法律做掩护从事工人运动。8 月,哈尔滨的形势恶化,大哥与党组织失去了联系,被家人找到后被迫离开哈尔滨,返回沈阳盛京医学院。虽然与党组织失去了联系,但大哥抗日救亡的思想从未消沉。1931 年九一八事变发生后,已在北平协和医院实习的大哥,一直与留在盛京医学院的一批爱国师生保持联系,在他们写给国际联盟的控告信和宣言书上签名。

　　大哥在北京协和实习后回母校工作,因为成绩优异,学校送他到英国留学二年,条件是返校工作。所以大哥于 1935 年回到沈阳母校内科工作。这年冬天,大哥被扣上"反满抗日"的罪名抓进日本宪兵营。除大哥外,白希清、崔义田①(新中国成立后曾担任卫生部副部长),还有资深的

_____

① 崔义田(1906—1989),早年就读于辽宁医学院,1938 年参加新四军,任新四军后方医院院长。中华人民共和国成立后任华东军政委员会卫生部部长、上海市卫生局局长、国家卫生部副部长、对外文化友好协会副会长、中华医学会副会长。1989 年 6 月 12 日在北京逝世。

教授刘仲明①也被抓了,说他们是共产党,反满抗日。大哥也受过很多酷刑,但大家都坚决不承认。后来,那个说他们是共产党的人终于良心发现,说自己受刑熬不住了才乱说的。由于找不到证据日本人最终把他们放了,临出狱时日本人恶狠狠地说:"你们是'满洲国'的大脓包,早晚得拿你们开刀。"大哥被捕时我已经 10 岁了,记得当时全家人都很担心和焦急,特别是大嫂,惊恐之下还发生了流产。大哥出狱后决定去北京,由于他目睹了日本帝国主义各种暴行,并亲身体验到亡国受辱的滋味,因而他一生爱国忧民之心始终不变,并成为以后能在艰苦环境中奋斗不息的力量。新中国成立后,党组织了解到大哥的情况,由统战部部长李维汉亲自找他谈话,于 1956 年重新加入中国共产党。

　　大哥性情温和,举止稳重,从小懂事,听从父亲让子女学医的建议,专心读书。因为大哥很少做家务事,所以母亲说老大是"油瓶子倒了都不会扶的人"。但作为家中的长子,大哥对弟弟妹妹的关心不仅是热情的,而且是坚定和持久的。最值得称赞的是大哥勇敢地站出来,与强势的祖母抗争,阻止了对姐姐振中缠足的迫害。姐姐六七岁时祖母就开始给她裹脚,痛得姐姐难以入睡。幸好不久大哥放暑假回来了,上手就把包脚布扯下来并扔掉,并厉声说谁也不许再包了!祖母虽厉害,但面对怒不可遏的长孙,她只好悻悻地回房生闷气去了。姐姐小时消化不良,黄皮寡瘦,经常拉肚子(腹泻),大哥从医学院放假回来时,牵着姐姐的手去找西医治病,才止住了腹泻。同时又教姐姐多运动,还把姐姐的辫子剪掉,成为全小学剪短发的第一人。1937 年后,姐姐就完全跟随大哥、大嫂在北京、

---

　　① 刘仲明,为了揭露九一八事变真相,以及日本操纵成立伪满洲国的罪恶企图,由当时任盛京施医院的教授刘仲明以及银行家巩天民等知识分子组成的"爱国小组",秘密搜寻日本侵略罪证,最终汇编成英文版的 *TRUTH*(《真相》)一书,递交给来华调查的国际联盟,将日本的侵略罪行昭示天下。国联召开大会,听取调查团报告后几十个国家代表投票赞成调查团建议,只有日本一国投反对票,并宣布退出国联。1935 年秋,日本关东军在东北各地展开大搜捕,向国联调查团递交 *TRUTH* 的"爱国小组"9 位成员除少数幸免外,大部均被逮捕。

长沙、贵阳、重庆读书、工作，在长达13年的时间里，大哥大嫂在万分困难条件下不仅给她提供经济上的资助，而且给予生活上的照顾和学业、工作上的指导。姐姐读中学的时候，大哥看到她在放暑假的时候痴迷于小说，就及时地劝导姐姐"别尽看小说，浪费时间，要学英文"。姐姐工作后，大哥又提醒她"工作两年多了，应该学习总结临床经验"，并指导姐姐如何找选题查文献，如何统计分析。姐姐选了长沙的最常见的沙眼病来做病案统计分析，每晚下班前借部分病历，在煤油灯下将数据写到新制定的大表格中，次日清早将病历还回病历室，如此持续了很长时间。后来姐姐用英文写出了论文，大哥又为她一字一句修改，打字后寄给在上海的郭秉宽教授，征求他的意见。郭教授对姐姐的论文大加赞扬，并将论文寄《中华医学杂志》（英文版），于1948年发表。

大哥还是一位孝子，在贵阳时有人送给他一瓶茅台酒，他说，留起来，等抗日胜利了拿回去给爸爸喝。后来这瓶酒从贵阳抱到重庆，又抱到长沙，1948年姐姐回天津，他就叮嘱姐姐把这瓶陈年老酒抱到天津给父亲喝。这不仅仅是一瓶芬芳醇厚的老酒，更包含着他对老人的深厚孝心。1959年他到北京工作，将父亲接到他家中奉养，每日总给父亲预备一些点心。在"三年自然灾害"时期，政协给他一张吃饭的优待券，他带着父亲和儿子去吃饭，而他自己坐一旁却不吃，因为供应量太少。父亲有哮喘，每到冬天就会犯病，虽然家里有暖器，但大哥还是在父亲房中安了火炉，以提高温度。因为是烧煤，每晚11点后大哥都要进去查看是否有煤气。大哥就是这样在一点一滴的小事中表达着他敦厚的敬老爱幼之心。

20世纪70年代初，大哥曾多次到湖南钨矿出差，调查矽肺的发生情况并对患病的工人进行诊疗。这期间，大哥发现左肩皮下有肿瘤，但因工作太忙，顾不上去看病。肿瘤生长得很快，不长时间已有鸡蛋大小，大哥去就医。1973年，大哥第一次手术，诊断为恶性神经纤维瘤，在其后的7年间，肿瘤复发、转移，又进行过4次手术。手术使大哥左上臂缩短，一侧下肢残缺，但大哥坚强，乐观，不但继续指导研究所的工作和研究生的学习、每周去阜外医查病房，还继续出差。1976年，他亲赴吉林省调查松花江水体汞污染，在执行任务中发生交通事故，造成脊柱压缩性骨折，他忍着伤痛，坚持不离现场，卧床指挥，直到完成既定的调查任务。就在1979年大哥最后一次住院前的一个月，他还前往长沙参加全国职业病大会，呼吁重视职业病的防治。在生命的最后阶段，大哥争分夺秒，在病榻和轮椅上完成了130万字的《职业病》，为他所创建的学科留下宝贵的学术遗产。1980年10月12日，大哥在北京协和医院病逝，享年74岁。当时我和二哥一起在美国访问，竟然未能送大哥一程，成为我们一生的遗憾。

大哥年轻的时候，父母亲曾经给他与一位姓梅的姑娘定过亲，大哥是有新思想的青年，后来自然就退掉了。大哥与大嫂吕素贤（字心竹）是同学，1935年，大哥从英国进修回国后结婚。素贤大嫂是妇产科大夫，人如其名，朴素贤惠，与大哥感情深厚，在艰苦的环境中患难与共。对待亲友胜似家人，姐姐与大哥一家共同生活了13年，没有素贤大嫂的接纳和关照是难以维系的。令人痛心的是大嫂身体一直不好，1935年年底大哥被捕入狱时的惊吓导致大嫂流产，更使原本羸弱的身体雪上加霜。1939年年初大嫂剖宫产生下她们唯一的儿子尚仁，因为手术中发现大网膜上有病变，就毅然同时做了输卵管结扎术。1947年8月，大哥获得美国医药援华会的资助去美国考察，大嫂有机会同行。没想到，1948年4月回国后不久，大嫂被诊断鼻咽癌，在与癌症抗争一年多的时间里，大哥想方设法寻求诊疗，尽心陪伴，悉心照料。大嫂的生命后期是在天津度过的，得到我们这些至亲家人的关心和抚慰，1950年7月7日，在哥嫂15年结婚纪念日的早上7点钟，大嫂摆脱了病痛的折磨，离家人而去。大嫂牵挂于心的尚仁，从兄嫂赴美考察到素贤大嫂生病治疗期间，一直留在重庆和长沙，由我姐姐照料。1950年，大哥调到沈阳中国医科大学后，尚仁留在北京上学,住在二哥吴英恺家,由二哥二嫂照料。尚仁毕业于北京航空学院发动机专业,为我国的航空事业做过贡献,也可惜因脑出血致残多年,过早地离开我们。素贤大嫂的弟弟吕秉德曾多年在大连医学院任教务处长,秉德爱人柯若仪①也在大连医学院附属第二医院工作,是知名的心血管内科专家。因为我大女儿尚彬退休前一直在大连生活工作,因此我们与吕家始终保持着挺密切的联系。

大哥再婚的继大嫂赵美德是 1941 年毕业于北京协和医学院护理专业的护士,曾经在北京协和医院、北京私立儿童医院、天津总医院、沈阳医学院等单位任护理主任、总护士长及副教务主任等职。1959 年,随大哥调到北京后,在中国医学科学院医学信息研究所任编辑、副编审和《国外医学情报》杂志主编,1987 年 6 月退休,1997 年病逝。基于职业素养,美德大嫂工作认真严谨,兢兢业业。我父亲老年时住在大哥家,美德大嫂对老人的饮食起居照顾有加,对往来的亲友热情接待。美德大嫂只有一个女儿吴尚平,毕业于苏州医学院,退休前是北京东直门医院超声科医生。

如师的二哥

我的二哥吴英恺,1910 年 5 月 8 日也出生在农村老家,原名吴择中,报考盛京医学院时由于还没有完成高中的学业,就冒用了因故未能来考试的学长名字,由此改名为吴英恺。后来我选择学医不仅是遵从父意,更有两位兄长的表率。从我 1947 年去天津投奔二哥到中央医院实习,在专科的选择、专业技术和学术能力提高,乃至其后在专科建设和医院管理等诸多方面,二哥更是给予我宝贵的经验和毫无保留的指导,成为我一

---

① 柯若仪,大连医科大学附属第一医院循环内科著名教授,我国著名心血管内科专家,国务院特殊津贴及辽宁省劳动模范津贴享受者。1943 年,就读日本东京女子医科大学,1949 年,毕业于中国医科大学,毕业后留校任助教,1954 年,调大连医科大学。曾任辽宁省心血管分科学会主委、大连市心血管分科学会主委,为辽南地区心内科学科带头人。

生的恩师。

二哥英恺与大哥相差 4 岁，步大哥后尘考入沈阳盛京医学院，与大哥相同的是，二哥同样聪慧，同样刻苦；不同的是，二哥性格较急，勤快麻利，动手能力更强。二哥小时候常帮母亲做事，做得又快又好。祖母的房间只有他敢打扫整理，每次做卫生时祖母就说"什么人来了，又动我的土！"二哥则不容分说，三下五除二就把她的房间收拾得干净整齐。母亲管二哥叫"二忙乎"，什么东西找不到了就会说"等二忙乎回来，准能找到"。心灵手巧、有担当，二哥的这些性格有助于他成为优秀的外科医生。

1940 年，二哥在北京协和医院成功完成了我国第一例食管癌切除和胸内食管——胃吻合术；1944 年，在重庆中央医院成功完成了第一例未闭动脉导管结扎术；1948 年，在天津中央医院成功完成第一例缩窄性心包炎切除术。这些第一例手术的成功完成的背后，无一不伴随着大量文献的参阅，聚精会神的观察，绞尽脑汁的思考，动物实验的模拟演练。1940 年的第一例，属于"机会只给有准备的人"。原本这个由医院组织的食管癌治疗研究组共同准备已久的"硬骨头"，是由当时的外科主任美国人娄克斯做主刀的，不巧娄克斯主任在前一天患了重感冒，实在不能上台。面对二哥推迟手术的建议，娄克斯主任充满信任地说："我相信你能够胜任这一手术，明天你就做术者吧，我为你祝福！"如果说对于这个第一例，二哥是那个有准备的人的话，那么 1944 年的第二例，二哥可就已经成长为创造机会的人了。当时的重庆中央医院真是难副其实，听起来是个何其宏大的名头，但整个综合外科只有 20 张床，一位主治医师和三位住院医师。不光是设备不齐，手术室还是炭火取暖，两个钟头的手术下来医护人员便已经被一氧化碳熏得头昏脑涨。就是在这样艰苦的条件下，刚从美国学习归来的二哥凭借自己对事业的执着精神、对同行的感召力和高效的组织管理才能，迅速加强了外科的团队建设，提升了业务能力。在不到一年的时间里，外科的床位已增加至 100 张，因为有二哥从

1946年二哥吴英恺在天津总医院

美国带回的自费购买的 Beecher 正压麻醉机，使多种开胸手术得以进行。我国首例未闭动脉导管结扎术就是在这样的条件下成功完成的。

二哥一生中共创建了三所心血管专科医院，尤以北京阜外和安贞两所医院在国内驰名，令人赞叹！其实，这三所医院的建立和发展不仅有成功和辉煌，也饱含着二哥的失落和痛苦，但更彰显了二哥乃至那一代医生的执着和奋斗精神。1956年年初，解放军总后勤部任命二哥为新创建的解放军胸科医院院长兼外科主任，这个授命源于二哥在1951年曾参加的抗美援朝医疗手术队工作，并在1954年至1955年作为"战伤外科学医疗研究组"组长，带领从各地调集的百余名医护人员对1000余位晚期战伤志愿军官兵的成功治疗和康复。在完成医疗康复工作的同时，医护人员还根据需要研制开发了几十种医疗器械，翻译了100万余字的外文专著，并编写出版了《野战外科学》，对所取得的经验进行了总结。这所解放军胸科医院的前身是解放军122疗养院，随二哥一起由协和医院调来的还有18位各科的业务骨干。这些专业人员刚来时面临着从京城闹市到京西黑山扈的各种不便，有些人对专业发展感到迷茫。而疗养院的领导和职工更是难以适应眼前的转变。好在二哥就是这样的一个人，接受了认为应该做的事，就心无旁骛地干起来。二哥做事雷厉风行，在院领导班子的支持下，在半年的时间里建立胸内外科、血管内外科病房和导管室，筹建生理室、生化室，扩建手术室等。二哥每周至少有一半的时间住在医院，夜以继日地看病人、做手术、开会。二哥特别会想办法，为了增加病人，他们与协和医学院协调，在位于东单的协和医学院的公共卫生楼开设了门诊部，医生不足就接收进修医生，只用了一年多的时间，这所解放军胸科医院就办得风生水起，得到国内外专家的交口称赞，并受到总后勤部的嘉奖。二哥本人则被评为全军后勤系统的先进工作者，出席了1957年的全国先进生产者代表大会。

　　解放军胸科医院刚有起色，1958年，经总后卫生部与国家卫生部协议，又决定将解放军胸科医院转入中国医学科学院（简称"医科院"）系统，迁址于阜成门外新建的一所有400张床位的医院，并与其合并，成为阜外医院。医科院领导对阜外医院的业务方向和人员安排给予明确的指示和积极的协调。二哥在院内排兵布阵，发挥各专业专家的积极性和才智，共谋发展。从建院到1966年"文革"之前，是阜外医院快速起步和发展的阶段，较重要的发展是建立了心脏外科，率先开展了低温和体外循环心脏直视手术，使先天性和后天性心脏病的外科治疗得以大量实施。胸心血管外科的技术水平进一步提高，肾性高血压外科治疗和主动脉瘤的治疗等都取得较好进展。对于常见病的诊、治、防，阜外医院更是高度重视，着力投入。一是在北京组织实施了对100万人群的血压普查；二是牵头组织了北京、河北、河南、山东、山西四省一市食管癌防治科研大协作，通过在食管癌高发地区的流行病调查，摸清了这些地区食管癌的患病率、发病率和死亡率和致病因素，探索了我国特有的拉网细胞学检查在早期诊断中的作用，并在食管癌病理分型和发展分期及预防干预等方面，均取得显著成果。1966年下半年发生的"文革"，给快速发展的阜外医院来了一个猝不及防的紧急刹车。从1966年7月到1969年10月，二哥作为反动学术权威接受了三年零三个月的院内"劳改"，1969年10月，去江西省永修县卫生部"五七干校"继续锻炼，直到1970年8月，因肝炎病情加重才返回北京。1972年，二哥被调到医院的革委会，虽然担任革委会副主任,但有职无权,眼看着医院管理无序,发展停滞,患者得不到适当的治疗,心中焦急万分。1976年10月,"四人帮"倒台,二哥又被重新任命为阜外医院院长和医科院心血管研究所所长,他踌躇满志地要把医院好好整顿一番,把丢掉的10年找回来。1980年5月,医科院的领导到阜外医院对二哥提出退休的建议,以实现医院领导班子的年轻化。这对于从来没把年龄当问题的二哥来说不啻于晴天霹雳。因为当时对专业技术人员的退休制度尚未建立,所以这一决定给二哥思想上带来的困惑、苦恼甚至超过"文革"中的遭遇,成为二哥一生事业历程上一次严峻的考验。经过反复的思考,在接受领导安排的同时,二哥以"三不变"的原则思考着他70岁之后的事业之路。这三个不变是:中国人不变,中国共产党党员不变,中国医学家不变!

卸任后的二哥被委以中国协和医科大学胸部及心血管外科教研室主任,因"不好安排"而无法加入协和医院的临床工作,自嘲成了"待业教授"。好在时间不长,就有北京市卫生局领导来顾茅庐,邀请二哥到朝阳医院与翁心植教授合作,开展心肺疾病医疗科研工作。想到朝阳区100多万的人口和朝阳医院的600多张病床,二哥当即欣然接受邀请,随即投入组建北京市心肺血管医疗研究中心的工作。经过两三年的磨合,1983年,北京市领导决定将心肺血管医疗研究中心迁往位于北三环路安贞桥北的安贞里,故命名为安贞医院,原院址的北京结核病院外迁至西郊,这所医院的大部分工作人员并入安贞医院。其实与二哥创建的前两所专科医院一样,安贞医院同样是在一张白纸上画画。房屋需要增建,设备需要添置,科室需要重组,队伍需要加强。二哥老当益壮,秉持"三不变"的原则,笑迎挑战,只用了4年的时间,就建成了医疗、预防、科研、教学、国际交流五结合的新型医疗中心,赢得全国患者的信任,吸引众多年轻医生入职或进修。创建北京安贞医院成为二哥引以为荣的老有所为案例之一。

二哥心灵手巧,基础扎实,手术做得精准干净,但绝不是醉心于开刀的手术匠。对于由他首例成功完成的食管癌切除术,对于他常年应对的各种心血管疾病,二哥并没有司空见惯和被动应对,更没有消极放弃,而是主动出击,从探索病因入手,积极进行预防干预。20世纪70年代末至80年代初,二哥曾牵头组织过两次国内大规模的流行病调查,其中一次是涉及29个省、市、自治区400多万人口高血压普查,另一次是参加世界卫生组织(WHO)心血管病监测的多中心研究(莫尼卡,MONICA方案),完成了对全国17个省、市、自治区600余万人口监测,得到WHO的高度评价。在这些工作的基础上,二哥在68岁时组建了我国第一个心血管流行病学及人群防治研究室。他虚心向国内外流行病学、医学统计学及相关专业专家请教,深入基层,取得大量的第一手资料,为中国和国际心血管病防治提供了宝贵的证据。二哥离休后,更加关注在工厂、农村、城市居民中开展高血压等常见心血管病的人群防治工作,不仅积极组织开展《爱心护心工程》还亲自编写科普资料,自费印刷发放,乐此不疲。二哥把心血管病流行病学及人群防治视为自己的第二专业,是引以为荣的老有所为案例之二。

2003年春季,在中国非典型性肺炎肆虐的时期,我得到二哥发现肝脏肿物的消息,二哥有肝炎病史,我预感这个肿物来者不善。医院很快安排了手术时间,但当时已有限制京津高速公路的传闻,同事和家人都劝我不要去北京了,但我决心已下,义无反顾去了北京。开腹探查的结果很糟糕,肝癌且已转移,二哥当时已经是93岁的高龄,无法承担肿瘤切除手术的负担和风险,只能采取姑息治疗。二哥对自己的肝癌坦然、乐观,反倒劝大家不用担心,说年纪大的人,肿瘤都长不快,它要不了我的命。二哥的预言是对的,手术出院后不长时间,二哥在家里不慎跌倒,下肢骨折,住进安贞医院,虽经过积极救助,骨折的并发症使二哥没再回家。医院安排二哥住在安贞医院的高干病房,这让二哥十分不安,他总是借用1965年毛主席批评卫生部时所说的"城市老爷卫生部",念叨说自己住在这里也成了"老爷",要求尽快出院。安贞医院的医护人员对二哥给与周到的医疗照顾,弥留之际,二哥喃喃谵语地说道"鸟语花香",想必是他已看到美好的天国。2003年11月13日,二哥在北京安贞医院病逝,享年93岁。

1977年,吴咸中与二哥吴英恺在访日期间留影

二哥虽然排行老二,但很长时间以来,至少从1949年后,二哥对我们这一代,乃至下一代来说,一直是大家的主心骨。分析起来大概有这几方面的原因,一是有担当的性格;二是二哥在新中国成立后一直在北京工作,生活稳定;三是有二嫂李式琰这样的贤内助。

二哥与大哥年纪相差4岁,但与下面的振中（我的姐姐）相差了10岁,姐姐与我相差4岁,中间还有我三哥维中。因此两个哥哥和"三个小的"（父母常这样称呼我们这一伙人）有点儿像两代人。两个哥哥相继考入盛京医学院,后来又先后去北京协和医院深造,有机会回东北探亲时,父母会与他们一起讨论这"三个小的"今后出路。既定的方针是两个男孩继续学医,但女孩学护理就可以了。这使姐姐感到很伤自尊,暗下决心,努力学习,也要当医生。1937年春天,姐姐反感于处在伪满统治下的沈阳学校的环境,去北京投奔大哥读书,没想到几个月后大哥就调去湖南长沙,到湘雅医学院工作去了。7月7日,卢沟桥事变那天夜里,姐姐正在香山的夏令营,可以清楚地听到不断的枪炮声。

那时二哥正在协和医院做总住院医师,全年都在 24 小时连续值班,但因为担心姐姐的安全和情绪,居然每天晚饭后急匆匆跑出来去学校看上姐姐一眼。姐姐果然热血沸腾地说要去参军打日本鬼子,还誓言旦旦地说扛不动枪可以抬担架。二哥好言相劝说"你还小,说不定还要人抬你,按下这个念头"。幸好很快大哥打来电报,让姐姐去长沙念书。二哥不但安排了姐姐和她一位闺蜜同学的行程,还找了同事的妻子和孩子一起同行做伴,十分周到。

三哥维中去日本读大学,因为战争的关系,好几年与家人失去联系,经济上十分困难。抗战胜利后三哥才与大哥、二哥恢复联系,大哥、二哥一起尽力才凑足了 100 美元,二哥托同学几经周折把钱转给三哥,真是雪中送炭。

1946 年,二哥从重庆中央医院调到天津中央医院工作,1947 年,我大学实习时便来到天津。除我之外,我父母、爱人张丽蓉和大女儿尚彬也陆续来到天津,全家老小五口都住在二哥位于医院附近众成里的家中。不仅从住房上喧宾夺主,而且由于当时物价飞涨,这一大家子人的一日三餐也给二哥增加了不少经济上的困难。但二哥热情相待,毫无怨言。二哥对于我业务上的指导更是耐心细致,实习结束后二哥建议我继续留在天津中央医院工作,从此天津就成了我的第二故乡。

1948 年 10 月,二哥调回北京协和后,又将父母接到北京与他们同住。母亲的身体不好,患有糖尿病、高血压,行动不便,长期住在二哥家。父亲则惦记我们一家,每年 6 月至 9 月都会如候鸟般地来天津,帮着接送孩子上学,检查作业,不时还补贴家用。

除了我父母之外,二哥家还长期住过大哥的儿子尚仁和二嫂的母亲及弟弟们。大嫂病逝时,大哥已调到沈阳的中国医科大学工作,并建立了新的家庭,尚仁从长沙回北京读初中就住在二哥家里,一直到读大学。二哥工作很忙,二嫂不仅照料尚仁的生活,而且督促指导尚仁的学习。尚仁则带着二哥家的三个孩子滑冰、游泳、登山,情同亲弟妹。二嫂的母亲被孩子们称为李姥姥,是位文静贤淑的旧式妇女,丈夫在旧军队为官,娶了姨太太,李姥姥带了儿女负气出走,二嫂与二哥结婚后,李姥姥便随女儿生活。二嫂的两个弟弟无论工作还是上学,周末或假期也会到二哥家来住。我的子女寒暑假期也时常去北京住在二哥或大哥家,与李姥姥和李家舅舅们也很熟悉,直到现在我两个在北京工作生活的女儿也有机会与李家舅舅们聚会。

二哥有过两次婚姻,前妻是北京大学第一医院的儿科主任秦振庭教授。秦教授比二哥小 4 岁,是二哥的师妹,从后来取得的成就看,也是务实、敬业、能力超群的杰出专家。秦教授是独生女,家境困难,父亲早逝,由母亲一个人带大,养成争强好胜的性格,虽不一定是坏事,但个性很强。原本两人在生活中就有争吵,再加上 1946 年秦教授在二哥严重腰痛(当时曾怀疑脊柱结核)情绪低落、生活上需要人照顾的情况下,执意要去美国进修,使两人的感情雪上加霜。1948 年,秦教授回国看到二哥与我们一家老老小小生活在一起,不胜心烦,两人的矛盾继续升级,婚姻走到尽头。离婚后,秦教授未再结婚,潜心工作,与二哥及吴家未再往来。2003 年 12 月,在二哥离世后的两个月,秦教授也溘然长逝。

二嫂李式琰 1922 年出生,毕业于燕京大学家政系。她是在天津中央医院做营养师时与二哥相识的,1950 年元旦结婚后调至北京,一直在北京同仁医院任营养师至退休。二嫂不仅在工作上认真负责,在家中更是贤妻良母。吴、李两大家子人,养老育幼、帮扶弟妹、迎送亲友,没有二嫂的热情、包容和体贴是难以实现的,大哥晚年曾经深情地说,没有式琰,就没有现在的老吴家。二哥去世后,二嫂继续行使当家人的义务,每年元旦后春节前,借自己过生日的机会,召集在京的吴家和李家亲戚相聚。这个惯例已经传给了第三代,这些年都是尚志的儿子吴恺(Andrew)负责落实聚会的地点,预约点餐,一个从小在美国长大的孩子能够融入大家庭的生活,真是言传身教的结果。我外孙女邓姗在协和医院妇产科工作,怀孕期间二嫂邀请邓姗去她家吃住,不仅免去上班往返的路程,更是享受专业的营养饮食照顾,令人感动。二嫂文学功底很深,通晓诗词歌赋,通读中外名著,英语也非常流利,经常与二哥一起在家中接待外宾,交流顺畅,气氛温馨。

得益于二哥、二嫂的言传身教,他们的三个子女都有很好的发展,长子吴尚志毕业于麻省理工学院,获得博士学位,在世界银行工作 10 年后回国从事金融业,事业相当成功。长女吴尚群和次子吴尚友分别毕业于北京化工学院和北京邮电学院,后均去美国深造并移居美国。吴尚群退休前多年从事审计工作,吴尚友是电子医疗器械的研发工程师。

身为姑奶奶的姐姐

姐姐吴振中生于 1920 年 5 月 12 日,与二哥相差 10 岁,她的前面还曾有一个哥哥和两个姐姐,但因为是在农村的土法接生,都夭折于破伤风(脐风)了。母亲生我姐姐的时候,已经从乡下搬到我父亲工作的新民县城,租住的是我爱人张丽蓉家(张家铧炉)的房子,由新法接生,喜得存活。姐姐从小身体羸弱多病,又是唯一的女孩,备受父母呵护。加之她从初中就去沈阳上学,1936 年去北京续读高中,1937 年七七事变后更是随大哥去到长沙,此后一直学习在贵阳,工作在长沙,远离父母兄弟。姐姐离家后,由于战争的阻隔,曾有 8 年的时间与父母和我们失联,生死不详。阔别 11 年后姐姐才回到天津与多年未见的父母相聚,在以后聚少离多的日子里,我们也总是热切期待姐姐的到来,姐姐说不管回到哪个兄弟的家,都觉得自己真的跟姑奶奶一样。

姐姐是家中唯一的女孩,而且身体多病,但绝不是撒娇要赖、刁蛮霸道的大小姐。受两个年长哥哥的影响,姐姐也立志学医,而且要当医生,因此学习非常努力。在我出生之前,父亲一直做老师,即使后来当了新民县的教育所所长,也收入不多,供多个子女读书感到捉襟见肘。因此父亲与大哥、二哥达成协议,嘱他们工作后分担弟弟妹妹的读书费用。无形中大哥就自觉承担起支持姐姐读书的责任。自 1937 年姐姐离开沈阳去北京投奔大哥,到 1939 年大学毕业,姐姐一直随大哥、大嫂一家东奔西逃,在十分艰苦的条件下,凭借刻苦和认真的态度完成了大学本科的学业。

1937 年七七事变后,姐姐去长沙找到先期到达的大哥,在长沙读高中一年多后,又随大哥迁至贵阳,整个高中换了四个学校。贵阳的生活条件很差,住宿的地方硕鼠出入,居然会咬伤室友的鼻子,学校厨房苍蝇飞舞,驱之不尽,鸡蛋和豆腐是最期盼的美食。对姐姐来说,最恼火的还是学业上的困难,从北方到南方所学的课程不接轨,教师教法大相径庭,更大的困难还有语言上的障碍。在长沙时,教历史的一位女老师讲一口湘乡话,姐姐连猜带蒙顶多只能听懂三成;贵阳的一位物理老师讲课如念语文;更有南京来的一位单身青年女英语老师,因为发音太糟,居然每次都让姐姐带着全班读课文。如果说姐姐本性就有用功基因,这些后来的情况更促使她不得不课前预习、主动自习,课后复习,养成了很好的学习习惯。

经过努力学习,姐姐如愿以偿地以优异的成绩考入湘雅医学院,但由于战乱,大学生活几乎全部仍是在贵阳艰苦的条件下度过的。大学一年级的基础课,物理、化学、生物、微积分都是用英语讲课,姐姐觉得吃力,但不放弃,一点点地硬啃下来,得以升入二年级。其实多数同学也是有困难的,一年级结束时,一些同学被淘汰了。

二年级及以后的课程,无论是基础课还是专业课,姐姐的学习成效都越来越高。她不仅注重理论的学习,对实际操作更是从不放松。学习病理解剖时,她经常会步行 5000 米的夜路去观摩现场尸检,其中难免有因为传染病病逝的遗体。暑假期间,姐姐都会去检验科打工,不是为挣钱,就为多学点东西。科里有位教授关爱这些打工的学生,主动带姐姐看片子,做常规的检验操作。至于到高年级时到门诊、病房的见习和实习,姐姐更是勤快、认真，每天早到晚走，不仅做检查、写病历，还要结合病人情况看书查资料，马不停蹄。实习结束后，上级医生给姐姐的评分是：学业是全班第三，品行则是全班第一。姐姐还放弃了申请学院奖学金的机会，让给更有需要的同学。

姐姐在眼科实习的时候，有幸遇到治学严谨、医术精湛的郭秉宽[①]教授，遂与眼科结缘，加上大哥大嫂也都不建议女生做内科或妇产科这类高强度、大压力的专业，姐姐毅然选择了眼科，虽还有各种其他机缘，但她义无反顾地坚守了终生。眼科在多数人眼中不是伸出一个巴掌能数得上的科室，被屈称为"小科"，但姐姐以她的仁心仁术，把自己做成小科的大医生。

姐姐毕业后就留校在湘雅医院眼科从医任教，1956年升为眼科主任，1957年调至湘雅二院创建眼科，1986年评为博士生导师，1992年获国务院政府特殊津贴专家。姐姐还曾任中华医学会眼科学分会的委员和湖南省眼科分会的主任委员。姐姐一直在医学院校从事教学工作并培养博士生和硕士生，桃李满天下。她培养的学生和学生们的学生，无论在国内还是在海外，都已成为优秀的眼科专家和学科带头人。姐姐退休后外出探亲访友，只要有学生得知消息，肯定主动迎来送往，热情招待。为避免打搅学生们的工作，后来姐姐出行只得尽量"封锁消息"。

成就、荣誉上体现出的"大医生"，背后则是几十年如一日的爱心、刻苦和奉献。一如学生时代，即使是工作后，姐姐也是刻苦学习的典范。无论生活多么艰苦，工作多么繁忙，只要条件读书，就是姐姐最大的满足。1950年返回长沙湘雅医院时，医院仅有一座四层小楼，第四层已被日本鬼子用炮轰掉，医院在残存的三层楼清理出一个小杂物屋给姐姐暂住，

---

① 郭秉宽（1904—1991），眼科学家，被誉为中国的眼科之父。抗日战争期间发现沙眼和角膜病是当时致盲的重要原因，首创以血管翳为诊断早期沙眼的依据，20世纪40年代，在国内开展和推广角膜移植术。长期从事教学工作，主编国内第一本中文版眼科学教材，并编写中级眼科学等。

只能放一张床,一张桌子,两个凳子,但因为可以在晚上安静地看书,所以姐姐很满意。每次出差、探亲,尤其是到北京,新华书店和图书馆都是姐姐和姐夫必去之处。退休之后临床任务减轻,看过新闻联播和焦点访谈节目之后,姐姐和姐夫下一个节目就是看书、查资料,持续多年。去加拿大女儿家探亲,去图书馆很方便,使两位老人如鱼得水,摘抄、翻译,把学科的新进展传发给年轻医生,乐此不疲。

作为眼科医生,姐姐以群众中常见病、多发病为重点,进行深入和长期研究。在工作初期,姐姐在眼科主任张俊杰教授的带领下,深入学校、工厂、农村开展对沙眼的防治研究,经过长时间随访,总结出有使用价值的经验,指导实际工作。20世纪60年代后,姐姐作为学科带头人,开展对青光眼和视网膜剥离的研究,不仅总结出有效的诊断、治疗、预防方案,而且探索出培养全能眼科医师的成功经验,使湘雅二院眼科成为卫生部认定的培养主治医师以上人才的基地。

姐姐这一代老医生的经济收入并不高,难能可贵的是,姐姐在面对金钱、利益的诱惑时能够守住医德的底线,保持警惕,不被利用,更不同流合污。

2010年,科里的领导、同事和远在外地的学生们,给姐姐过了一个隆重、充满亲情的90岁寿诞。那时,姐姐的身体已经比较虚弱,要靠轮椅出行。2011年清明节两周后,姐姐病逝,我委托长子尚为代表我去长沙给姐姐送行。姐姐从16岁离开东北老家,有六七十年的时间生活在长沙,但她那带着湘调的乡音未改,我们的姐弟之情不衰,她永远是被老吴家兄弟稀罕的姑奶奶。

姐夫黄世章,个子不高,说话的声调也不高,温文尔雅,典型南方人的样子。姐夫的祖籍广东南海,但他却出生在河北省唐山市,当时他父亲在唐山的广东会馆当文书。姐夫是1919年9月出生的,10个月时母亲便死于伤寒,童年由他姐姐照顾。16岁时父亲病故,由哥嫂供他继续读书。姐夫的小学和中学都在北京读书,1939 年与姐姐同年考入湘雅医学院。姐夫和姐姐是同班同学,一起上课、一起实习、同在湘雅医院工作,后又一起到湘雅二院工作,直到退休,可谓形影相随。姐夫是放射科专家,曾于 1949 年至 1952 年到美国宾夕法尼亚大学进修工作过 3 年,回国后在湘雅二院创建了放射科,他在心脑血管和神经及尘肺等的放射线检查方面颇有造诣。姐夫也是中华医学会放射学会委员和湖南省放射学专科学会的主任委员。值得一提的是,1973 年,姐夫参加了湖南长沙马王堆出土古尸的 X 线病理研究,为破译墓主之谜提供了科学信息,后来我们都说他是给辛追夫人照相的人。姐夫也是桃李满天下的医学教育家,而且精通英文,对促进医学交流做出了积极的贡献。

在生活中,姐夫是难得的暖男,与姐姐共同生活 54 年,互敬互助,从无争吵,是同事邻里公认的"相敬如宾"的夫妇,多次被评为五好家庭、文明家庭。对于子女,姐夫更是小到喂奶、洗换尿布,大到检查辅导功课,样样做得得心应手。儿女成家、出国后,姐夫更是处处为儿女着想,永远报喜不报忧,不给儿女增添经济或思想上的负担。

姐夫晚年受累于肺纤维化,呼吸困难,2005 年 10 月 1 日国庆节那天,他在家人的陪伴下,坐在轮椅上于睡眠中安然离世,享年 86 岁。

姐姐有两个孩子,老大黄思齐是女儿,1984 年,在天津医科大学获得硕士学位后回湖南医科大学在公共卫生学院食品营养教研室任教。1990 年,思齐去美国南加州大学营养系进修,后留在美国,现在加拿大定居并已退休。老二黄思进是儿子,高中毕业后曾在岳阳长岭炼油厂当工人,1983 年后到湘雅二院工作,一直到退休。思进夫妇一直跟姐姐、姐夫共同生活,几代人相互照顾,家庭和睦。

儿时的保镖是三哥

三哥是个不速之客,母亲生下姐姐后的 17 个月,1921 年 10 月 9 日就迎来了又一个男孩——吴维中，由于是在县城里的新法接生，三哥得以顺利生存。三哥小时候很淘气，尤其对经常得到父母夸赞的姐姐很不服气，常常整点儿"恶作剧"调理姐姐。但对于我，因为与他有将近4岁的差距，则照顾有加，在外面玩耍时三哥是罩着我的铁哥们儿。

三哥的小学是在三个地方读完的，一年级在新民县县立小学，因为老师讲课枯燥乏味，学生完全提不起兴趣，三哥时常会逃学，令母亲没少操心。后来，随父亲在银行的工作调动，又先后在沈阳和兴城上学。三哥读小学期间，正赶上1931年的九一八事变，对他的生活、学习都产生了不小的影响，那时他年纪虽小，但也感受到国家被侵略、人民遭杀戮的痛苦。为此，小学毕业后三哥决定报考沈阳的私立文华中学，因为这个学校是英国基督教会设立的。这所学校果然与伪满官立学校不同，不仅课程不同，而且教育宗旨和教学方法都差别很大。怀着对学习日益增长的兴趣和对校长老师的无限的敬仰，三哥努力学习，并取得优异的成绩。在初中三年级的时候，日军发动了全面侵华战争，华北大部沦陷，三哥逐渐萌生了读书救国的想法。

初中毕业后，三哥决心离开伪满，投奔当时在北京协和医院工作的二哥。1938年，三哥如愿考入北京私立育英中学。这个学校是美国基督教公理会设置的，但因为校长是利用学校与学生的名义勾结日伪汉奸做投机倒把生意的投机商，使三哥不满于学校的环境，采取了两耳不闻窗外事，一心只读圣贤书的回避态度。因此，三哥在高中期间英文、数学、物理、化学、国文等主科的成绩永远在85分以上。但有一件困扰三哥的事是因为他的户口在东北，所以面临伪满政府的征兵。按照当时的要求，所有适龄男青年都必须按期返回户口所在地接受征兵体检。为了应对体检，三哥提前

三哥吴维中

几个星期躲在室内避免晒太阳，少吃东西，降低体重，提前数天，吃了泻药，连续腹泻。回到东北体检时，面色苍白，虚弱无力，像个结核病患者，加上也疏通了体检的医生，总算躲过征兵的一劫。1941年7月，三哥高中毕业，他不愿再回到伪满统治下的东北，但如何能获得学习和生活的费用，成了三哥选择大学的关键。当时伪满与华北之间不能汇款与拨款，二哥又已去美国进修，所以三哥无法在北京继续读书。这时父亲一个在日本明治大学读书的朋友向三哥介绍了许多日本学校的情况。考虑到从华北可以自由去日本留学，同时父亲可以自伪满向日本寄款，所以三哥决定去日本留学。

三哥在1941年11月中旬到达东京，住在一个日本基督教牧师的家里，去补习学校补习日文。但到东京不足一个月便爆发了太平洋战争，开战的前半年日本军队在南洋与珍珠港打了几次贼盗式的胜仗，使日本民众充满了自骄自大的情绪，对其他亚洲人种更为轻视。身处逆境，三哥只好抱着卧薪尝胆的决心奋发读书。1942年3月，三哥进入了京都第一高等学校，被编在专门为中国留学生设置的特设预科班。这个学校成立在日本明治初年，曾经在这里读过书的中国名人也很多，如郭沫若、成仿吾、郁达夫等。三哥入学时尚有中国学生50余人，中国同学时常集会讨论国内抗日局势或个人回国后的走向等问题。那个时候，三哥对国内的政治缺乏了解，选择读书期间不问政治，学好知识和技术后再找政治路线为原则。日本旧高等学校的课程相当于国内大学一二年程度，特别是理科课程很忙。1943年入理科后，除了搞好课内功课外，三哥根本没有其他活动时间，更不愿与敌伪政府往来，因为对这群汉奸有着一种无限的憎恶，对他们的言行非常的反感，这完全是出自中国学子的本能，而不是出于三哥的清高或觉悟。

经过紧张、刻苦的学习，考虑到中国人口之80%是农民，改良农业是中国的需要，三哥于1945年4月考入京都帝国大学农学部农学科。这时太平洋战争已经到了最后阶段，战火逐渐逼近日本的本土，东京、大阪等几个主要都市每天遭受美国空军的大规模空袭，各国的陆海空军集中全力消灭日寇，每个日本人已经预感到战败的命运，三哥更非常期待日本早日投降。京都从未遭受空袭，城市安静，适于读书，直到"八一五"日本投降，三哥每天在大学上课、做实验或实习。日本投降后，终断了与中国的通汇业务，三哥的生活几乎陷入绝境，幸亏二哥托了一位曾经的病人吴某给三哥带去了200美元，解决了三哥的燃眉之急。吴某是国民党驻日本代表团的一个组长，没想到这个只有一次的联系却变成了日后三哥的隐患。无论怎样节俭使用，这200美元也用不了太长的时间，后来的日子里，三哥一度靠日本政府给中国留学生的微薄的临时借款生活。1947年3月，三哥在神户的一所华侨学校找到了一份教书的兼职工作，每个星期去两天，教授化学和生物课。三哥在这所学校干了两年，不仅缓解了经济上的困难，而且与学校的校长、教务长都结为好友。

1948年3月，三哥大学毕业，国内仍处于战争之中，他听从大哥二哥的建议，决定在日本继续深造，进入京都帝国大学农学部生物化学研究室，从事皮革工业方面的研究。随着回国时间的临近，三哥开始关心国内的时事和政治，在反复阅读了毛主席的《告人民书》和《论人民民主专政》后，三哥决心回国参加祖国建设工作。1950年3月，三哥把回国参加工作的决定告诉了二哥和家人，大家都非常高兴，二哥立即与教育部归国留学生办事处进行联系，得到该处的热烈欢迎，处长马上向三哥发出了欢迎的电报。三哥接到电报后，向神户的英国轮船公司买了直接由神户开往天津的轮船票，三哥于1950年5月24日乘船由神户出发，经大阪门于6月2日抵达天津，回到阔别近9年的祖国。

经教育部派遣，三哥先于1950年9月至1952年4月，在东北科研所大连分所工作，之后在长春应用化学所工作，1955年10月起，到沈阳在中国科学院林业土壤研究所工作，直到退休。中国科学院林业土壤研

大哥吴执中（后排左一）、三哥吴维中（后排左二）、二嫂李式琰
（后排右二）、二哥吴英恺（后排右一）与父母合影

究所后更名为中国科学院应用生态研究所，三哥主要从事工业废水灌溉
和石油污水的生态安全性及环境保护问题。现在看，这都是关系国计民
生的大问题，三哥的研究工作很有前瞻性，与农业、农村、农民密切相关，
很接地气。三哥和他的团队将工厂的废水经过化学处理后灌溉试验田，
水稻增产，深受农民欢迎。"文革"中造反派把他关起来，去了另外一些人
搞试验田，弄得水稻减产，被农民撵出去。三哥工作认真，治学严谨，成绩
斐然，他们的团队多次被评为沈阳市和中国科学院的先进集体。

　　三哥久居日本，远离政治，但回国后还是参加了中国民主同盟，作为
党外民主人士参政议政，关心国家建设。"文革"中曾在日本待了将近9
年的三哥，不可避免地被扣上"反动学术权威""日本特务""国民党特务"
之类的大帽子。当年吴某带给他200美元的事，就成了重点调查的事件。
好在事情时隔的时间还没有那么久远，当事人、证明人都能找到，情况得
以澄清。尽管这件事结果明了，但"文革"期间被扣上的顶顶帽子，桩桩让
人意想不到的"事件"，还是让三哥吃了不少苦、承受了不少的磨难。加上
年纪的增长，身体也每况愈下，严重的哮喘使三哥的行动受限，情绪自然
低落。

1989年,三哥被诊断出肝癌,我听到这个消息特别难过、焦急。马上赶去沈阳,将三哥和三嫂接到天津,住进天津医科大学附属总医院,请多位权威专家会诊并进行手术。无奈三哥的肝癌已是晚期,在津治疗了数月后,于当年6月4日在天津病逝。三哥离世时还不到70岁,想到小时候,我俩形影相随,三哥对我呵护有加。自三哥上高中离开东北后,我俩聚少离多,但兄弟的情谊不减,三哥的音容笑貌犹存。三哥在天津住院期间,他儒雅的学者风度、对医护人员的尊重配合,也赢得医护人员的尊重,令人怀念。

三哥在日本留学多年,一是学习、生活的压力不小,二是始终思念着得回国再成家立业,竟没有结交过一个女朋友。1950年,三哥回国时已是名副其实的大龄男青年了。但天赐良缘,大哥在中国医科大学任职时,正巧从湘雅医学院带了一批年轻人到沈阳,其中一位叫李良华的姑娘引起大哥的关注。李良华祖籍云南,上大学前随父母辗转于贵阳、北京、成都完成小学、中学学业,1942年考入湘雅医学院,1949年留校进入妇产科。李良华不仅学业优秀,工作认真,而且为人忠厚,性格温和。经大哥介绍,三哥与李良华顺利恋爱结婚,相濡以沫,携手到老。三嫂到沈阳后一直在中国医科大学妇婴医院妇产科工作,是一位受患者爱戴,受同事、学生尊敬的妇产科专家和教授。在家中,三嫂是贤妻良母,相夫教子,3个男孩的衣食读书,操心不少。我外孙女邓姗在中国医科大学读书时,周末和节假日多会在三嫂家度过,三嫂热情招待亲如一家。三嫂1989年退休,可惜的是,1998年就因心肌梗死突然去世了,享年76岁,令人惋惜。

三哥有3个儿子,老大尚诚已在新加坡定居多年,退休前做建筑工程监理。老二尚谦毕业于南京气象学院,在日本千叶大学获工学博士,2007年,回国在昆明理工大学理学院物理系任教授,硕士生导师,从事激光微量气体检测方向的研究。老三尚研性格外向,在日本读大学后长期从事于旅游业,作为导游往返于日本和国内各地。

大江东去,逝者如斯,手足亲情,终生不忘。愿哥哥、姐姐在天堂安息。

记我与吴咸中院士的几件事

张大宁

吴咸中院士,一位著名的医术高超、医德高尚的医学大家。对我来讲,亦师亦友,既是令人敬仰的老师,又是和蔼可亲、忘年之交的老友。在他的头上,有着各种各样的光环,诸如中国工程院院士、"国医大师"、著名中西医结合专家、外科专家、医学教育家等。但在我的眼里,最科学、最准确的定位是"现代中西医结合的奠基人"。

我第一次远距离接触吴教授是 1962 年秋季,那时我还在上学,听说天津市中医学会在小剧场开年会,就费了九牛二虎之力弄到一张入场券,坐在小剧场二楼。主持会议的是天津市中医学会副会长何世英,前面几位发言时会场秩序不太好,但当吴咸中教授做报告时,台下顿时鸦雀无声,他报告的内容是中西医结合治疗急腹症。虽然这之前我曾在中医杂志上拜读过他的文章,但这次听起来却是另一番滋味,立论新颖,论述清晰,传承中医,学贯中西,使我这个入门不久的青年人不仅学到许多新的东西,而且在这门古老传统的中医宝库中似乎呼吸到一种新鲜的空气。几十年过去了,直到今天,每每回忆起这一段历史时,吴教授那位才华横溢的中年专家形象仍然历历在目。

后来,随着我毕业后工作的不断变化,与吴教授的接触越来越多了,开会、会诊、出国等,在越来越多的接触中,吴教授、吴院士、吴咸老在我心目中的形象越来越伟大,渊博的学识,睿智的思维,高超的医术,和蔼的待人,确实高常人一等,以下仅记几件常事,以见一斑。

1986 年,应德意志联邦共和国中医学会和库默尔教授的邀请,吴教授带队参加德国中医年会,我有幸作为专家团队一员与吴教授共同工作生活了十余天。记得吴教授做报告时中文、英文交互使用,清晰明澈的图表幻灯等,可以说代表了中国中西医结合的最高水平,获得了来自德国及周边国家医学专家们的一致赞誉。会议期间,吴教授与代表们流利的英文对话给我留下深刻的印象。

1996 年 2 月,吴咸中教授荣获中国工程院院士荣誉,这是天津市医学界第一个获此殊荣的医学专家。5 月 10 日,市委、市政府在天津医科大学召开座谈会,副市长曲维枝和市教委、科委的领导,以及马腾骧、张伯礼等有关专家参加会议,我也在被邀之列。会上各级各方领导、专家都给予吴咸中院士以很高的评价,我在会上也以"吴咸中院士是现代中西医结合奠基人"的题目做了发言。最后,吴院士做了简短的发言,虽然篇幅不长,但令人感慨,颇受教育。他说:"这是中医学的荣誉,是党的中西医结合政策的荣誉,我一定再接再厉,力争在自己的晚年做出更大的成绩。"

吴咸中院士与中央文史馆馆员、"国医大师"张大宁亲切交谈

2004 年 1 月，天津市中医药学会召开张大宁学术思想研讨会，吴院士在百忙中光临大会并讲话，他除了对我这些年在中医肾病学方面的"医教研"工作给予很高评价外，还特别对年轻一代的中医及中西医结合工作者提出了热情洋溢并非常诚恳、非常具体的要求，指出一定要认真地把传统的中医继承下来，并用现代医学、现代科学的方法和理念予以创新和发展。

2017 年，我编著的两部线装书《医经必读》和《景行卢医话》一出版，即刻送给吴咸中院士请求斧正。一般来说，送去的书大部分受赠者都很难迅速阅读，有些可能只是作为一种礼品收藏。但已 90 多岁的吴老却不是这样。这一年著名泌尿外科专家、90 多岁的马腾骧教授病重，主要病症是大便秘结，医大二院邀请吴老和我前去会诊，研究体弱便秘该如何用药问题。使我震惊的是，吴老在会诊中特别提到我《医经必读》和《景行卢医话》中有关大黄的论述，并指出用药的特点。原来他在接到我的书后竟然通阅了一遍，一位 93 岁的老人仍然如此孜孜不倦地看书，真是令人震撼！像我们这个年龄又有什么理由不认真读书啊！

2018 年，著名物理学家、中国科学院院士、南开大学葛墨林教授为吴咸中院士生日在南开大学举办一次小型祝贺聚会，邀请饶子和院士、张伯礼院士和我参加，我给吴老带去一个木雕的带寿喜字样的大葫芦，寓意着"悬壶济世，健康长寿"，吴老很高兴。席间大家见吴老身体、思维都非常好，谈笑风生，都衷心祝福吴老身体健康、快乐长寿，吴老很开心。这个生日聚会过得非常愉快，给我留下很深的印象。

2019 年 6 月，天津市第二期西医学习中医班在南开医院开学，按惯例我做第一讲"学好经典，指导临床"。课前有个开学典礼，吴老准时到会出席，并做了长达半个多小时的精辟讲话。谈古论今，纵横中外，思维敏捷，论述清晰，一点儿也看不出来是一位 90 多岁的老人，使在座的 200 多位学员纷纷赞叹："不愧是中西医结合的一代宗师啊！"

吴咸中院士如今虽已是耄耋之年,但身体仍非常健康,每周坚持上班门诊、查房,坚持参与医院的医教研指导工作,几十年来他的"以法为突破口,抓法求理"的中医学研究的理论和方法,不仅适用于外科领域,也适用于整个中医临床各科的研究。自西医传入中国300多年以来,不少医家仁人志士都在探索中医和西医如何融会贯通等问题,而吴咸中院士提出的以"法"为核心,向上推到中医的"理",向下推到中医学的"方"和"药",实际上就是现代中西医结合相互借鉴、传承研究的重要途径和方法。近几十年来,中医学的传承、发展及中西医结合的探索已有力地证实了这点。所以说,吴咸中院士是现代中西医结合的奠基人,是当之无愧的!

(作者:"国医大师"、中国农工民主党中央副主席、中央文史馆馆员、天津市政协第十二届委员会副主席)

我的老师　我的榜样

张　愈

吴咸中院士是享誉海内外著名的普通外科专家,是我国中西医结合外科领域的奠基者、开拓者、领军人。他从医70余载,治病救人无数,他创立并不断完善的中西医结合治疗急腹症新体系, 成为世界卫生组织确认的中国五大世界领先医学项目之一。在他的领导下,建立了全国第一批国家级重点学科之一的中西医结合临床外科;他培养了几代中西医结合领域的高端专业人才;他在医、教、研、管理领域都取得了骄人的业绩,获奖无数,被确定为国家级非物质文化遗产项目代表性继承人和"国医大师",堪称国宝级大家。

吴老对我来讲,是我从医入行的第一位老师,是我担任卫生行政工作中最崇敬的忘年交和人生道路上的学习榜样。

我是原天津医学院70届毕业生,1965年入学,在校5年间有近4年是处于"文革"的"停课闹革命"状态。1970年,传来我们即将离校的消息,然而在校5年我们还始终没有接触

吴咸中院士与门生张愈合影

过临床,于是学校抓紧安排我们到医院去实习。我们班被安排到天津市南开医院,我被安排到外科实习,令我没想到的是,我的带教老师是吴咸中,心里非常高兴。我久闻他的大名,记得刚入大学时,天津的"西学中"中西医结合工作已成绩斐然。从新闻广播中得知最有名的是天津市人民医院骨科尚天裕主任领衔的中西医结合"小夹板"治疗骨折、南开医院吴咸中教授为首的中西医结合急腹症治疗,还有天津市第一中心医院王今达主任的中西医结合急危重症治疗,当时他们被称为天津中西医结合的"三枝花"。吴老当时已45岁了,早在1964年已任南开医院的院长兼外科主任。"文革"开始后,他受到了冲击,被打成"反动学术权威",进了"牛棚"。

听安排我们实习的老师讲,吴老刚从"牛棚"中解放出来,回到外科在主治医师岗位工作。我对吴老怀有十分崇敬的心情,因我二弟在4岁时因患"肠套叠"入住天津市总医院外科,手术就是吴老给做的,非常成功。听父亲讲,吴咸中大夫是天津有名的外科大夫,这给我留下深刻的印象。在南开医院外科实习的短短一个月里,我天天跟着吴老查房、写病历、管病人、上手术、值夜班。一个月的时间不算长,但这是我走上医生岗位十分宝贵和难忘的30天。在这30天里,吴老的言传身教使我受益匪浅,他让我学会了医生应怎样面对病人,一个外科医生应该怎样履行自己的职责,怎样用自己的医术救死扶伤,为病人解除病痛。我看到吴老细心、耐心地听病人叙述病情。他给病人查体细致入微,既用西医的"望触叩听",又用中医的"望闻问切",还有他缜密的临床思维和娴熟的辨证论治;他的手术解剖清楚、熟练、有条不紊,术野非常干净,手术全程干净利索,没有任何多余动作,用时很短,真可谓手到病除,令我十分佩服。我还记得和吴老一起值夜班,当时南开医院的条件很差,我和吴老同宿医生办公室,房间很大,但只有一张单人床,还有就是我们平时伏案写病历、讨论病案的一张大办公桌。记得第一次值夜班时吴老问我:"小张大夫,你看怎么睡？"我说："当然您睡床，我睡办公桌就可以了。"我当时就想：您是我的前辈，是院长，尤其是我尊敬的老师，理应如此。这件小事在此后的几十年里吴老还常饶有兴味的谈起，回顾当年我们一起值班的这一场景，每当这时我心中总是热乎乎的。

毕业后，我被分到天津医院（原反帝医院）外科做住院医师。我的科主任付守训和吴老曾是总医院外科的老同事；我的上级大夫王明藩主治大夫也曾和吴老是"西学中"班的同学。所以每当遇到临床上急难重症病人有疑难的问题时，总要请吴老来会诊解难题。不管是休息日还是深夜，吴老总是有求必应，这又有机会让我聆听吴老的教诲，观摩他高超的手术技巧和他根据病情辨证施治中医药的妙用，使我又得以收获难得的经验。

1984年以后，我调到市卫生局做纪检工作，1991年年底，任副局长，1994年任局长。在这期间，天津市中西医结合外科事业在吴老的领导下又有了长足的发展。历经了从20世纪六七十年代的初步探索阶段，80年代的逐步深入阶段，90年代后进入了向高层次发展阶段。1989年在吴老领导下，天津医学院总医院外科与急腹症研究所临床外科（即南开医院外科）共同组成的中西医结合外科学科被国家教委评为第一批国家级重点学科。这也是我市地方院校首个重点学科。1991年，吴老从天津医学院院长岗位上退下来，作为这一重点学科的学科带头人可以把更多的精力和时间用于中西医结合工作，这一学科的建设成为吴老关注的重点和焦点。1995年，天津市南开医院作为全国第一家中西医结合临床研究基地，经国家中医药管理局评审通过了中西医结合三级甲等医院的评审，卫生部张文康部长为此特意来津为南开医院揭牌。在揭牌仪式上张部长说："天津南开医院是全国中西医结合事业的一面锦旗，吴咸中教授则是中西医结合领域的旗手。"张部长视察了南开医院，听取了工作汇报后他对我讲："多年来在吴老的带领下，创立了不断完善的中西医结合治疗急腹症的新体系，并且取得了一系列临床上的重大成果，创建了这一重点学科的人才梯队。更可贵的是,吴老在中西医结合事业发展的每一关键时刻,都能清醒地做出科学的判断和分析,并且提出对中西医结合事业发展的带有战略性的意见和建议,所以他作为中西医结合领域的领军人物当之无愧。"当时,张部长还说:"看了南开医院的设施,听了工作汇报,感到作为国家中西医结合的重点学科基地,软件没问题,但在硬件上还要加强。"张部长提出的希望和要求深深地刻在吴老和我的心中。

1998年年初,李盛霖市长拟拿出一部分资金投入医院的设施建设。听到这个消息,吴老亲自给李市长写信,希望市里能投资支持南开医院主楼改造。盛霖市长接到吴老的信后亲自到医院进行实地考察,他看到破旧的主楼,狭小拥挤的病房和众多病患求医的需求,又听取了吴老和我汇报了南开医院在中西医结合事业上多年的成绩和在全国重要的地位,也听了吴老和我讲了文康部长视察南开医院时的评价,以及对加强南开医院基础设施建设的希望和要求后,当即拍板,同意投入2000万改造主楼。南开医院又自筹2000万对主楼落地重建。1998年10月立项,历经两年,于2000年9月新建的主楼落成。在这两年里,吴老对新楼的建设倾注了全部心血,他从大楼的整体设计到施工中的每个环节,包括病房、手术室的布局和标准,电梯的配置等都亲自过问,提出具体的建议和要求,并且在整个建设周期中每个细节过程都加以关注,就像对一个成长中的胎儿那样,终于"十月怀胎,一朝分娩",2000年9月23日竣工落成。

2003年,张部长再次来津视察时,应吴老之约,到南开医院来看新楼,两人在新楼前一见面,张部长就紧紧地握住吴老的手说:"咱俩的愿望实现了。"

进入21世纪,天津市委、市政府提出对天津卫生资源根据时代的发展和人民群众对医疗卫生的需求进行调整,吴老又找到我一起研究南开医院在这一轮资源调整中的发展建设问题。当时,正当全市也在进行工业布局的大调整,南开医院对面的天津机械厂也面临搬迁,该厂占地

170 多亩，是南开医院建新院非常理想的房基地。我们又向市里提出建议并做出新南开医院建设和发展规划。市领导也了解吴老对我国中西医结合事业的贡献与成就，知道他对天津和南开医院有感情、有信心，表示要大力支持新南开医院的资源调整和发展规划。经过多方努力，市政府划拨了天津机械厂 75 亩地作为新南开医院建设用地，并多方筹集了建设资金，于 2008 年 12 月 30 日开工建设新南开医院。此前，有外地医疗单位曾想聘请吴老去他们那里发展中西医结合事业，但吴老坚持要留在天津继续他亲手创立的中西医结合临床外科事业。所以市政府对新南开医院建设的大力支持和新医院的开工建设，无疑给了吴老巨大的鼓舞和动力，他对新南开医院从科研、教学、临床的多种功能需求出发，按现代医院的标准提出整体的设计要求，并在近两年的建设过程中倾注了极大的心血。这种过人的精力对于已经八十四五岁高龄的吴老来说，是非常不容易的！他一边关注着中西医结合领域的科研、教学、临床工作，一边关注着新医院建设施工的进展，这种事业心、责任心和敬业精神真令人由衷地敬佩！

2011 年 6 月，一个崭新的南开医院落成了，这是一所新世纪现代化的大型综合医院。新老两院总占地面积达到 62856 平方米，总建筑面积达到 118300 平方米，可容纳病床 1200 余张，是全国知名的三级甲等中西医结合医院，也是国家级重点学科中西医结合外科的基地，如今已分化出多个二级项目，包括全国中西医结合胆胰病医疗中心、全国中西医结合胃肠疾病专科基地和天津微创外科中心，天津市中西医结合外科危重症学科、天津市中西医结合肿瘤学科等。吴老与南开医院有着不解之缘，而南开医院对中西医结合事业也有着不解之缘。正如吴老所言："是南开医院为我提供了奋斗的舞台，而南开医院也因中西医结合事业的发展载入我国继承创新的史册。"

吴老 1954 年入党，是新中国成立以后在党的培养下与共和国一起成长起来的党员知识分子。他始终强调"在患者面前,我是医生;在学生面前,我是老师;在组织面前,我是党员"。他把为患者服务,努力培养新生力量看得高于一切,把党的利益看得高于一切。鉴于他的杰出贡献,他先后五次当选为中国共产党全国代表大会的代表,三次被评为天津市特等劳动模范,被天津市人民政府授予"重大科技成就奖",被市卫生系统授予"中西医结合创业奖""伯乐奖";并当选为中国工程院院士,获得"国医大师"荣誉称号,国家级非物质文化遗产项目代表性继承人的至高荣誉称号及国内外众多奖项。在荣誉面前,吴老心静如水,他说:"我要珍惜荣誉,勇担重任,为发展我国和天津的中西医结合事业鞠躬尽瘁,再谱新篇。"

吴老虽已是耄耋之年,但豪气不减、壮心不已,仍战斗在中西医结合医疗科研、教学一线,继续在中西医结合的道路上奋进、攀登,为实现中医现代化贡献自己的力量。

我向令我尊敬的吴老、我的老师、我的榜样致敬!

(作者:天津市卫生局原局长)

吴咸中恩师对我一生的影响

崔乃强

我是吴咸中院士的开门弟子,现担任全国中西医结合胆胰疾病医疗中心主任、天津市南开医院外科首席主任,也是中国中西医结合学会副会长。回想起跟随他老人家走过的路和不断成长的经历,感到一股暖流油然而生。

一、打开一扇门,指出一条路

我于1970年从天津医学院毕业,被分配到天津市西郊区(今西青区)杨柳青医院外科工作。由于在校期间学习的是西医,工作以后从事的也是西医外科,对中医和中西医结合没有基础,也没有进入这一领域的思想准备。1978年,我考入天津医学院普通外科,成为"文革"后的首批硕士研究生,从此便跟随我的恩师走上了中西医结合之路。当时,我和师弟孔棣在他指导下,努力提高现代外科基础理论和技能,并开始学习中医理论和中西医结合临床实践。由于都是西医出身,对外科学及现代实验研究有较强的求知欲,而学习中医遇到了较大困难。因为理论体系的不同,理解和记忆都出现了极大的问题。老师及时发现了这一问题,现身说法地讲述了自己的中西医结合之路,他语重心长地对我们说:"中医有着2000多年的历史,对于中华民族的发展起了重要作用。长期的医疗实践积累了大量经验,是中华民族的丰厚遗产和宝库。你们过去没有系统学习,如今有了机会一定要很好把握,要知道你们身上的担子啊。"他开导我们说:"西医有很好地认识世界的能力和方法,但对于改造世界和解决具体问题却往往乏力。你们在充分掌握了西医后，又有了一定的中医知识，就等于你们有两条腿，当西医行不通时，采用中医去解决又有什么不好呢？"我听了这番话后真是惭愧万分，感到辜负了老师的期望。从此我下定决心，步入老师为我们打开的这扇门，好好学习中医、中西医结合，逐渐把中西医结合当成工作、学习、科研的最重要的内容。

进入研究生学习后，为使我们早日成才，老师不仅自己亲自授课，还安排了相关专家给我们讲课。除医科大学教授外，还有南开医院的赵连根教授、田在善教授、邹念芳主任等，使我们的基础理论，尤其是中西医结合的研究水平得到显著提高。陈鲲教授为我们的英语学习做了细致的辅导，使我们能够顺利地对外交流。著名老中医赵恩俭、李维骆先生的授课让我们的中医水平大大提高，使我们能在中西医结合中充分发挥中医优势。郑显理、罗连城、鲁焕章教授又直接使我们的中西医结合临床水平得以提高。无数临床实例使我们深受启迪，树立中西医结合信念，坚定了中西医结合的决心。这些对于我们的成才和自觉走中西医结合道路有着极为重要的作用。

老师对于大家总是很和气，平和得像一位慈父，无论谁有困难，他总是伸出手来帮我们一把，使我们渡过难关。记得1984年我准备考取老师的博士研究生时，由于家庭情况差，没有学习条件，我只能下班后在路灯下学习。有一次偶然被老师和师母看到，老师先是详细询问了我的情况，然后千方百计通过组织关系解决了我的住房难题。次年我在日本神户大学第一外科学习时，收到爱人寄来"新家"的照片，不由得落下泪来。这件事老师从来没有记在心上，但我却铭记终生，至今提起，仍百感交集。

二、高屋建瓴，大家风范

老师在医疗工作中十分注重整体观念，分析病情全面细致，勇于承担责任，体现了大家风范。1993年春，80岁高龄的著名作家孙犁因胃癌住院，由于癌变已进入晚期，加之年老、体弱，治疗方案一时难以确定。这时，老师主持了会诊，并基于周密的思考和孙老的具体情况制定了积极的治疗方案，他还亲自主刀为孙老进行了手术。手术后恢复十分顺利，孙老继续完成大量文学创作，手术后的第 10 个年头，

吴咸中教授与弟子崔乃强悉心研究病例

孙老因其他疾病逝世，但他实现了跨世纪的目标，也是老师"艺高人胆大"的再次体现。

再如 2005 年，我院接诊了一位香港同胞，患者腹痛反复发作，痛苦不堪，诊断为慢性胰腺炎，胰腺分裂、不除外恶变。患者七十有余，患有冠心病、高血压、糖尿病等多种严重的内科疾病，已在香港、北京、上海等地就诊，但治疗方案不统一。由于患者是天津市人民政府的重要顾问，对天津市的发展有较突出贡献，院方十分重视，也感到较大的压力。老师带领我们反复分析病情，制定了周密的手术与治疗方案，赋予信任和鼓励，指定我施行手术，并亲自在手术室内指导，克服了解剖学变异、严重粘连等困难，为病人圆满完成了胰十二指肠切除术。术后予以中药通里攻下、清热解毒、理气开郁、扶正益气等调理，香港同胞终于度过一个个并发症恢复了健康。整个治疗过程环环相扣，起承转合。回想这些事，老师准确的预判、周密的思考和超人的勇气，令人折服，其医学大家的回天之力值得我们学习终生。

三、在高层次上开展中西医结合研究

1990 年以后，老师从战略的高度提出中西医结合从一般性急腹症

的治疗转向到外科疑难及危重病的中西医结合治疗上,开始了高层次中西医结合研究。当时的研究重点是病死率极高的急性梗阻性化脓性胆管炎和重症急性胰腺炎,以及多种原因引起的多器官功能不全外科综合征。那时急性重型胰腺炎作为急腹症的危重病,发病率逐年升高,病死率居高不下。老师在大量临床积累基础上,提出了以"通里攻下法为核心"的中医辨证规律和治则治法。在他的带领下,经过多年临床实践,"通里攻下法在腹部外科疾病中的应用及基础研究"获国家科技进步二等奖(2003),"多脏器功能障碍综合征发病机理及中西医结合治疗的深入研究"获"天津市科技进步一等奖"(2006),这些研究成果带来了广泛的社会效益。

2006年,我院收治了一名急性重型胰腺炎患者,该患者是山东省德州市人民医院的副院长、外科主任,因患急性重型胰腺炎治疗多日,已被当地和北京的数家医院宣判"死刑"。患者本人也对治疗丧失了信心,甚至想立下遗嘱。在死亡边缘挣扎的他,带着一线希望被转到南开医院。入院后,我们对他进行了综合评价和辨证论治,疗效显著,没有经过全身感染期,直接进入恢复期。两周后,患者奇迹般痊愈出院。这位院长通过自己的亲身经历切实体会,不仅自己接受了中西医结合的理论,而且将中西医结合诊疗方法引入当地,建立了德州中西医结合医疗中心,为德州人民服务。

四、言传身教,甘为人梯

作为中西医结合治疗急腹症的开创者,老师孜孜不倦地带领助手和学生不断取得令人瞩目的成绩。每当受到赞扬时,他总是感慨地说:没有周总理的直接关怀,没有医院领导的鼎力支持,没有同事们无怨无悔的工作,中西医结合就不会有这么大的成功。每当取得成绩时,老师总是把别人放在第一名,自己排在最后,甚至不署名;每当自己的学生取得点滴进步,他总是比自己获得成绩还高兴。看到全国中西医结合事业如火如茶地发展，从整个事业的可持续发展考虑，于 2002 年他把我推举为中国中西医结合学会普通外科专业委员会主任委员，让我在全国层面上进一步锻炼，从而使我结识了众多国内大家，如上海龙华医院朱培庭教授、北京中医药大学李乃卿教授、大连医科大学关凤林教授、黑龙江 201 医院李乃民教授、华西医科大学蒋俊明教授等。这些同道在学术上都是作风严谨、学识渊博的领军人物，和他们一起工作交流使我开拓了眼界、学习了各家中西医结合的丰富经验。

2000 年以来，大数据与循证医学方法在急腹症研究中已有大量应用，在老师的指导下，我开始领衔天津市科委重中之重的课题"肠源性 MODS 病机演变及中西医结合诊疗规范"的研究。在研究过程中，他多次提示课题组要探索肠源性 MODS 病机演变及器官损害序贯疗法的规律，建立 MODS 的中医分期、分型及辨证施治规律，探讨以通里攻下为主要治则的作用机理；并通过祖国医学与现代医学理论的有机结合，构建肠功能不全理论框架，制定急性肠功能障碍的诊疗标准，形成中西医结合治疗肠源性 MODS 的诊疗规范，指导临床治疗，降低病死率。SAP 是病死率极高的疾病，应用中西医结合分期辨证施治，大大改变了高病死率状态。

在老师指导下，我们承担的国家支撑项目"中西医结合治疗重症急性胰腺炎"的研究表明，中西医结合治疗降低了重症急性胰腺炎并发症发病率和病死率，减少了住院时间和费用，使患者直接进入恢复期，实现跨期治疗。对已经发生腹内感染的 SAP 患者，开展中药——内镜联合微创治疗，使疗程进一步缩短，疗效进一步提高。该项成果获得 2013 年"中国中西医结合科技进步二等奖"和"天津市科技进步二等奖"，我们将这一经验编写为《全国中西医结合治疗 SAP 临床指南》(2014)，在全国产生了巨大影响。2015 年，中华消化学会联合中华急诊学会、中华外科学会和中西医结合普通外科学会在上海召开了四学会 SAP 高端论坛，通里攻下的概念与治疗成果得到认可,写入全国联合建议中。根据祖国医学"肺与大肠相表里"的理论和老师"通里攻下法荡涤六腑之糟粕"的学术思想,我和我的团队承担了973项目"基于大肠腑实证肺与大肠相表里理论中'由肠及肺'的脏腑转变机理",试图探索肺肠表里关系的存在和表里的路径,以及通下的临床价值。研究中发现,重症腹内感染者胃肠功能恢复与肺损害密切相关,恢复越早出现器官衰竭可能越小。细菌内毒素移位到肺有三条途径:门静脉途径、体循环途径和腹腔淋巴途径。在过去的研究中,多考虑门静脉途径,认为是肠屏障破坏后内毒素和细菌经门静脉系统进入体内。肠道细菌和毒素可被运转至肠淋巴管,进入腹腔淋巴干,再经胸导管进入右心到肺。这一路径可以被理解为肺肠表里的"快捷通道",易导致肺损害。我们发现,通里攻下法可以明显减少肺损害的程度,能有效纠正免疫状态失衡,从而提高了治愈率。这一研究获得2016年"中国中西医结合科技进步一等奖"。老师就是这样把弟子扶上马又送一程的。

五、老骥伏枥,志在千里

老师始终以党和人民的利益为重,以高尚的品德、高超的医术为无数患者解除病痛,赢得了无数患者的尊敬和爱戴。他心系患者,仁慈博爱;他作风严谨,一丝不苟。因为在他心中,患者就是一切。他恪守这样的时间表:"一年当两年,一日三单元,假日干半天",每周都有3个半天的医疗查房,多少年来,坚持不懈。即使在他患病期间,仍坚持每周出门诊,对每位患者他都要亲自查体、阅片,耐心讲解。一位反复发作肠梗阻的患者,从外地远道而来,家庭拮据,在天津食宿都十分困难,老师首先免去了她的诊费,又与医院联系安排患者住院,减轻患者的开销。在他的精心治疗下,患者的病痛解除了,她对老师说:"您就是我的再生父母!"并赠送了一面锦旗"南开南开,逢难必开"。每当遇到临床疑难、危重病例,他会利用查房时间做病例分析,或在手术室指导手术。每当接到急会诊电话,他都会及时赶到,进行指导,协助确定治疗方案,无论身在何处,也无论白天黑夜。接到中央保健局的医疗任务，他义不容辞，敢于承担风险。

2004年，裘法祖院士在"中国临床普外科前沿与争论高峰论坛"上的主题报告《做人、做事、做学问》，老师读完后特别指示全体医师人手一份，认真学习，做到："做人要知足，做事要知不足，做学问要不知足。"其实这也是他做人的准则，他要求学生们"先学做人，后学做学问"。他关心的是中西医结合事业的发展，如何建设好学术梯队，如何发挥中西医优势解除人民的病痛。老师现在已九十有余，仍密切关注国内外学科进展，思考中西医结合发展的前沿方向。

老师年龄大了，但他的精神未老，智慧未老，中西医结合的志向未老！他心中完全没有自己，早已将中西医结合事业融入他的生命。

恩师是我们天津医务界的骄傲，不仅仅是因为他头上的光环，更是因为他高尚的医德和孜孜不倦的探索。因为他的努力，我们有了一个广阔的工作平台和一条通向未来的中西医结合大道，使我们能将祖国的传统医学发扬光大，赶上并超过国际先进医疗水平。吴院士开创的事业没有尽头，我们在他的指引下，继续进行着中西医结合的深入研究，他的思路仍然在拓展，他的足迹也正在延伸。我们一定学习他高超的医术、高尚的医德、坚韧不拔的意志、勇于创新的精神，为天津、为中国医务界再创辉煌，奋斗终生！

（作者：天津市南开医院首席外科主任、主任医师、教授，享受国务院政府特殊津贴专家）

我的恩师吴咸中院士

沈　彬

我是 1970 年从天津医学院医学系毕业的学生，如今已成为一名医师、教师、党的干部，回顾这个历程，可以说，我是在党的培养及吴咸中院士亲切指导、悉心帮助、耐心教诲下成长起来的。他教育我既要学会做事，又要学会做学问，更要学会做人。习总书记曾说："一个人遇到好老师是人生的幸运。"我想，我就是一个幸运的人。

我的职业生涯是在南开医院外科师从吴咸中院士工作起步的。吴院士非常关心青年医生的培养，他以自己的成长经历教导我们要努力学习，刻苦学习，更要学会学习，创造性的学习。"一天三单元，周日干半天"这是他对我的要求，并要求我坚持下去。上午查房、手术是学习，下午书写病历、写病程志、术前小结、术后记录是学习，晚上用三到四个小时有计划地读书是学习，尤其是参加了吴院士的硕士研究生班，系统地学习了医学基础课程、胃肠病学、中西医结合治疗急腹症等，补上了因"文革"在学校未能学到的理论知识。在病房工作中，吴院士教我望、触、叩、听，养成正确的诊疗方法；在手术台上示范各种操作，手把手教我切开、止血、缝合，纠正我的动作。在参加全国中西医结合治疗急腹症学习班的过程中，吴院士教我望、闻、问、切，一味一方开出中医处方，使我成为一名中西结合的医生。

吴院士密切关注世界先进医学技术的发展，第一时间把先进的内镜技术、B-超声波技术引入到中西医结合治疗急腹症的实际工作中。胃镜、十二指肠镜、胆道镜、腹腔镜首先在南开医院开展，我有幸最早在吴院士指导下，在鲁焕章主任的带领下学习掌握了胃镜、十二指肠镜技术，并于1982年送我到日本学习，进一步掌握了十二指肠镜的诊疗技术。回国后，在吴院士的指导下，开展了十

沈彬与恩师吴咸中教授合影

二指肠镜下十二指肠乳头切开，配合中药排石汤治疗胆总管结石，取得了明显的疗效，并获得了"天津市科学技术进步二等奖"，也为以后我荣获享受国务院政府特殊津贴专家打下了基础。

吴院士秉承医者仁心的理念，对病人无微不至地关心、关爱，在他身上我看到了我国外科鼻祖裘法祖教授提出的"心不如佛者不可为医，术不如仙者不可为医"的具体体现。他耐心地听取患者的陈述，从不轻易打断病人的诉说；他仔细地询问病人的症状、捕获诊断的关键信息；他细心检查病人，不放过任何蛛丝马迹；他认真观察病人的每一个变化，及时给予有效地处理；天冷时检查病人，必先搓热手掌，焐热听诊器；晚间和他一起值班，必须走访完当天新收诊的病人和手术后的病人才去休息。周日一早，他到病房看望每一个病人，在他身上真正体现了满腔热忱、精益求精、敬佑生命、救死扶伤、甘于奉献、大爱无疆的崇高职业精神，为我树立了终身学习的榜样。

吴院士不仅是高级知识分子，更是一名对党的事业无限忠诚的党的

好干部、好领导。无论是做医院院长还是高校校长,他始终不忘为人民全心全意服务的初心,勇于开创中西医结合事业,担当了培养接班人的使命。他讲政治、讲大局,认真贯彻执行党的工作方针,党的教育方针,把握着社会主义办医、办学方向,并做出了突出的贡献。

1983年,吴院士把我推到医院副院长的岗位,主管医院医疗工作。他教育我要有自我超越的理念,今天要比昨天好,明天要比今天好,殚精竭虑,不断进取。他要求我要谦虚、谨慎、踏实工作,改善心智模式,团结身边同志,合作共赢。他指导我确立正确的工作方法,树立美好愿景,干着今天,想着明天,谋划着后天;他带领我组织集体学习,统一大家意识,取得共识共同奋斗。他教会我系统思考、正确处理工作中遇到的多种问题。在他的具体指挥下,顺利地完成了大外科的改制,建立起中西医结合胃肠外科、中西医结合胆胰外科、中西医结合腔镜外科,为中西医结合深入发展提供了组织保证。

1994年,在吴院士的亲自部署具体指导下,开展了创建中西医结合医院的工作,凝集全院干部职工的心血和智慧,以优异的成绩在全国率先通过了中西医结合三甲医院的评审,国家卫生部张文康部长亲自来南开医院揭牌,成为全国中西医结合医院的一面旗帜,为建立第一批10家重点中西医结合医院打下基础,我也从中得到了锻炼。在我以后担任天津职工医学院院长、职工医学院转制为天津医学高等教育学校、天津医专以优异的成绩通过教育部对职业院校的评估,并跨入全国100所高职院校示范校的建设中,都传承了吴院士对我的教育和培养,我也因此荣获"全国优秀教师""天津市优秀职业院校校长"的称号。

吴院士对我的培养是倾尽全力的,先后送我到澳大利亚、美国、加拿大等地学习访问,开阔我的国际视野;他带我参加全国首届中西医结合大会,受到中央领导的亲切接见。在吴院士的培养下,我还先后担任了中华医学会医学教育学分会成人教育学组的组长、教育部相关医学教学指导委员会秘书长、教育部卫生职业教育教学指导委员会秘书长、天津市教委督学等职务。

我退休后,至今还担任全国卫生职业教育教学指导委员会专家委员会主任委员,继续为全国卫生职业教育教学改革发展发挥着一点余热。

吃水不忘挖井人,我感恩党对我的培养,感恩吴院士对我无微不至的关爱和教育,我愿以自己的切身体会,展现吴院士对青年人培养所做出的卓越贡献。

最后我用吴院士的一句箴言与大家共勉:"虚名不可贪,名重更要谦,科学无坦途,智者贵登攀。"

(作者:天津市医学高等专科学校原校长、教授、主任医师)

在恩师的指导下成长

周振理

　　我的恩师吴老，从 20 世纪 60 年代开始创建中西医结合事业，从历经磨难逐步走向兴旺。我有幸从 1983 年起攻读吴老的研究生，进入到这一伟大的事业之中，在漫长的岁月中，通过不断学习逐步跟上了导师的步伐。开始阶段对中西医结合事业理解比较肤浅，工作中也有挫折，恩师总是耐心指导、多方面支持，最终把我培养成一名学科带头人。如果没有恩师的培养，我的人生轨迹可能完全不同，对此我铭记在心，感恩一生。

　　在从事中西医结合事业的道路上，让我印象最深刻的就是 20 世纪 90 年代开始的"高层次中西医结合研究"。当时，南开医院的中西医结合事业进行得如火如荼，名闻天下。但是由于长期没有内部分工，大家都在从事相同的工作，重复性问题很突出，而开展深入研究的工作很少。吴老高瞻远瞩，适时提出了"在高层次上开展中西医结合研究"的设想，同时采取了一系列措施来落实这一设想。

　　首先，将大外科分成胃肠、肝胆胰、微创、肿瘤四个专科；其次，通过急症病例的按科收治的原则，基本上做到了病种的合理分配；最后，利用开展科研、每周外科查房、年终总结等方法，进一步强化了各科的工作重点。如今回想起来，正是当年的这些重大举措，才使南开医院外科有了可持续性发展，始终保持全国领先水平。

　　在吴老提出的"开展高层次中西医结合研究"的思路指导下，从 20 世纪 90 年代开始，我作为外一科（胃肠外科）主持者，在吴老的具体指导下，开展了胃肠疾病的高层次研究。这些研究主要是针对临床中遇到的重大疑难问题进行深入研究，如腹腔感染、多脏衰、肠梗阻、胃肠功能障碍、肠漏、复发疝等。研究内容既包括临床治疗方法，也包括理论研究。我们所开展的新诊疗方法主要有：活血化瘀法治疗腹腔感染、腹腔造口术治疗术后肠漏、温中健脾法治疗术后肠功能障碍等。经过 20 多年的不懈努力，

吴咸中教授弟子周振理医生

努力，在提高临床水平的同时也促进了理论研究的深入开展。这些内容基本都写入了 2009 年出版的《中西医结合胃肠病学》。

肠梗阻一直是胃肠外科方面一个重点病症，也是中西医结合治疗的优势病种。之所以是"优势病种"，因为它是吴老从事中西医结合事业的最早切入点之一。但到 90 年代，由于病谱的改变，这个病的传统疗法遇到了瓶颈，当时的临床治愈率仅为 70% 左右。为了攻克这个难题，经过深入研究，我们将这个病分为"复杂性肠梗阻"和"术后早期炎性肠梗阻"，首先解决了对这个病的认识问题，然后再针对这两类问题有的放矢地制定治疗方案。

一、复杂性肠梗阻

大量的临床实践让我们首先认识到了"复杂性肠梗阻"的复杂性。复杂性肠梗阻主要包括腹腔内粘连广泛或致密的肠梗阻，其主要原因有腹部多次手术、放疗、腹腔化疗、子宫内膜异位症、腹茧症等。采用传统的治疗方法，即粘连松解术+小肠局部切除术，疗效很差，而且术后并发症发

生率很高,尤其是急症病例。

针对这一难题,吴老推荐了国外的小肠排列术,使我们大受启发。根据中医的"急则治其标,缓则治其本"的原则,我们逐步摸索出一种新的诊疗方案,即"三阶段诊疗方案":①急症状态下,先行内镜下小肠(或结肠)置管引流术,缓解症状,改善病人状况;②经过充分的术前准备,择期行小肠排列术,包括单纯内固定术和附加外固定术;③根据病人本虚标实的病生理特点,采用以"扶正通下法"为主的疗法促进胃肠道功能的恢复。

20多年来,这种"复杂性肠梗阻三阶段诊疗方案"经过不断完善,明显地改善了临床现状,临床治愈率已经超过97%;在这个过程中,也促进了我们对肠功能障碍的理论研究。

二、术后早期炎性肠梗阻

术后早期炎性肠梗阻是腹部大手术后的严重并发症,死亡率较高,十几年前我们对此病认识不足,处理不当,导致了更复杂的粘连。后来我们学习了吴老推荐的国外经验和黎介寿院士的专题论述,开展了中西医结合的临床研究,取得了明显效果:①基本认清了该病的临床特征;②制定出行之有效的诊断标准;③摸索出有效的治疗方法:TPN、免疫抑制剂、活血化瘀药等;④通过对大宗病例的研究,总结出该病的诱发因素和病发率,将复杂性腹部手术后病发率控制在8.7%。十几年来,我们已经治疗近百例术后早期炎性肠梗阻病例,全部临床治愈。

我们20多年的研究内容都写进了2016年出版的《肠梗阻中西医结合研究进展》。在此期间,我们也培养出一批人才,包括医学硕士、博士20多名,其中大部分已成为现在胃肠外科的骨干,优秀者已成为学科带头人。同时,我们完成了包括"973计划"在内的多项科研项目,发表论文近百篇。在吴老的指导下,我主持创建了"天津市中西医结合临床营养治疗专业委员会",并任第一届和第二届主任委员。2004年,被聘为享受国务院特殊津贴专家,2018年,被聘为天津市医疗纠纷人民调解委员会的特聘人民调解员。

在与恩师朝夕相处的 36 年中,我受益颇多,从老师身上学到了很多东西,其中最大财富就是"做人,做事,做学问"。吴老不仅事业有成,而且生活也丰富多彩,兴趣广泛。除了养花、养鸟之外,给我印象最深的是收集钥匙链的习惯。所以我每次去国外都要特别留心,挑选一些制作精美并且具有地域人文特点的钥匙链;回国后同老师一起畅谈各地的人文历史社会风情……

(作者:天津市南开医院主任医师、教授、享受国务院政府特殊津贴专家)

我最敬重的师长

齐清会

时光如梭,光阴似箭,转眼间我的恩师吴咸中院士已在卫生、教育战线上勤勤恳恳地工作了 70 多年,看到已 95 岁高龄的老师,还精神抖擞地站在医疗、教学、科研的最前沿,使我肃然起敬。吴咸中院士是我最敬重的师长,他高尚的医德、务真求实的工作作风和崇高的情操,永远是我学习的榜样。虽然现在我因工作远离恩师,但老师的崇高品质、严谨科学的作风却时时在心中激励着我,鞭策我不断前进。我也经常想起在恩师身边时那些既平常又难忘的往事。

一、投奔名师

1971 年 2 月 6 日,敬爱的周恩来总理亲切地会见了全国中西医结合学术会议的代表,极大地鼓舞了我国中西医结合工作者,被"文革"压抑的人们看到了中西医结合的希望。那时我在贵州遵义医院工作,当时在吴咸中等老一辈中西医结合工作者的领导下,中西医结合治疗急腹的水平已有了长足的进步,天津与遵义两地多次举办中西医结合治疗急腹症学习班,我于 1974 年参加卫生部举办的中西医结合治疗急腹症进修班。在进修班期间,我们较为系统地学习了中医理论,还聆听了关于吴咸中院长领导天津市南开医院开展中西医结合治疗急腹症的临床和基础研究的介绍,了解到天津市南开医院在中西医结合治疗急腹症方面水平不断提高,基础理论研究也不断地突破,并提出了治疗急腹症的"八法"和"以法求理"的科研思路,为全国中西医结合治疗急腹症的研究指明了方向。

从那时起我就暗下决心，一定要拜吴咸中院长为师。1979年我如愿以偿，考取了吴咸中院长的硕士研究生。在学校学习了半年的基础课后，我迫不及待地来到了渴望已久的南开医院。在这里，中西医结合的氛围令我耳目一新。严谨的科学作风、先进的技术设备和高水平的中西医院结合临床疗效，都使我非常敬佩。

吴咸中院长主持的每周一次大查房，是我受益最多的活动之一。每次查房吴院长都仔细询问病史，认真检查病人，特别注意很多细小的变化，对各种检查资料都认真分析。还经常到B超室和放射科检查室亲自观察患者的影像学改变，掌握第一手资料。每次查房，吴咸中院长都能抓住一两个关键问题进行分析、讲解。内容既涉及现代医学的最新进展，又涉及祖国医学的经典著作；既有各位专家名医的医案，也有自己的临床经验。他超强的记忆力，非凡的分析能力，诙谐风趣的语言使我每次查房都有很大收获。

二、医师的楷模

吴老师经常教导我们，为病人解除病痛是我们做医生的天职。他身教重于言教，有一位患者的诊治过程让我终生难忘。这是一位40岁的女性患者，经常发热、腹痛，曾到天津市很多大医院的多个科室就诊，普通外科医生说右侧肾盂积水，应由泌尿外科治疗；泌尿外科医生说从前有腹部手术史，目前腹痛与泌尿系统无关，就这样推来推去患者病情逐渐加重。最后患者及家属找到吴老师，他认真询问了病史，查阅了患者的全部资料，对患者进行了详细的检查后，诊断为肠粘连后腹膜纤维化，并造成肾盂积水、泌尿系统感染，应手术治疗。患者入院后，因我怕承担责任，迟迟未安排手术，吴老师对我进行了严厉的批评，责问我医师的职责是什么？如果患者是你的亲戚你会怎么办？在吴老师的催促下，我们给患者做了肠粘连松解、右侧输尿管分离松解术，术后患者腹痛消失，体温恢复正常，困扰半年的病痛终于得到了解决。

三、如父的关怀

吴老师不但在学习和工作上对学生严格要求,在生活上更是关心备至。1979年我们入学后,他就到宿舍详细询问宿舍的住房条件如何?伙食怎么样?生活上有什么困难?同班的另一个硕士研究生来自山西,我们都是已成家的学生,又都是两个孩子的父亲,牵挂妻儿的心情自然瞒不过老师的眼睛。那年国庆节,也就是我们来津后的第一个月,吴老师邀请我们两个外地学生到他家过节,除了一次丰盛的晚餐外,还就学习基础课的重要性、如何学好临床课等,同我们进行了长时间的交谈,到现在每当想起这段往事,就像发生在眼前,历历在目。那次长谈对我们顺利地完成学业及后来事业有成有着深刻的影响。

1981年的春天,是研究生学习的关键时刻,就在这时,我的老母病故,情急之中又因天气的突然变化,我不幸染病,体温高达40℃,诊断为扁桃体周围脓肿。当时耳鼻喉科无病床,就安排到耳鼻喉科楼上的中医科病房住院。吴老师听到我患病的消息后,立即放下繁忙的工作来到医院,在详细地询问了病情后,帮助制定了局部穿刺抽脓的治疗方案,使我的病情很快好转痊愈,重新恢复研究生学业,恩师慈父般的关怀使我终生难忘。

四、惜别情深

在老师众多的弟子中,我是最受益者之一,"国务院学位委员会学科评议组成员""中国中西医结合学会常务理事""中国医师协会理事",这些称号虽然不是耀眼的头衔,但已是很多同辈人的奢望。说句发自内心的话,我的每一点一滴的成绩和进步都浸透了老师的心血与汗水,我是在他的教育培养下成长起来的。老师不仅是医学家,还是教育家,更是哲学家。他的文章语言清秀,简洁易懂,处处充满哲理;他所做的报告无论是学术讲座还是科学论坛,次次生动感人。他是儒家的典范,心胸宽广、坦荡为人,老师不仅教我如何做一个医生、一个教师、一个科学家,还教我如何去做人,如何做一个正直的人。

与老师 24 年的相处，我这个来自贵州遵义山城的学生就像是一棵小树，在阳光雨露滋润下逐渐成长；就像是一个幼儿在父母的呵护下渐渐长高长大。24 年的师生之情胜过父子，我怎么也不相信自己就要离开恩师的身边。2003 年，由于工作需要，我调到大连医科大学，在告别的宴会上恩师又是千叮万嘱，就像父亲在送别要出远门

吴咸中教授弟子齐清会医生

的孩子。本来不想让老师动情，但我这个 50 多岁的男人已无法抑制自己内心的情感，流下了眼泪。望着老师噙着泪花，我想只有努力去工作，才是最好的报答。我离开天津去大连的那天，恩师正在宁波开会，因不能为我送行特发来短信："衣锦荣归，不悔过去。奋发图强，再铸未来。"老师的鼓励成为我的座右铭，也是我永远向前的动力。

调到大连医科大学后，遵照老师的嘱托，我建议整合全校中西医结合资源，组建中西医结合研究院。领导采纳了我的意见。2004 年，成立了大连医科大学中西医结合研究院，由我任常务副院长，主持研究院工作。从 2005 年我们先后成功申报了中西医结合一级学科博士点、国家中西医结合临床重点学科、博士后流动站、国家中医药管理局重点学科和重点专科、卫生部中西医结合急腹症重点专科。2010 年，我代表学校参加了招收中西医结合本科专业的申报，并顺利通过答辩。至此，大连医科大学已建成从本科到硕士、博士、博士后完整的中西医结合教学体系。并得到了中西医结合学科所有设置头衔。

（作者：大连医科大学附属第一医院主任医师、教授）

学为人师　行为世范

秦鸣放

吴咸中院士在他漫长的行医生涯中，首先在普通外科和血管外科领域做出许多建树，以后又将主要的精力投入在了开创和发展我国中西医结合急腹症研究事业上。南开医院曾被誉为全国中西医结合事业的"旗帜"，其腹部微创外科能够在全国取得领先地位，更与吴院士这位"旗手"的远见卓识是分不开的。

天津市南开医院微创外科的发展凝聚了几代人的奋斗心血。在20世纪90年代初，吴咸中院士凭着科学大家的眼光，预见了消化内镜将在急腹症领域发挥重大作用，于是在国内医疗界对消化内镜技术尚未有充分认识的情况下，当机立断，决定派出骨干力量专人学习消化内镜技术。著名内镜外科专家、我的老师之一鲁焕章教授（已故），是70年代被吴教授从内蒙古他下乡的地方调回南开医院的。80年代，吴咸中院士派他赴日本学习微创外科技术，经过3个月的严格培训学成归来。吴教授顶住当时有人认为消化内镜不如开腹手术效果好的成见，果断任命鲁焕章教授作为发展内镜技术的学术带头人，开展医疗实践和相关研究，使鲁焕章教授逐步成长为全国知名专家、中国内镜外科技术的开创者之一。正是吴院士所具有的这种知人善任、甘为人梯的崇高精神，成就了中西医结合事业不断发展并硕果累累的辉煌。

我追随吴院士也已经快20年了，作为他的学生，感受最深的就是他对中西医结合事业的执着追求和对中西医结合人才的珍惜。我的硕士研

究生学业是在河北医科大学完成
的,研究方向是"中医药治疗重症
胆道感染和内毒素血症"。当时由
于河北医科大学在中西医结合外
科专业知名度并不高，便邀请时
任天津医科大学校长的吴教授担
任答辩委员会主席。吴教授在看
过我的论文后爽快地答应了,答
辩会上吴教授对我的学术论文给
予了高度评价和诚恳的鼓励,后来
才知道，我的研究内容与当时吴
教授的博士研究生所做的课题不

吴咸中教授弟子秦鸣放医生

谋而合。硕士研究生毕业后,我马上面临是否进一步深造的问题。报考博
士就要有充足的时间复习,就要耽误工作,要是考不上怎么办？而且那时
我已在石家庄河北医科大学附属医院工作,孩子只有 3 岁,如果到天津
读博士,家庭的重担将完全落在妻子一人肩上。现实的问题使我内心很
矛盾、摇摆不定。也许是心有灵犀,这时河北医科大学向我传达了吴教授
办公室的电话,教授首先肯定了我的研究方向,认为很有深入研究的价
值;同时告诉我他的许多外地学生目前在天津生活事业都很顺利。当时
我仅是一个普普通通的硕士毕业生、外科医生,而他已是全国著名专家
教授,中西医结合事业创始人,他能发现我这样一个不起眼的青年人并
多次给予鼓励和指导,这充分体现了教授尽心培养、挖掘年轻人才的伯
乐精神,也使我坚定了追随吴教授、献身中西医结合事业的决心。

　　1988 年,我顺利考取了吴教授的博士研究生,从而走上了中西医结
合的道路。在此阶段,我体会最深的是教授对中西医结合治疗急腹症事
业的执着追求。他为了使这项事业后继有人,并使青年人尽快成长起来,

对我们这些青年医生倾注了全部心血。他对每个病例的细心观察和深入浅出的分析，他做手术像手术图谱一样的娴熟技巧和规范操作，都给我留下了非常深刻的印象，感到成为他的学生是我终生的骄傲。他要求我们搞中西医结合急腹症的年轻外科医生，既要有系统的中医基础，还必须有高水平的外科基本功，并反复强调，这是搞好中西医结合治疗急腹症的必备条件。教授除带领我们一个病例一个病例地进行辨病、辨证、处方用药外，对手术治疗也提出严格要求，使我们不仅学习了教授娴熟的外科技巧，准确无误的术前诊断，以及术后处理等高明的医术，也学到了他无微不至地关怀每一个病人的高尚医德。

我入学时，吴教授是天津医学院院长，工作十分繁忙。那时，每当我读完文献稍有灵感和体会，总是喜欢写一份读书报告交给导师，有的可以说是非常肤浅的想法。但即使这样，每次导师都认真及时地批改，并把他自己的想法写在上面再转交给我。就这样两年下来，我的想法和导师的思想结合起来，博士论文的框架便已初见端倪。不仅如此，导师还经常在百忙之中帮助我联系落实课题研究中的一些具体细节，每做一件事前都要对我千叮咛万嘱咐，甚至细致到几点几分，到什么地方，找什么人，怎么说都详细交代给我。可以看出他是在尽量为我的研究生工作铺平道路，减少困难。教授为我所做的这些具体入微的事情，是其他专业的研究生同学不可能"享受"到的，所以他们都为我有这样一位导师而羡慕不已。当时我就下定决心，决不辜负教授的一片苦心，终生追随教授，努力发扬光大中西医结合事业。

我博士毕业后，被分配到天津市南开医院，主要从事中西医结合腹部微创外科（内镜、腹腔镜）工作。首先面临的就是三大生活问题的困扰：住房、爱人工作和女儿上小学。教授了解到这些情况后，亲自多方联系，排除干扰，给我分配了住房，解决了爱人的工作问题，女儿也顺利上了小学。现在回想起来，教授曾经说过的一句话让我终生难忘："我们既然要他来了,就不能让他住在马路上。"教授不仅培养教给了我专业知识、做人的道理,使我成为一名优秀的医生、中西医结合外科专家,而且始终对我的生活给予了的无微不至的关怀,让我没有后顾之忧,全心全力地投入到临床、科研工作中。他不光是我的恩师,也是我们全家的恩人!

多年来,吴院士一直对微创外科事业给予大力支持和指导,有力地促进了天津市微创外科技术的发展。目前,天津市南开医院在微创外科治疗领域处于全国领先、国际先进水平,这是与吴院士的远见、指导、支持和具体帮助是分不开的。他曾经说:"中西医结合要在高层次上进行结合,是中医药、开腹手术、微创技术的完美结合,是一流西医和一流中医的结合,只有这样才能使中西医结合事业紧跟国际先进技术的发展,保持领先地位。"

我们在开展内镜、腹腔镜联合治疗胆总管结石的初期,他和我反复研究手术方案、设计思路、确定适应症,探讨联合使用中医药的方式,并且到临床一线亲自指导微创手术操作,使我们少走了许多弯路,最终使这个术式逐渐成熟。他还指导我们建立了中西医结合微创治疗肝外胆管结石阶梯性方案,在他的亲自指导下,微创治疗肝外胆管结石和三镜联合胆总管探查术先后获得"天津市科技进步二等奖",填补了国内空白。此后他又多次指导我们开展了中西医结合腹腔镜胃底折叠术治疗反流性食管炎、中西医结合微创治疗粘连性肠梗阻三阶段治疗方案、腹腔镜肝切除术治疗肝内胆管结石等多项新技术。

2003年,内镜中心开展多项新技术,教授每次都亲临指导,现场把关,解决了很多技术上的难题,保证了新技术的顺利开展。当时有一个内镜治疗的患者,因为血管变异,操作中出现大出血,使用了电灼、局部注射凝血酶等多种方法也都不能奏效。幸好吴教授在现场指导,凭着医学大家高超的判断力,他指示我们采用刚刚开展的腹部血管超选择介入栓塞技术,使患者转危为安。

2004年,我们开展腹腔镜胃底折叠术已经3年,技术已基本成熟,接诊了一例曾经做过上腹部手术的患者,在实施腹腔镜胃底折叠术中发现粘连严重,但手术仍然完成了。然而术后患者出现了胃底部瘘,诱发腹腔内感染。当时我们承受了很大压力。吴院士得知后,多次到临床查看病情,亲自制定中西医结合治疗方案,终于使病人痊愈。

我们的每一步的发展和进步,都浸透了吴院士的辛勤培养和耐心指导,他不断将我们的工作与国际先进水平相比较,对我们不断提出更高要求,使我们的发展更加规范。多年来,在导师的谆谆教诲下,我在中西医结合微创外科事业上不断成长并走向成熟,作为天津市政府授衔外科专家、享受国务院政府特殊津贴专家和国家"百千万"人才工程第一层次入选者,我成长的每一阶段无不浸透了导师辛勤的心血和智慧。我深知自己唯有继续脚踏实地地努力工作,像导师那样实事求是,团结协作,勤勤恳恳工作,堂堂正正做人,在中西医结合道路上不断创新,才能再攀新高峰。我想,只有这样才是对导师几十年辛勤耕耘培养的最好回报。吴院士在一生中获得无数奖励,他最看中的是市卫生局颁布的"伯乐奖",这是他一生呕心沥血培养中西医结合人才的真实写照。我为自己今生有这样一位好老师、有这样一位在科学和人生道路上的引路人,感到无比骄傲和自豪。

(作者:天津市南开医院原副院长、外科主任、教授、博士生导师,已故)

永远难忘的记忆

田在善

半个多世纪前，根据天津市公共卫生局 1962 年 11 月 24 日制定的在南开医院基础上筹建"天津市中西医结合研究基地"的精神，南开医院相继从市内各医院及外省市调进"西学中"医务人员多人，在临床上开展中西医结合工作。与此同时，也从外单位调入了几位从事基础学科工作的人员，以开展中西医结合实验室工作。我就是在这时，即 1964 年 5 月，随天津市第一医院"中医痔瘘、肿瘤研究组"调入南开医院的。与我同期调入拟成立药理组的还有从中国医学科学院药物研究所来的马小丽同志和从天津市护校药理教研组调来的于守志同志（他随后又去筹组中药剂型研究组了）。那时，吴教授刚任南开医院院长，年底在医院职工食堂召开了全院职工大会，他做年终总结和布置下一年的工作任务时讲到，中西医结合急腹症实验研究要用现代医学理论和方法进行实验。我们听后真是欣喜至极，因为那时人们还没走出前几年"反右"运动的阴影，对如何开展研究工作一片茫然，无所适从，唯恐被指认为令人恐怖的"废医存药"的"歧途"而胆战心惊。然而吴教授高瞻远瞩、高屋建瓴地将中药药理与中医治则结合起来，探究临床急腹症现代治疗原理。吴教授的这一创新，标志着中医学的科学研究进入了实验研究的新时期。著名医史专家孟庆云教授曾在一篇回忆文章中说，现在中医的实验研究是从南开医院"四法"（通里攻下法、清热解毒、活血化瘀、扶正固本）起步的。为了开展实验研究，医院拨给我们几间闲置的空房，于是我们立即奔赴北京，到坐落在牛街的一家小工厂买来了一些做生理教学用的基本器具，两三个月以后，就开始了伴我终生的事业——中西医结合急腹症实验研究工作。

与吴老一起为中西医结合事业奋斗的田再善医生

那时，搞中医理论的实验研究工作委实是太难了，因为人们对中医工作的认识很不一致，很难以获得人们普遍的理解和认同。因为他们担心这会误入"废医存药"的歧途，或认为，中医已有几千年的临床实践经验，还需要再去"问问"小白鼠吗？对于后者我们并不感奇怪，因为他们不懂得科学研究 就是循着综合—分析—综合这个过程进行的道理。至于对前者的担心则由领导我们开展中西医结合急腹症研究的吴咸中教授顺利地解决了。吴教授认为，开展对"法"的代表方剂作用机理的研究，不仅可直接了解该方剂的药理作用和该"法"的基本理论，还可间接地向上推释"理"的实质，因为"理、法、方、药"是中医理论的统一体。吴教授这一中西医结合研究思路和研究方法后来以高度理论概括的论文发表在 1973 年《中华医学杂志》上。

基于临床上已体会到"通里攻下法"是治疗急腹症的根本大法，因此吴教授交给我们的第一个研究课题就是对该法的代表方剂 "大承气汤"治疗肠梗阻的机理研究。我们首先以"炭末推进法"通过正常小鼠证实了其增强肠推进和增加肠容积作用以后，就开始对其作用方式进行分析性研究，即将正常小鼠的肾上腺摘除或将位于颈部的迷走神经切断，以消除交感神经或副交感神经的生理效应后，观察是否会因此影响"大承气汤"上述的原有作用。结果证实，小鼠做上述处理后，"大承气汤"仍然具有增加肠推进的效应，这提示，"大承气汤"很可能是直接作用于肠道平滑肌、并发挥这一药理效应的。以此效应为启发，临床医生便对那些难以经口服药患者采用灌肠法，同样收到了泄下的效果。于是我们进一步采用离体肠管做药物作用于相关部位的分析。我们预先将离体肠管分别用神经节阻断剂（六烃甲胺）、M 胆碱受体阻断剂（阿托品）、黏膜面神经感受器阻断剂（丁基卡因）处理后，再分别对肠管标本施用神经节兴奋剂（烟碱）、M 胆碱受体兴奋剂（Ach）、平滑肌细胞兴奋剂（组织胺）及"大承气汤"，观察它们对兴奋肠管作用是否有效。结果证实"大承气汤"对离体肠管平滑肌的兴奋作用与组织胺相似，而与烟碱、Ach 不同，即"大承气汤"兴奋肠运动的作用不因肠管标本的神经节、M 胆碱受体、黏膜面神经感受器等神经通路被阻断而失效，从而进一步证实了"大承气汤"的作用部位是在肠管平滑肌直接产生作用的结果。之后又证实了口灌"大承气汤"于小鼠，可降低循环中与血浆蛋白结合的蓝色染料从以组织胺致炎的腹腔腹膜的渗（漏）出，提示"大承气汤"对炎症早期毛细血管通透性的升高有抑制作用，等等。

这期间，虽然吴教授的外科临床科研工作十分繁重，又因是新任院长，全院行政事务性工作也异常纷杂，但他仍然是尽最大努力，几乎是每隔两三天就要到实验室来关切地问问实验结果，并给以宝贵的指导。他常常幽默地说："今天的实验是成功啊？还是成功之母啊？"引起大家一阵欢笑。

然而这样的好光景仅仅经历了一年零几个月，就开始进入"文革"时期。实验室工作按照当时思想观点被认为是躲在"象牙塔"里搞研究，远离了生产斗争和政治斗争的实际，脱离了工农兵，这些人都要到临床一线中去。因此我们只好封闭了实验室，到门诊或病房中去，以免招来脱离实际之嫌而受到批判。直至 20 世纪 70 年代中期我们才又回到实验室，六七个黄金般的年头就这样丢掉了。70年代后期，迎来了科学的春天，中西医结合急腹症的实验研究在吴教授领导下日益深入，进行"七五"攻关。之后，由于天津的三大院校有关教研室的加盟，研究手段先进了，研究水平也提高到新的层次。对"大承气汤"兴奋肠管平滑肌的研究也已进入到采用微电极记录单个肠平滑肌细胞电活动的全新阶段，实验结果也准确无误地确认了："大承气汤"对肠管的作用方式是直接作用于肠平滑肌的结果。

80年代初期，卫生部明确提出中医、西医和中西医结合各按自己的学科特点独立发展，并将三者比喻为"三驾马车"。但当时的现实情况却难以做到，国内举凡中西医结合能取得成就者，无不是依附于中医院校、中医院或依附于西医院校和西医院共同合作的结果，如将三者"分家单过"，这支年轻、力薄的新兴力量——中西医结合队伍必将失去用武之地。于是，吴咸中教授带着他的团队从1982年春到1983年年底，承担起了天津市科委及市卫生局下达的对我国中西医结合现状进行调研的任务。调研中我们既看到令人振奋鼓舞的中西医结合成果，也看到一些令人心酸的局面。由于"分家"人员调整后，有些地方已开展的中西医结合研究出现搁浅而无法继续。调研结束后，吴教授亲自执笔写下了题名为"光明的前景，广阔的道路"的调研报告。报告中写道："两种学科体系的相互结合，三支力量的相互合作，将是发挥我国医学特点与优势的重要保证。三支力量是'海陆空'，不是'魏蜀吴'。让三支力量在协调作战中不断取得新胜利！"据知，吴教授的这篇调研报告在其后卫生部中医药管理局制定方针政策时，曾起到了重要的参考作用。

1988年10月，我随吴教授作为理事参加了在北京举行的第三届中国中西医结合研究会。会议期间，吴教授给了我一本刚刚由他、李世忠、裴德恺主编的《急腹症研究》一书，这是上海科学技术出版社出版的《中西医结合研究丛书》中的一部。吴教授这本书非同一般，它的绿色封面上赫然印着"此项研究成果在国际上处于领先地位,并得到世界卫生组织(WHO)的肯定"。书中除介绍了誉满全国的中西医结合外科急腹症的临床实践外,还大篇幅地刊载了由我院撰写的《急腹症常用八法的实验研究》,这是吴教授自 1973 年发表《中西医结合治疗急腹症理论研究的一些设想与初步体会》一文后,首次全面系统地介绍急腹症常用八法实验研究的文章。吴教授十分高兴,他嘱咐我继续把八法研究跟踪总结下去,我高兴地承接了这一光荣任务。

1992—1997 年这个阶段,我负责的药理室结合市科委的重点课题开展了"肠源性内毒素血症引发的肝、肺损伤及大承气汤的保护效应——大承气汤'釜底抽薪急下存阴'功效理论的实验研究",对"大承气汤"进行了深入研究。记得远在这个课题申报之前,一天吴咸中教授来到我们药理实验室,并带来了他为我们复印的一篇有关肠屏障的文章(这是他惯常的一种指导方式),并提示说"大承气汤"的多方面作用可能与增强肠屏障有关。吴教授这一点拨,我顿生感悟,打开了视野,将"下法"研究的思路引领到问题的"核心"。从此,在查阅文献时注意与此有关的主题论述,开始注意肠道细菌移位问题。与此同时,我还关注到 Alexander(1990)肠道内毒素移位的实验,我坚信"大承气汤"具有全身性的治疗效应,因为远在 60 年代初,临床医生就注意到肠梗阻的病人随着"大承气汤"的攻下成功,不仅痛消热减,而且远隔器官的炎症也随之消散。这个课题就是在这种学术思想指引下开始的。

1998 年,我办理了退休手续后,离开了繁重的实验室岗位,相对来说有了宽裕的时间思考脑海中存储已久的一些中医基础理论问题了。记得一次在重读人体解剖学腹、盆腔的自主神经结构时,本能地与脑海中的中医脏象学说的三焦学说产生了瞬间的碰撞火花。我根据中医"三焦主诸气"的理论论述和西医形态学家们的"有机能就有结构"的至理名言,决定依此去做三焦实体的理论探索。我将这一想法汇报给吴院士,他鼓励我说："这也是一家之言嘛。"我于是将其成文为《将腹腔丛视作中焦——对三焦实体的探讨》，发表在 2002 年 19 期《天津中医》上。吴院士总是以他的睿智和特有的幽默不断鼓励身边的工作人员和所有的人，引领着大家为事业献身奋进。现在我还清楚记得 1995 年 8 月 8 日，南开医院通过了"三级甲等医院"验收并举行挂牌仪式时，在卫生部部长张文康等几位与会领导讲话祝贺后，吴院士做即席发言。吴院士在讲话结束时说："让我用两句央视广告用语来结束我的发言"，一句是当时风行的"延生护宝液"广告语"新生活从今天开始"，以此表达医院通过评定、验收并行将挂牌的喜悦心情；另一句"飞亚达手表"广告语"一旦拥有，别无所求"，以此告诫医院员工绝不能有一劳永逸的想法。多么恰到好处又生动的比喻，多么精彩风趣的语言！会场上立即报以热烈的掌声。没想到张文康部长反应也非常机敏，掌声刚停便接口说道"新飞广告做得好，不如新飞冰箱做得好"，用"新飞冰箱"广告用语再次盛赞和肯定了南开医院中西医结合工作开展得扎实、有成效，于是把会场的热烈气氛又一次推向高潮，大家再次报以热烈掌声。散会后，我立即回到实验室，把这个珍贵的场面记录了下来。

（作者：天津市南开医院中西医结合急腹症研究所药理研究室原主任、研究员）

永不停歇的攀登者

郭世铎

　　吴咸中院士是我走上中西医结合道路的恩师和引路人，他是一位融通古今，学贯中西，知识渊博，思路清晰的学者；又是一位锐意进取，开拓创新，知难而上，敢在急腹症治疗中大喊"刀下留人"、大搞中西医结合的外科名医。他学风严谨，医术过人，同时又不断吸收海内外最新学术成果，用于自己实验结果和临床实践，并在中西医结合的舞台上导演出一幕幕浓墨重彩的科研"连续剧"；他的科学论文一旦发表，便会引起海内外学者的极大兴趣，很快就形成一股潮流、一股学风。当今中西医结合新潮流正在兴起，很多学术研究早已蔚然成风。它倾注了我们老一代科学家的一生的心血，使我们能够借上时代的东风。

　　我今年 82 岁，吴老 95 岁，我已退休 12 年了，而他每天还在工作。记得，我回国工作时他送我一对花瓶；我离开时，他送我八个字"来的光荣，走的满意"，不论来去，我都非常感激。每当我从海外回来看他时，一谈到研究思路和成果，他就有说不完话；一说到问题便问我，可以为研究所做

吴老与曾共同奋斗的郭士铎医生合影

点什么。吴老最感兴趣的是海外新书、新观点、新学说。我在海外除了上网,就是访医大学友,上大学图书馆和医学书店去看书。当我看到吴老得到国际友人写的书时那种高兴劲儿,那么爱不释手,我就知道新书在吴老眼中的价值了。前几年我回国时吴老总和我说:等新楼盖成了,我就告退了。然而,几年过去了,吴老还是去新楼上班了。我退休12年在海外过着田园生活,可谓"倚南窗以寄傲,审容膝之易安",而我的恩师95岁却要"载欣载奔"去新楼上班。路漫漫其修远兮……

一、寻路

1958年,吴院士给我们讲过外科学;1962年,我毕业留校时,朱院长曾派孙模世教授给新留校的教师讲如何开展科研工作。当时由于自己太年轻就问他:"你们老一代把好的题目都做完了,我们做什么?"他笑了说:"有很多题目还没人做呢!"我问:"在哪里?"当时真不知道要做什么才好?

工作后,我开始做药理学教学和心血管科研工作,随后当宋汉英教授的研究生,攻读硕士研究生课程。其实,1962年毕业前后,我已知道我院外科有两位医生很有名,一位是心外科的张天惠教授;另一位是中西医结合外科的吴咸中教授。当时,中西医结合是受领导重视的新生事物,很有发展前途,但因刚刚起步很不完善,道理不明,容易被人怀疑或误解,有时被夸大、有时被贬低。最初我也挺怀疑,但又好奇,但就是这点好奇心让我走上了"南寻之路"。因为自1962年以后,吴教授就到南开医院兼职了,1964年当了院长,所以我想去南开医院听听看看、到病房转转,实践实践,最好能搞点科研,这就是我当年"南寻之路"的小目标。机会终于来了,于是我有了"三进南开"的经历。

第一次是1967年,学校派教改小分队去南开医院,我来了。但大字报满天飞,难以久留;第二次是1974年,试点班开门办学3年,我又来了,在吴院长领导下学习了不少中西结合知识,参加临床实践,这次收获大了,而且可以带回去研究研究了;第三次是1987年,我第一次出国回来,吴老已是医科大学正院长了,在他领导下,有关大学院校正与南开医院联合组成了"八五"攻关课题组,我选的题很好,我主攻下法,"大承气汤"通里攻下治疗急腹症的机理研究,成果太好了;医大张集圣教授攻关活血化瘀法,由李文来做微球技术研究生论文,技术超新,效果太明显了;张际国教授主攻理气开郁,用上当时的新技术——脑片。南开杨文修教授用微电极主攻结肠带平滑肌细胞电位;天大王明时教授主攻肠鸣音记录仪研究,对临床最有实用价值。这次院校合作令吴老非常满意,他说这是一次高水平的合作。实践证明,我这才是看对了书,跟对了人,走对了路。

二、思路

"观念决定思路,思路决定出路,实践决定结果"。吴院长常常提醒我们:任何创新总是和先进的、辨证的、周密的科学思维相联系的,没有它,就是有再多的实践经验、再好的实验条件,也难充分发挥作用。我很欣赏吴老有那么多好思路。第一,就是首先在临床上取得成功,然后再开展实验研究,这样可少走弯路。先临床,后基础,辨证与辨病相结合,给我们机理研究指明了方向,铺好了路,这太重要了。让我印象最深的是20世纪60年代,我在常德道换房时碰上的李维骆医师,她向我介绍她在总医院当护士长时,患急性肠梗阻,已经开过三次刀,这次很怕再动手术,她向吴老求助,请吴老"刀下留人";吴老看她身体虚弱,就采用参附承气汤治好了她的病。多年后,我在吴老的办公室和吴老谈话时见到她,她又讲述了这个故事,让我深信不疑,随后我全身心地投入基础研究中去。第二,中西医结合要以法(治则)为突破口,上溯可寻求机理,下行可指导处方,法有承上启下的作用。我问吴老,为什么抓法那么重要? 他说,关键在于首先要肯定疗效。我很欣赏这个思路。

80年代,我选择的是通里攻下法作为我们的主攻方向,这是因为该法在急腹症治疗中是最常用,它的代表方剂大承气汤是久经考验的古方,可用口服给药法进行实验治疗。方中君药大黄,兼有攻下、活血和清热解毒作用,而大黄中有番泻甙可泻下,有鞣质对蛋白质有收敛作用,可能有膜稳定作用,其邻多酚结构可能有螯合钙离子,清除自由基的作用,开题时可能估计此方有保护肠屏障作用。它不同于抗生素,杀菌后放出内毒素碎片,大黄抗菌并减少细菌裂解释放大量内毒素,而是让菌、毒一起"打包快递"排出。80年代,我曾去承德参加过大黄国际会议,国内外名家齐聚,但对肠屏障没人研究。当时"文革"刚过,对国外信息也不太灵通。但可从中西医结合临床成果中去探索、去研究。古人云"六腑以通为用,不通则痛,通则不痛"。所以我们要研究这个古方治疗里实热证,荡涤胃肠,攻实泻热,祛邪扶正,逐瘀止痛的现代医学原理。通过动物模型,特别观察该方在胃肠运动、血运、自由基、钙离子、胃肠激素、再灌注、肠屏障、抗感染、菌毒移位的测定结果,以及对肝、肺功能的影响。在吴老领导下,调动各路精兵强将,经过"八五""九五"攻关会战,结果证明:"下法"的代表方剂"大承气汤"不但有增加肠蠕动、改善血运、抗菌、消炎、减少肠腔内毒素库的作用,而且有保护肠屏障,防止菌、毒移位,对抗MODS(多器官功能不全综合征)的作用。以上结果都是在吴老精心设计和指导下完成的。以上成果是三代人院校结合大协作完成的成果,2003年,获得"国家科学技术二等奖"。应该说吴老的思路是正确的、睿智的。

记得在一次"八五"攻关实验汇报会上,我介绍发现"大承气汤"对肠道兼有泄洪和筑堤作用,就是发现中药对肠黏膜有保护作用。吴老头脑反应特快,他马上让我们组朝着"保护肠屏障"方向集中力量深入研究,其他组也马上跟上,把它作为主攻方向。他这一指点,让我们满盘皆活,而且顺利地转入"九五"攻关,进入防治MODS阶段。我记得吴老当时说了一句话:"医大药理和研究所药理组的下法,'大承气汤'保护肠屏障、减少内毒素库的工作,为我们申请到'九五'攻关计划立下汗马功劳。"当前,国内外研究抗内毒素的药不少,而'大承气汤'或颗粒、大黄制剂都很受欢迎,因为它们兼有抗菌、抗毒、排毒作用,它不因大量裂解细菌而大量散播内毒素;它还具有保护肠屏障作用,而且自身副作用少,故是抗MODS难得的良药。

三、铺路

1977—1991年吴老任天津医学院副院长、院长期间,对教学、医疗、科研工作非常重视。80年代中期,有一次我给八年制学生上药理课要用英文讲课,看到吴院长来听我的课,给我加油鼓劲,很受鼓舞。他也常去医大附院临床教学查房。据我所知,吴院长对医大试验室建设也很热心,特别是80年代, 他领导的中心实验室大楼的建设时, 利用世界银行贷款,让我负责机能实验室建设,购置全套新设备,如八导生理记录仪、电压钳制仪等,建立全套电化教学设备。生化中心也买了很多先进仪器,使学生和研究生的实验水平上一个大台阶。记得1988年1月,为了买仪器,我乘西南航空伊尔—18去重庆,上222航班,这架飞机在我回来之后,1月18日再从北京飞重庆就摔下去了,那天正好是我生日,吴老说,"多亏你命大,今后必有后福"。30年后我又来看这座楼,它仍屹然挺立,可是领导大楼建设的天津市建工局局长程学颖却去世了,程局长是吴老的朋友,对大楼建设很上心,吴老曾为他成功地做过手术,他很感激吴老,所以盖楼他帮了大忙。今天医大发展越来越好,吴老和他的弟子们都是医大建设的铺路人。

1999年,我从美国回来到天津急腹症研究所工作,这里开始实验条件不如医大条件,但在吴老的不断争取下,通过开题、抓重点学科建设,从"重中之重"课题多种渠道募集到资金,吴院士又委托我来建设新实验室。时代在发展, 科技在前进, 我们这次主要偏向分子生物学仪器,如PCR测定仪、凝胶成像处理和分辨系统的电泳仪、图像分析仪、血流测定仪、模块式生理记录仪、流式细胞仪、液相色谱仪、质谱仪等,建立了细胞培养室全套设备和全自动细菌鉴定系统等。当看到高水平的大学毕业生来接班,把所里的仪器都开动起来,申请到新课题时,心中充满了喜悦,我们后继有人了。

四、正路

1995 年，我在纽约哥伦比亚大学药理系研究单个心肌细胞离子通道的功能和调节。当我对研究兴趣正浓时，吴院长来纽约动员我回国工作，眺望着窗外夜幕下的万家灯火，听着吴老的谆谆教导，他说："不要在西方世界搞科研、钻牛角尖啦，回去和我们一起搞中西医结合去吧，它的前途远大，国内的条件好多了，回去大有可为。"我当时就答应院长，我要做好各方面的准备，回国，为祖国服务！

1999 年国庆 50 周年时，我从研究"心"又回到我另一个热爱的题目上来——肠道研究。但我的老同学们聚会时有人说："中西医结合不是正路，'大承气汤'没出路，不如去找石毓澍。"我说："我就是'死了心也不断肠'。人生没有退路，大路朝前，跟着吴老走上中西结合研究之路，这是一条正路。按照中医讲，心与小肠相表里，肺与大肠相表里，所以这两项离得还不太远。隔行不隔理吗，我在纽约从心脏研究学到的东西，可以用在急腹症研究上，这叫与国际接轨吧。"当时我正好赶上好时候，海归优待期。在吴老努力争取下，在各位院长协同配合下，我的工作条件、职务、工资、住房都得到满意的解决。

90 年代中后期，是急腹症研究所大发展的时期，大批的科研论文发表，保护肠屏障、对抗 MODS 的高水平的论文越来越多。我出国后，医大药理组做了大量的科研，巩固住四条肠屏障成果，fura-2 测钙是技术亮点。从人才培养上来看，一支以吴院士的研究生为骨干的人才队伍已经形成，迅速组成外科临床、科研的主力军。1996 年，吴老当选为中国工程院院士，医大和急腹症研究所一片欢腾。"九五"课题结题后，迎来几项市级奖项。后来我与三中心医院宋院长聊天时，他建议我们合起来报一个大奖。我也觉得我们大家如果合起来报 40 年的成绩，比各小组报单项强。按"八五"前吴老说的，"拆开成件，组装成套"。我们应当联合报奖，于是向吴老打报告,最后吴老采纳了我们的建议。经过长期群英会战,2003年,终于获得两项国家大奖。吴院士越是获奖越要攀高峰,2005年,天津市"重中之重"重点学科课题都是胆胰难治之症、肠移植排斥反应等攻克难关的课题。崔乃强负责胆胰重症的中西医结合的课题,给我的任务是活血化瘀中药对其他治则的增效作用,可以看出吴老是让我们深入到法与法的联合研究中去。通过吴老的研究生杨涛、尚晓滨等人在我们研究室的实验研究,都证明两法药物合用有良好的增强作用。特别是尚晓滨的腹膜炎白蛋白渗出动物实验,活血药和承气药合用效果非常明显。尚晓滨的实验让人看后眼前一亮。以前我看过赵琦的同位素标记的大肠杆菌肠转移测定,陈海龙的保护肠屏障测定和肠微生态测定,谢基良的大肠杆菌原位杂交实验和肠道预洁,邱奇的大承气冲剂对 MODS 临床研究,所有这些实验都太漂亮了。邱奇研究稳定、方便、有效的抗 MODS 新制剂——大承气颗粒剂。而谢基良研究"大承气汤"冲剂用于肠道预洁,很有创意,优点很多,利于推广应用。我参加过大承气颗粒申报新药的全过程,深知申报工作从动物实验到临床试用、毒理实验、资料准备、答辩等,实属不易。但只要走出这一步,不怕失败,坚持到底终会成功。在前一段时间里,通过抓三大一建(大课题、国家大奖、大承气颗粒、建实验室)领悟到吴老非常关注大承气颗粒等新制剂的开发,这是稳定疗效、方便国内外推广应用的必要条件。

　　吴老已经带领我们走过了 60 个年头,弹指一挥间,我们这个团队来到新时代,虽然为中西医结合事业做出了很大的贡献。但仍有太多的未解之谜,就连"大承气汤"、大黄为什么能保护肠屏障、减少内毒素释放和移位都没搞清,是哪个部位?哪个成分?是鞣质还是黄酮?青蒿素的例子告诉我们要坚持找下去,才会有大发现。吴老重视通里攻下法"保护肠屏障,对抗 MODS","不通则痛,通则不痛"和"肺与大肠相表里"的理论研究;黎磊石院士重视大黄对肾脏作用的研究,特别是对肾小管作用研究;

而我的纽约哥伦比亚大学同事 Dr. Gershon Michael 热心于肠神经丛的研究,他说肠神经元系统组成了第二脑。这些理论课题都是世界级课题,创新之门已经打开,很多好的线索留待年轻一代人去挖掘。吴老是我们大家学习的好榜样。按医生誓言意思来说,做医生难,做名医难,做院士兼"国医大师"的中西医结合外科医生难上加难。在科学的道路上吴老是不畏劳苦的攀登者,他知难而上,永远开拓创新。

(作者:天津医科大学药理教研室教授)

吴院士对"咸菜博士"的关爱教导情

王　林

吴咸中院士对我来说既是师长、领导,亦是长辈。缘于我与吴老两个女儿和两个女婿皆是中学同学,二女婿罗更前更与我是同窗好友与球友;我在读研究生期间又与吴老爱子吴尚为是同班同学,所以来往很多。他老人家对于我在天昌酱菜园当"腌制工"学徒的经历一清二楚,又亲自品尝过我亲手腌制的"疙头皮儿",那可是酱菜园子的后门专利,其一大特点是味咸美微辣,吃起来又有韧性,在那个啥都凭票供应的年代也算是"美味佳肴"。故此,吴老在私下和公开场合时常戏称我为"咸菜博士"或"疙头博士",也是对那个特殊年代的一个回忆。

作为导师、长辈的吴老,对晚辈的要求是严格的,在上研究生和做医生期间,给了我不少具体的指导,晚生铭记在心。老人家每次出文集、专业书籍都要赠送予我,并做相应的题词。除医学专业外,吴老对我更注重医学人文和做人道理的训练与培养,在一本赠书扉页上他曾写下"王林博士惠存:只有广阔的胸怀才能干更大的事业",给我生活、临床实践及做领导的实践中以很大鼓舞,并逐渐深刻领会到其中的含意。特别是在我由一个普通大夫直接做院长期间,其跨度与难度之大超乎我自己的能力。工作千头万绪,其中涉及人际关系、经济利益等遗留问题较多,形形色色的人、各种各样的事,很多问题不是当场能拍板解决的,需要耐心解释劝导,并要逐一调查研究后才能拿出解决办法。如一味感情用事,没有较大的胸怀、宽容的态度,处理不好就会适得其反。后来在我与吴老谈到胸怀问题时,老人家言道:"这倒不是做院长才用得上,做人、做学问的根本在此,没有胸怀很难干成事。"确实是这样,在工作实践中我不断锻炼着自己的胸怀,使自己的工作学习环境更为顺畅。

当时二附院楼房老旧,患者就医环境差,改建老楼、扩建新楼已迫在眉睫,多年来历届院领导曾为此事多次呼吁奔走都未能解决,现在凭我个人之力也势单力薄,于是请德高望重老领导、老专家吴老出面帮助呼吁此事。他对我说:"这是二院的大事,我一定会为二院讲话。但凡事要自立,光靠别人不能成事,要依靠二院的老专家们。"在吴老的点拨下,我请二院马腾骧、李庆瑞、宋国祥、黄体钢和邓迺封等 17 位专家联合上书市委书记,呼吁医院改扩建事。最终在领导的关注下艰难地通过了立项,在市各主管委办局的通力支持下,完成了二院的基础建设项目,为二院的发展奠定了基础。

吴咸中教授门生王林医生

吴老作为医学大家和医学领导者,对医学发展及疾病谱的发展有着广阔的视野和大局观。20 世纪 80 年代中期,在几次座谈和讲座中,吴老都讲到"医学是社会科学",是应予关注的国计民生大事。在医学学科建设与发展问题上他强调,要用辩证哲学的观点看待学科建设。他说,分科细有利于学科发展,这是毫无疑问的,但要注意人是整体的,要全面综合地看待具体的疾病,对青年医生要加强综合知识运用能力的培养。他风趣地以《三国演义》开篇词"话说天下大事,合久必分,分久必合"的道理开导大家说,现在分科细,到成长到一定的时候知识就需要合,这样才能更好地给病人治病。

进入 90 年代后,老人家则更多谈及我国老龄化的趋势,并建议天津医学会关注这一重大的变化,加快抓紧培养和储备老年病学的人才,呼吁加强对老年疾病基础与临床研究的投入,以适应将要到来的"银发浪潮"。2005 年,我当选为天津医学会老年病学分会主委,老人家鼓励并竭力推荐我参加中华医学会老年医学分会做些工作,那样会接触和领教到众多医学大家的风范,学到更多的医学知识。由于得到从事老年病同行的信任及老专家们的提携,我做了该学会 12 年的副主委,协助具有不同专业研究方向的 4 届主委做了些事情,学到了不少知识,也增长了才干。同时,为天津老年病学的发展打下了一些基础。回望国家老年病学的发展历程,看今天老年病学如火如荼地发展壮大,我深深被吴老高屋建瓴的深邃洞察力所折服。

以吴老的学识及地位,后辈只能望其项背,但老人家为人是那样的平凡和蔼,对人关心细致入微,从一件小事可见。我家在地震期间住临建棚和学校筒子楼时的老邻居李儒林阿姨,曾在南开医院工作,2005 年因风心病二尖瓣狭窄心衰在二院住院治疗。吴老闻讯后即打电话给我,嘱咐好好照顾老职工,要做最好的治疗方案。我去病房探望李阿姨并转述吴老的问候,李阿姨感动地半天说不出话,眼眶湿润着说"问吴老好,我是一个退休多年的普通职工,吴老还记得我关照我",并一再双手合十说"谢谢吴院长,问他好"。对吴老来说,这是一个再小不过的事,但却折射出吴老博大的爱人之心。

吴老是一个谦逊的学者,是我国中西医结合的大家、教育家、医学事业的引领者,干了许多了不起的大事,作为晚辈、学生忆及的是我接触到吴老的几件小事,吴老是我们后辈晚生终生学习的榜样。

祝吴老欢乐无疆,健康长寿!

(作者:天津医科大学第二附属医院原院长、主任医师、教授)

值得托付生命的人①

李　淳

我是吴咸中院士的一位患者，24 年前我患了急性胰腺炎，并在之后的日子里先后发作十余次。是吴咸中院士的精心治疗使我从痛苦中走了出来，重新开始事业上的奋斗。可以说，我是吴院士创建的中西医结合治疗急腹症的直接受益者之一，也是吴院士"大医精诚"高尚医德的忠实见证者，我发自心底地说：吴咸中院士是"值得托付生命的人"。

1995 年 10 月，我因患胆囊结石做了胆囊切除术。手术很顺利，但在术后第 50 天出了问题。那天吃过晚饭我正和老伴儿聊天，突然感到肚子疼起来，开始还以为胃病又犯了，就吃了几片常备的治胃病的药，蜷缩在床上硬撑着。可怎么也没想到疼痛却越来越剧烈，直到难以忍受时我才意识到不是胃病，可能发生新情况了，便马上来到医院就诊。医生当即诊断为"急性胰腺炎"，这是我第一次体验到胰腺炎的厉害，这个诊断真的让我惶恐不安。更没想到的是，此后一年半时间里胰腺炎竟先后 5 次复发！为彻底治好病，我曾去北医三院看过专家门诊，也在上海长海医院住过院，但是问题依然没有解决。仅仅一年半的时间，我的体重从 60 千克掉到了 40 千克！

1996 年，正值我事业的关键时期，我组建的律师事务所获得了天津市司法局的批准，并已聘请了相关律师，正待开张营业——事业发展需

---

① 该稿为作者 2007 年在吴咸中院士从医 60 年纪念会上的发言稿。

要我！当时，家中年已八旬的婆母瘫痪在床，爱人因患急性心力衰竭住院抢救，两个儿女仍在读书——家庭生活需要我！工作和生活的重担已经压得我喘不过气来，可那时却偏偏是我胰腺炎发作最频繁的一段时期。查阅了一些医学书籍后，我知道胰腺炎的死亡率原来是很高的。于是看着镜子里日渐消瘦的我，想着反复发作的胰腺炎，我真的害怕了。越是害怕，就越是想起一位曾患重型急性胰腺炎的朋友。当时，他先后就治于京津地区几家大医院，我亲眼看见了他术后躺在病榻上的情景：神志不很清醒，发着烧，肚子还敞开着，十来根胶皮管子从两侧伸出来，流着血糊糊的液体……几乎每时每刻都在死亡的边缘挣扎——真是让人一辈子都难以忘记的画面。如果用一个词形容的话，那就是：触目惊心！所以当病痛接二连三发作时，"害怕"很快就变成了忧虑和恐惧，恐惧疾病，更恐惧手术，这种心情与日俱增，以至于我每天都在惴惴不安之中度过。

就在这时，朋友向我介绍了吴咸中院士，告诉我吴老是南开医院院长，是中西医结合治疗急腹症的专家、中国工程院院士，给周总理都看过病，最好请他会诊一下。听后，我欣喜异常，转念一想却又顾虑重重，心想这么一个大专家会愿意治疗我这个有着"顽固"胰腺炎病史的病人吗？若是好不了，岂不会影响他院士的声誉？可是待我见到吴院长之后，那些顾虑立刻一扫而光。他全然没有"专家""权威"的架子，而是倾听我充满苦恼和焦虑的陈述，笑容里露出平和，眼神里充满关切。在仔细看了我的消化道造影片及 CT 片、认真为我查体之后，慈爱地对我说："我能理解你。根据你的叙述和现有的检查，我考虑你常犯的只是水肿型胰腺炎，不必太过紧张。消化道疾病往往与精神因素相关，要努力解除思想包袱，战胜疾病。你目前很消瘦，可以再做一次钡餐造影，了解一下胃和十二指肠的动力情况。同时可以试服激素，不要盲目手术。"吴老的一席话像涓涓细流平复了我不安的心，增强了我战胜疾病的信心。这是我第一次接触吴老，他的居高不傲，他的细致入微，他的人文关怀，都给我留下了难以磨灭的印象。

半年后，也就是 1997 年 12 月，我因胰腺炎再次发作住进了南开医院。吴老亲自为我进行诊治，当时他已是 72 岁高龄。查房时，他针对我反复发生恶心、腹痛等症状的原因做了细致耐心的讲解，还怕我理解不了，就坐在病床边画了我的胆胰系统结构图。指着图告诉我，原来是我的胆胰结构跟别人不一样，导致了胰腺炎频繁发作，困惑我多年的病因终于搞清楚了，心结也因此解开了。对于是否再次手术，我始终存有疑虑，心理压力很大。吴老让我再做一次钡餐造影，检查时，他亲自坐在放射科医生旁边观察造影情况。之后对我说："你的十二指肠动力尚可，没有高压现象，暂时不需要手术，不要伤及无辜。对于胆胰管反流的情况，可以先考虑用药物治疗。"我听后如释重负，心中另一块石头也落了地。之后，吴老果断采用中西医结合疗法为我治疗，我竟连续 5 年未再发作。吴老对病人科学严谨的态度和高度责任感令我万分感动！

患者李淳与吴咸中院士

回首我接受中西医结合治疗的历程，感触很深：每次我胰腺炎发作时，只要采用中西医结合疗法，我就不需要绝对禁食，不仅大大减轻了病痛,甚至可以免受一刀之苦。我实实在在体会到了中西医结合的好处,它博采中西医两法之长,不仅是对祖国传统中医药学的继承和创新,也是对世界医学的重大贡献。

不仅我自己有亲身感受,我也看到许多动人的例子。住院期间,有不少学生在中考或高考前夕的紧要关头阑尾炎发作。手术可以解决问题,但手术却令孩子们恐惧不安,因为如果手术很可能会耽误高考,也就意味着远离梦想。而吴院士的中西医结合疗法真真切切拉了他们一把:他们喝汤剂,吃成药,无须住院,没几天便能轻松地迎接人生的这一关键时刻。我还听临床病友说起过,一位怀孕6个月孕妇得了急性阑尾炎,经过吴院士的中药治疗,病情缓解,后来顺利生下了一名女婴,现在这名婴儿已成为优秀的记者。我逐渐认识到,吴老为之奋斗一生的中西医结合事业,是一项造福全人类的伟大事业!

而今,吴老虽然已年逾八旬,但他对事业的执着追求依然如前,对患者的服务依然不止。吴老对每位患者都一视同仁,同样慈爱的眼神,同样和缓的话语,同样细致的诊查,同样客观的结论,同样的责无旁贷! 那真是一种博爱! 在我住院时,我的子女均在外地工作,吴老便为我请营养师调配饮食;在我悲观恐惧时,他总是用平和的语言安抚我的内心,给人安定的力量! 那是一种特有的人文关怀,总是让人倍感温暖! 当我在他的诊治下走出痛苦时,也曾闪过念头要给他送礼,但却立刻觉得这种想法是多么可耻,因为那将是对他崇高品格的莫大亵渎! 这是一种敬爱! 正是他清正廉洁、严于律己、不计名、不图利的作风,正是他待患者如亲人、对病人真心付出的品格深深触动了我的内心。面对他老人家的辛勤付出和真心帮助,我内心总会升腾起一种强烈的感觉:崇敬! 在我的心目中,他是位"值得托付生命的人"!

(作者:律师、患者)

在"大家"的爷爷身边工作

高 颖

吴咸中院士是医学"大家",因为他的高寿和平易近人的作风,我们都喜欢喊他为"爷爷",七十几岁的大弟子也喊、二十几岁的小医生也叫,久而久之,居然成了"官称"。然而这个"大家"体现了两个含意,一是作为医者的德高望重、令人景仰,二是做人的成功,众人发自内心对长者的尊敬和爱戴。

吴咸中(中)与王洁(右)、高颖(左)先后两任秘书合影

我是一个偶然的机会被医院领导派到爷爷身边工作的,做专职院士秘书。以前我作为天津医科大学中西医结合分会的秘书,每年在研究生

招生和毕业之际与爷爷有所接触；但现在要每天工作在他身边，对我来说真是压力山大。这份荣誉让我受宠若惊，而这份压力又令我忐忑不安。尽管上任前我购买了一些秘书工作的相关书籍学习，但上班第一天还是紧张至极。然而，见到爷爷的第一面，他先把我带到了学科图书馆，指着前任秘书的办公桌说："你就用这张桌子吧，先熟悉熟悉环境，有事我会打电话给你的。"简短的话语顿时使我倍感亲切，工作热情顿时被激发出来。在大家的爷爷指导与提携下，这项工作至今我已干了9年，使我在各个方面都有了长足的进步，特别是档案专业方面更是收获满满。院士秘书的岗位为我提供了发挥专业特长的平台，也让我有机会整理科学家全宗档案，对他老人家职业生涯系统了解，这和爷爷的大力支持是分不开的。记得2012年中国科协下达的"老科学家学术成长资料采集工程"，爷爷名列其内，医院及天津医科大学及时成立采集小组，我和学术思想研究室的老师作为主要采集人员，当务之急是收集爷爷一生的档案资料，涵盖口述资料、图像资料、实物资料三大类，特别要求突出人性化、个性化特点，大家一时感到无从下手。没想到听了汇报后，爷爷主动提出先从他家保存的档案入手开始整理。说干就干，采集小组的人员一起来到爷爷家，犹如扫荡般地把照片、文稿等珍贵档案全盘接收，这部分内容以爷爷在天津医科大学任校长时的资料为主，如《对天津医学院1982级研究生入学的讲话要点》《中国医学的历史与现状》多媒体讲稿的手稿等，每一份档案都会引起爷爷的回忆，顺口就会将当时的背景、情景再现于我们眼前，使得本来烦琐无趣的整理工作一下子生动起来。几个小时的工作收获颇丰，我们自诩犹如抄家一般，并逗趣地对爷爷说："这次收集可是彻底了，再搜就该搜出"黑材料"了！"没想到爷爷马上说道："嘿，这老头就是经得起考验！"简单的几个字充分体现了一名胸怀坦荡的老共产党员的自信与骄傲，充满了对党的忠诚与热爱！

　　汤钊猷院士与爷爷是多年的挚友，每次书信总是亲切地称他为"吴咸中学长",2016年,汤院士请爷爷为其《西学中——创中国新医学》一书题序,爷爷欣然应允。他仔细看过书稿后,写出了"前言部分好像汤钊猷穿着洋服(爷爷一直将西服称为"洋服")为学生做报告,郑重其事、'道貌岸然'、有理有据;正文部分则好像听曲艺,东南西北、妙趣横生"的精彩评价,短短数字就将读者的阅读兴趣瞬间激发。爷爷不仅为此书题序,该书出版首发时马上让我购买了数十本,分送给医院各个科室,希望医护人员从中有所收获、有所借鉴!爷爷还经常去卫津路上的书店买书,而各大医学杂志社也都会赠阅期刊给他,每每看到有本学科的医学新动态或前沿技术,爷爷不仅自己认真阅读并圈点出重点,还会差我分送给相关的医生,希望能给予他们提示或者帮助。有的时候爷爷还会在赠书扉页盖上"医乃仁术、立德为先"的印章,希望晚辈,特别是青年医师能够以此为座右铭,时刻提醒自己做一名德才兼备的好医生。

爷爷身为"大家",德高望重,很多人在他面前不免紧张,常常会问我们是否有同感。其实爷爷对身边的工作人员是非常关心的,大到住房问题、小到嘘寒问暖,无时无刻不让人感到温暖备至。记得有一年我们去大连接在那里疗养的爷爷返津,刚一见到爷爷就被尚彬大姐(爷爷的大女儿)告知已经安排好转天去大连蜡像馆和老虎滩游玩的消息,而且爷爷也会同往,真是开心不已!而接下来的游玩更是如家人般其乐融融、欢乐无限,丝毫没有因为已近耄耋之年的老人的加入而影响了行程,因为爷爷总是主动放弃一些不方便老年人进出的景点,而使我们能够尽兴畅游。爷爷就是这样一位可爱的老人,节日时还经常会送礼物给我们,有时是电子书、有时是运动智能手环,都是紧跟潮流的时尚物品,使我们的生活变得更加精彩。在爷爷身边工作的感受是自豪与骄傲,收获的是知识和快乐,我谨用亲身感受表达对他的敬爱与崇仰,衷心祝愿老人家健康长寿!

(作者:吴咸中院士秘书、副研究馆员)

附录二　学术成就

所获荣誉和奖项年表

1951 年

　　荣获"天津市医务工作者二等模范"称号

1961 年

　　于西医离职学习中医班结业，以全班第一的优异成绩结束了两年半的学习，并获得中华人民共和国卫生部部长李德全颁发的唯一一枚金质奖章和证书

1972 年

　　光荣当选中国共产党第十届全国代表大会代表

1977 年

　　光荣当选中国共产党第十一届全国代表大会代表

1978 年

　　出席全国科学大会，并受到表彰

　　在全国卫生科学大会上被授予"科研先进工作者"称号

1980 年

　　中国中西医结合学会急腹症专业委员会成立，该专委会挂靠在天津市急腹症研究所，任首届主任委员

1981 年

　　中国中西医结合研究会成立，当选副会长

　　荣任卫生部科学技术委员会委员

　　荣任国际外科学会会员

1982 年

光荣当选中国共产党第十二届全国代表大会代表

世界卫生组织确定中西医结合急腹症为中国五项世界领先医学项目之一

1983 年

自该年起,连续荣任国务院学位委员会第一、二、三届学科评议组成员

1984 年

光荣当选天津市第九届人民代表大会代表

荣任中国中医研究院学术委员会委员、国家科委科学技术评审委员会中医专业组成员

中华医学会天津分会理事会成立,当选会长

中西医结合方面代表性的成果"中西医结合清解片、化瘀片、巴黄片治疗急性阑尾炎的临床与实验研究"荣获"卫生部甲级成果奖"和"天津市科技成果二等奖"

《中西医结合研究的方向、方法、途径调查报告》获"天津市科技进步二等奖"

1985 年

荣任世界卫生组织传统医学专家咨询团成员

"利胆排石汤配合经内镜乳头括约肌切开术治疗胆管结石"研究成果荣获"天津市科技进步二等奖"

1986 年

"中西医结合治疗溃疡病急性穿孔"研究成果荣获"天津市科技进步三等奖"

1987 年

光荣当选中国共产党第十三届全国代表大会代表

1989 年

担任中华医学会副会长、中会医学会天津分会会长、中国中西医结合学会第三届理事会会长

"中西医结合治疗急性重症胆管炎——一种新的结合方式的探讨"课题获"天津市科技进步三等奖"

1990 年

"中西医结合治疗重症胆管炎"研究成果荣获"国家中医药管理局科技进步二等奖"

1991 年

"清热利胆、疏肝止痛片研制、临床与实验研究"获"天津市科技进步三等奖"

1992 年

"中西医结合治疗急腹症机理研究"获"天津市科技进步三等奖"

"大黄脾虚动物模型的深入研究"获"天津市卫生局科技进步三等奖"

"中西医结合治疗阑尾周围脓肿及炎性包块的临床与实验研究"获"天津市卫生局科技进步二等奖"

"经内镜对胆胰疾病的诊治观察和实验研究"获"天津市科技进步二等奖"

1993 年

当选中国人民政治协商会议第八届全国委员会委员

1994 年

"内毒素诱生细胞因子的实验与临床研究"获"天津市科技进步三等奖"

1995 年

"中医药对腹部厌氧菌感染治疗——实验研究与临床观察"获"天津

市卫生局科技进步一等奖""天津市科技进步三等奖"

1996 年

荣任中国工程院院士

主编的《腹部外科实践》获"国家医药管理局第一届优秀图书一等奖"

荣获天津市卫生局命名的"十佳医务工作者"光荣称号

1997 年

光荣当选中国共产党第十五届全国代表大会代表

荣获中国香港柏宁顿教育基金会授予的"孺子牛金球奖"

主编的《腹部外科实践》获"天津市科技进步奖科技著作二等奖"

"临床治疗急性胰腺炎有效中药的筛选及实验治疗"获"天津市科技进步三等奖"

"外科急腹症胃肠激素改变及大承气汤对其影响"获"天津市科技进步三等奖"

1998 年

"通里攻下法对急腹症所致多脏衰治疗作用"获"天津市科技进步三等奖"

"通里攻下法对肠源性内毒素血症防治研究"获"天津市科技进步二等奖"

1999 年

"大承气冲剂和针刺对人体消化道运动功能的影响"获"天津市科技进步三等奖"

"大承气汤冲剂在腹部外科围手术期应用的临床与实验研究"获"天津市科技进步三等奖"

"中西医结合治疗乳腺癌基础与临床研究"获"天津市科技进步三等奖"

所著《中国急腹症治疗学》一书荣获"中国台湾立夫中医学著作奖"

2000 年

荣获天津市人事局、天津市科学技术学会命名的"天津市优秀科技工作者"称号

荣获中国香港求是科技基金会授予的"中医药现代化杰出科技成就集体奖"

荣获天津市科协颁发的"天津市优秀科技工作者"称号

"中药重胰康腹腔灌注 NK-107 树脂血液吸附联合应用治疗重症急性胰腺炎的研究"获"天津市科技进步三等奖"

"腹部外科胃阴虚证和治疗"获"天津市科技进步三等奖"

2002 年

"通里攻下法在腹部外科疾病中的应用及基础研究"获中华医学会颁发的"中华医学科技二等奖"

2003 年

荣获中华中医药学会授予的"中华中医药学会成就奖"

"通里攻下法在腹部外科疾病中的应用及基础研究"获"国家科技进步二等奖"

2005 年

中国工程院徐匡迪院长致信祝贺吴咸中院士八十华诞，信中写道：吴院士"在中西医结合方面取得了丰硕成果，为我国医学科学中的中西医结合治疗做出了卓越的贡献"，是"中国工程技术界的榜样"

"多脏器功能障碍综合征发病机理及中西医结合治疗的深入研究"获"天津市科技进步一等奖"和"中国中西医结合学会科学技术二等奖"

2006 年

荣获中国医院协会授予的"大医精诚奖"

荣获文化部授予的"国家级非物质文化遗产(中医疾病认知)代表性传承人"称号

2007 年

荣获天津市政府授予的"天津市重大科技成就奖"

天津市卫生局发文(津卫党[2007]17 号)《在全市卫生行业开展向吴咸中院士学习活动的决定》

"MODS 时神经内分泌与细胞因子调控及莱菔承气汤的影响"获"天津市科技进步三等奖"

2009 年

荣获国家人事部、卫生部、中医药管理局首批"国医大师"称号

2015 年

学术成就入选《20 世纪中国知名科学家学术成就概览·医学卷〈基础医学与预防医学分册〉》(总主编钱伟长,卷主编刘德培;科学出版社2015 年出版)

2019 年

荣任中国医学科学院学部委员

荣获中华人民共和国人力资源社会保障部、国家卫生健康委员会国家中医药管理局授予的"全国中医药杰出贡献奖"

主要学术著作

《中西医结合急腹症手册》,南开医院革委会编(内部资料),1970 年、1971 年印。

《中西医结合治疗急腹症》(中医部分),南开医院培训资料,1972 年印

《中西医结合治疗急腹症》,南开医院编,人民卫生出版社,1972 年。

《新急腹症学》,南开医院、遵义医学院编,人民卫生出版社,1978 年。

《急腹症方药新解》,天津市中西医结合急腹症研究所编,人民卫生出版社,1981 年。

《中西医结合治疗常见外科急腹症》,郑显理、石水生主编,吴咸中主审,天津科技出版社,1982 年。

《外科常见病诊治手册》,南开医院编(内部资料),1984 年印。

《急腹症研究》,吴咸中、李世忠、裴德凯编著,上海科学技术出版社,1988 年。

《中西医结合临床成果》,吴咸中编著,光明日报出版社,1989 年。

《现代临床医学伦理学》, 吴咸中、温克勤编著, 天津人民出版社,1990 年。

《腹部外科实践》(第一版), 吴咸中、黄耀权著, 人民卫生出版社,1990 年。

《脾虚证的现代研究》,吴咸中、高金亮编著,天津科技翻译出版公司,1992 年。

《腹部外科实践》(第二版),吴咸中、黄耀权著,人民卫生出版社,1993 年。

《中国急腹症治疗学》,郑显理、石水生主编, 吴咸中主审,天津科技出版社,1996 年。

《证与治则的现代研究》,吴咸中、田在善编著,天津科技翻译出版公司,1999 年。

《STEDMAN'S 实 用 医 学 词 典 》(*Stdman's practical medical dictionary*),吴咸中主译,中国医药科技出版社,2000 年。

《急腹症方药诠释》,吴咸中著,天津科技出版社,2001 年。

《普通外科手册》,吴咸中著,中医古籍出版社,2001 年。

《腹部外科实践》(第三版),吴咸中著,天津科技出版社,2004 年。

《中西医结合外科学》,李乃卿主编,吴咸中主审,中国中医药出版社,2005 年。

《中西医结合胆道外科学》,吴咸中(名誉主编),崔乃强编著,华中科技大学出版社,2009 年。

《中西医结合治疗胰腺炎》,吴咸中(名誉主编),崔乃强编著,华中科技大学出版社,2009 年。

《中西医结合胃肠病学》,吴咸中(名誉主编),周振理、袁红霞编著,华中科技大学出版社,2009 年。

《中西医结合重症医学》,吴咸中(名誉主编),崔乃杰、秦英智、傅强编著,华中科技大学出版社,2009 年。

《实用老年中西医结合治疗学》,吴咸中著,华龄出版社、人民军医出版社,2010 年。

《承气类方现代研究与应用》,吴咸中编著,人民卫生出版社,2011 年。

《施瓦兹外科学》(*Schwartz surgery*),吴咸中荣誉主编,人民卫生出版社(待出版)。

《中国医学院士文库——吴咸中院士集》,吴咸中著,人民军医出版社,2014 年。

《腹部外科实践》(第四版),吴咸中著,人民卫生出版社,2017 年。

编后记

朱广丽

　　国医大师吴咸中院士的最新著作《行医济世七十年——吴咸中自述》即将由天津人民出版社出版，首先我代表该书编委会向吴老表示最热烈的祝贺和最真诚的祝福！同时，也特别感谢天津市南开医院和天津市石学敏中医发展基金会对这本书的顺利出版所给予的大力支持和资助。

　　45年前我进入南开医院工作后，一直在吴老的悉心指导、培养下成长，无论是天津市中西医结合研究院，还是天津市南开医院的建设，我都是直接参与者之一，并亲眼见证了吴老呕心沥血发展中西医结合事业的伟大历程。吴老在不同历史阶段遇到的困难非常多，但他凭着勇往直前的决心和坚持不懈的毅力，永远是想尽一切办法克服困难，因而在每一个阶段都能取得成果。这次我有幸参与吴老口述自传的编纂工作，并作为编委会的副主任委员，成为吴老新作的第一读者，每每读到吴老回忆的那些往事，仍不免激动得流下热泪，他那翔实具体的口述史料、生动感人的故事情节、深刻真诚的心路历程和亦庄亦谐的叙事风格，让人由衷地发出叹为观止之感。吴老这本口述自传，不仅可以让我回忆起在吴老带领下走过的创业岁月，也可以让年轻人了解老一辈是如何走上成功之路的，这对于年轻人学习、继承和发扬老一辈人敬业精神、爱国精神及如何修身做人、做事、树立远大志向和理想等，都具有鲜活重要的教育意义。

今年已95岁高龄的吴老，作为中国中西医结合外科的奠基人和开拓者、天津市医学界的卓越领军人物，曾被誉为"中国中西医结合事业的旗手""中国工程技术界的榜样"，请吴老亲口讲述自己一生的亲历、亲见、亲闻，并非易事，时间跨度既大，专业性又很强，如何既能准确表达吴老一生的经历与业绩，又能有一定的可读性，且受到读者欢迎，是有一定难度的。然而吴老非常重视这部口述自传，特意让他的长子、天津医科大学特聘教授吴尚为做采访录音并执笔整理。在这个过程中，吴老多次审阅并三易其稿；吴老的次女吴尚纯教授整理补充了吴老对三位兄长、一位姐姐的回忆资料，使这部书内容更加充实丰富。这部口述自传真称得上是"打虎亲兄弟，上阵父子兵"的成果。吴老二位子女的辛勤工作为这部书的顺利进行和圆满成功奠定了重要的基础。

口述历史贵在真实。为了保证这部口述自传的准确性，南开医院已退休老院长王兴民主动承担了对各种具体资料的核实工作。他曾负责天津市吴咸中院士学术思想研究室工作，完成了国家科技部下达的"吴咸中院士中西医结合外科临床经验和学术思想的研究"、中国科协下达的"国医大师吴咸中院士学术成长资料采集工程"等项目，举办过"国医大师"吴咸中事迹展览，对吴老的学术思想、创办中西结合外科事业的经历和研究成果，以及这些成果在国内外的广泛影响等，都如数家珍。因此有他把关，不但使本书内容更加准确无误，而且更为详尽。特别是这部书的第九至二十一章，其中很多资料都是他毫无保留地提供给吴尚为教授使用的，这不仅体现出他对吴老的深厚情感，也表现出他对编纂这部口述自传高度认真负责的态度。这种高风亮节的精神让我们深受感动。

为了使这部书能更全面准确地反映吴老的高尚境界、人品情操和精神风貌，在编委会的建议下，吴老热情邀请了一批老领导、老同事、老朋友、老徒弟撰写了回忆文章，从不同侧面反映共同经历过的事件和故事，既增加史实的丰富性，又提高本书的可读性。特别是中国科学院院士陈可冀教授、中国工程院院士郝希山教授、天津市政协原主席邢元敏同志为本书作序，也使这部新作大为增色，锦上添花，韵味无穷。

为了让这部既有厚重感，又有专业性，同时还要考虑到可读性的口述自传能够成为精品出版物，我们邀请天津市口述史研究会经验丰富的方兆麟来做主编，他是资深的中国近代史研究学者，著作等身，声名远播。他主持天津政协文史资料委员会工作期间，使这项工作跻身于全国先进行列；并于2005年创建天津市口述历史研究会。这次他义务出任编委会主任委员，指导制定编辑计划，亲自审阅稿件，体现了历史学家的渊博知识和实干家的严谨作风，从而保证了这部口述自传高质量、高水平地完成。

本书编纂过程中，正值新冠病毒肆虐期间，身为退休医务工作者虽不能亲身参加第一线抗疫斗争，但编好吴老这部自传也是一项很重要的工作，特别是这次抗击疫情中，中医和中西医结合治疗新冠病毒病取得了显著的效果，令人们刮目相看，再一次证明了毛泽东同志60多年前预言过的：中医药学、中西医结合之路是大有可为的。因而，编好吴老这部新作就更是别有一番意义。

从上述几点可以看出，吴老这部《行医济世七十年——吴咸中自述》是一部具有一定权威性和有较高历史价值的口述历史著作，对存史、研究和励人都有重要意义。我相信，吴老的这部新作可以成为医学家研究、特别是中西医结合学科史研究的重要文献，成为指导中青年科技工作者、特别是有志于开拓发展中西医结合事业的有为之士的宝贵参考书。

这部书在编辑出版过程中得到天津医科大学、天津市中西医结合研究院、天津市南开医院、天津市中西医结合学会等单位的大力支持，天津市科学技术协会还提供了专项出版基金。另外,南开医院的刘红艳主任、高颖副研究馆员为编好这部书也做了大量具体的工作。在此我谨代表编委会向关心支持该书出版的各个单位、各界人士及全体参编人员表示诚挚的谢忱。限于我们的水平,书中一定存在不少瑕疵或疏漏之处,尚请广大读者和同道不吝赐教。

2020 年 4 月

(作者:中国中西医结合学会监事会副会长、天津市中西医结合学会副会长、天津市南开医院原党委书记)